海をつなぐ道

——八戸藩の海運の歴史

三浦忠司

海をつなぐ道――八戸藩の海運の歴史　目次

第一章　八戸藩領内の湊とその発達

第一節　八戸と八戸湊の地位

八戸藩は東北地方の北端に位置し、太平洋に面した八戸湊を擁する二万石の城下町である。天保一三年（一八四二）五月、江戸の落語家船遊亭扇橋は八戸の地を訪れて、その旅日記「奥のしをり」に次のような一文を書き残している。

此辺（八戸）は東廻り船にて度々江戸へ参り申候間、たばこ・茶など江戸より持参り、我等か弟子都々一坊扇歌が作りたるどゝいつ「とっちりとん」などの本これあり、盛岡よりもかえって江戸近く御座候

（『日本常民生活資料叢書』第九巻）

これによると、八戸の町は東廻り船によって江戸と直接結びつき、商店の店先には、たばこ・茶などの嗜好品が並べられており、自分の弟子の都々一坊扇歌が出版した「とっちりとん」などの本も置かれていた。距離的には二〇万石の城下町たる盛岡よりも遠いはずなのに、日常生活品の豊富さではかえって江戸に近い、と記されている。八戸が繁栄しているのは、湊を通じて東廻り廻船によって江戸と直結しているからであると、扇橋は鋭く見抜いている。これほど的確に八戸のあり方を言い当てているものはない。全国を巡り歩いている落語家ならではの、確かな目が八戸の様子をとらえているのである。

それでは、東廻り海運の発着の基地、八戸湊はどうなっていたのであろうか。

江戸時代の八戸湊は、八戸城下の北東に位置し、その範囲は、西は馬淵川と新井田川の両河口（江戸時代の両河川

は河口部で合流）から、東は鮫の北東海上の蕪島にかけての海岸地帯を指している。地理的に見れば、東北北部の太平洋岸にあり、南から北へ続く三陸海岸の北の延長線上に位置する。

八戸湊は、鮫湊、白銀湊、湊（河口部）の三ヵ所を指して総称として八戸湊（浦）と呼ばれる。古くから開けたのが鮫湊であったから、八戸湊は鮫湊と同一義で使われることが多く、藩政時代後期に至ると、三湊のうち河口部の湊のみを指して八戸湊と呼ばれることもあった。

江戸時代初期の正保四年（一六四七）の南部領内総絵図（もりおか歴史文化館所蔵）は、河口部を鮫湊と記し、「鮫湊　此湊広壱丈　水底にはゑ（岩礁の意）有　荒磯舟懸不自由　此湊ヨリ泊湊迄海上道十四間（里）半ノ間　遠浅荒磯」とする。

江戸時代に航海の手引書として利用された書物には、明和七年（一七七〇）の「日本汐路之記」や天保一三年の「日本船路細見記」などがある。

これらには八戸湊や八戸藩領内の湊について、どのように記されているのであろうか。

「日本汐路之記」

南部久慈《くじ》大間《をゝま》　下り入湊　八の戸へ拾

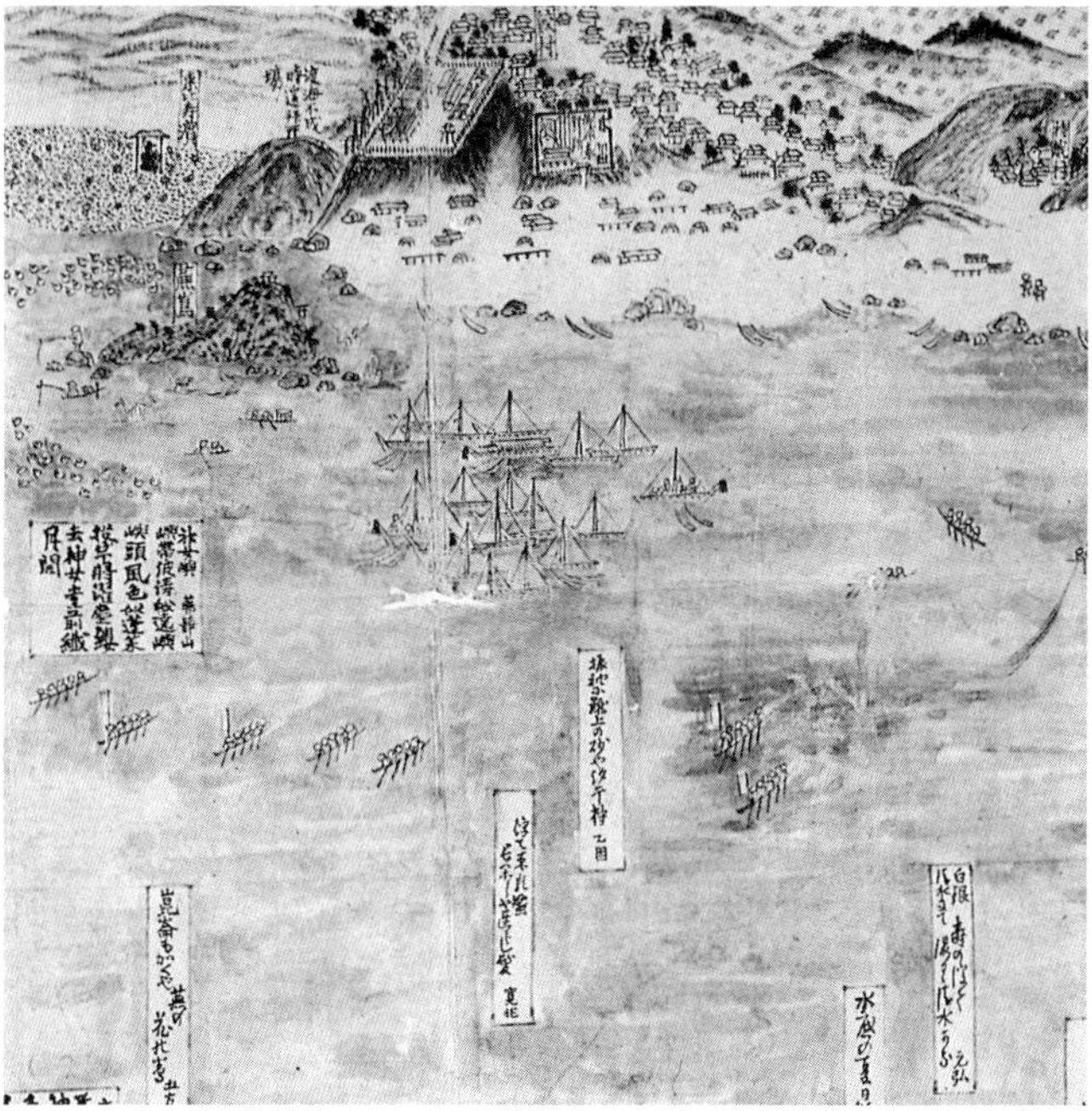

鮫湊の様子＊（嘉永年間三峰館寛兆筆八戸浦之図）
蕪島付近が鮫湊であり、ここに大型廻船が船掛かりをし、荷物を運ぶ艀船を待っていた。鮫村の海岸高台には御浦奉行所や御陣屋が見えている。

五り《（里）》
此湊悪《あし》し　入口面梶《（おもかじ）》に小島多し　湊の内も磯《いそ》多し　此下白浜
○八木　久慈より八里下　下り湊なり　湊の壱丁沖に平瀬《ひらせ》あり　地方と瀬との間だに船を繋《つな》ぐ　沖からは見
立にくし　此湊船弐三艘は入　しけ《（時化）》には悪し
○大久喜　懸《かか》り場
○日尾《ひお》崎
○さめ浦
○二越の湊　此沖にかふ《（蕪）》島といふ島有　弁天の鳥居見ゆる　此下の鼻少しあらけて水底《みなそこ》に磯あり　干汐《ひしほ》八尺
下に有　汐たゝへは通れば梶にあたるなり
○白銀《しろかね》村
南部八戸《はちのへ》　川湊　泊へ拾八り《（里）》
此所南部甲斐守殿御領分《りょうぶん》なり
此湊悪《あし》し　入口地より壱丁沖に平瀬あり　此間空船《からせん》は通る　入口にかぶ《（蕪）》島と云島あり　此島へ取梶《（とりかじ）》して懸る
西北の風悪し
此奥へ入は八戸《はちのへ》湊なり　川浅《あさ》し
大船入にく時は口の白銀村へ懸り荷物積也
此湊より泊《とま》りまでの地方は汐行悪し　亥子走《はし》り沖を乗る　八の戸より尻や《（屋）》へは子にあたる

（東京海洋大学附属図書館所蔵）

「日本船路細見記」
久慈より八のへ（戸）へ十四里
○下りの入みなと（湊）あれども悪し、入口のおもかぢに小嶋おほし、内にも磯おほし　此下しら浜
▲くじより八り、八木の下りみなと　口の壹丁沖に平せ有　地方と瀬との間に船をつなぐ、沖から見たてにくし　船二三艘入、しけ（時化）にはあしし
▲大ぐきかかりば、日尾崎
○さめ浦
▲二越のみなと　沖にかぶ（蕪）嶋といふあり、弁天のやしろ有　鳥井見ゆる、下のはな少しあらけて水底にいそ（磯）あり、干汐ニ八尺　汐たゞへの時は梶にあたる、白銀村
八のへ（戸）より泊りへ十八里　沖筋亥子走
○川みなとあれどもあし（悪）ゝ　入口地より一丁沖に平瀬《ひらせ》あり　空《から》ふねはとおる、入口にかぶ（蕪）嶋有　此しまへ取かぢしてかゝる、西北風はあしゝ
おく（奥）へ入ると八のへ（戸）のみなと也　川あさし　大船にて入りにくき時は口の、白かね村にかゝり、荷物運送《うんさう》する也
こゝより泊《とまり》迄地方汐行あしゝ

（『江戸明治　所処湊港・舟船絵図集』）

これによると、八戸藩領内の大きな港湾には久慈湊（岩手県久慈市）と八戸湊があり、ほかには八木湊（同県洋野町）や二越湊などがあった。この中で江戸などからの大規模な廻船が入津《にゅうしん》（入港）したのは八戸と久慈であり、八木ほか

は近海を走るいたって小規模な小廻船《こまわしぶね》や魚を捕る漁船が入る湊であった。

中でも八戸湊は、「川湊」（日本汐路之記）、「川みなと」（日本船路細見記）とあるように、明和年間（一七六四〜七一）以降は、航海書では川湊としてとらえられていた。しかし、川湊であっても、「此湊悪《あし》し」、「川みなとあれどもあし《（悪）》」と記されており、港湾入口の蕪島付近は浅瀬、奥へ入ると湊の川は浅いとあって、港湾としてはそれほど条件に恵まれてはいなかった。

江戸などから廻船が八戸湊に入津するには、まず入口にある蕪島に取舵《とりかじ》（左回り）して船掛かり（停泊）する。さらに奥へ進んで湊の河口に入津する。しかし、大船のために川湊へ入れないときには、入口にある白銀村沖に船掛かりし、ここで荷物の運送を行っていたという。

従って、八戸湊は、航海書の記述などから考察すると、狭い意味での川湊の湊を指すのではなく、広く蕪島の鮫湊から、河口の湊まで、さらには、その入口にある白銀湊の三湊によって構成されていたと考えることができる。つまり、三湊が複合的に共存、補完し合って八戸湊、あるいは、八戸浦を形成していたことになる。

普通、鮫湊には千石船という大型廻船が入津船掛かりし、湊には小型廻船や廻船へ荷役業務を行う艀《はしけ》や漁船が河口部に出入りして、鮫湊、ないしは白銀湊の沖合に停泊している廻船に荷物を運送していたのである。狭い意味でいえば、八戸湊は、廻船が停泊する鮫湊、ないしは艀が発着する河口部の湊を指したが、両湊の補助港の役割を果たした白銀湊も含め広範囲な港湾地域が八戸湊であった。

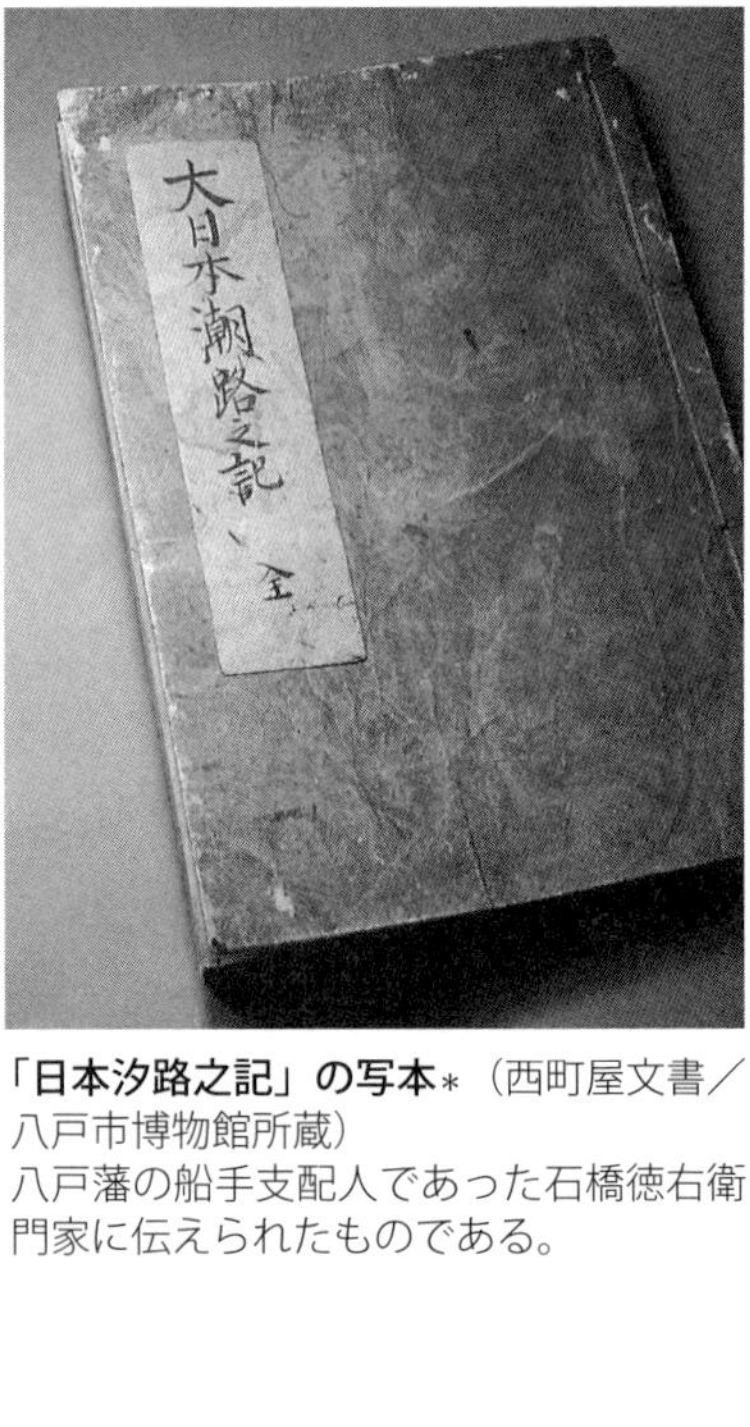

「日本汐路之記」の写本＊（西町屋文書／八戸市博物館所蔵）
八戸藩の船手支配人であった石橋徳右衛門家に伝えられたものである。

廻船でにぎわう八戸湊の様子
天保 13 年 5 月に八戸に滞在した江戸の落語家船遊亭扇橋が描いた「奥のしをり」の挿絵。廻船や艀船の出入りや地引き網を引く様子、湊橋をはさんで船番所・魚油小屋、魚油役所の建物が見えるほか、女郎屋町も記されている。

第二節　藩領内の湊―久慈湊と八木・麦生湊

1　久慈湊

「日本汐路之記」や「日本船路細見記」から分かるように、海に面した八戸藩領内には天然の地形を利用して海岸沿いの各所には湊が開かれていた。主に魚を漁する漁船や近海を運航する小廻船などに利用されていたが、大型廻船が発着する湊としては、八戸湊の南東に久慈湊があり、ここにも江戸から千石船が入津して産物を積み込んでいた。

久慈湊は現在の久慈港とは違って湾内の北側、久慈川が夏井川と合する河口部に位置していた。久慈川の河口近くには湊町の地名が残されており、その西側の山地には天候を見定める日和山《ひよりやま》がある。この山頂部には、現在、金刀比羅神社が所在する。

久慈湊については、正保四年南部領内総絵図に、「久慈湊　湊口広十丁　水底ニはゑ　左右ニ岩有　舟懸無　此湊より鮫湊迄海上道規六里ノ間　岩続荒磯」と見える。「日本汐路之記」などの航海書には、久慈湊は湊としてはあまりよく

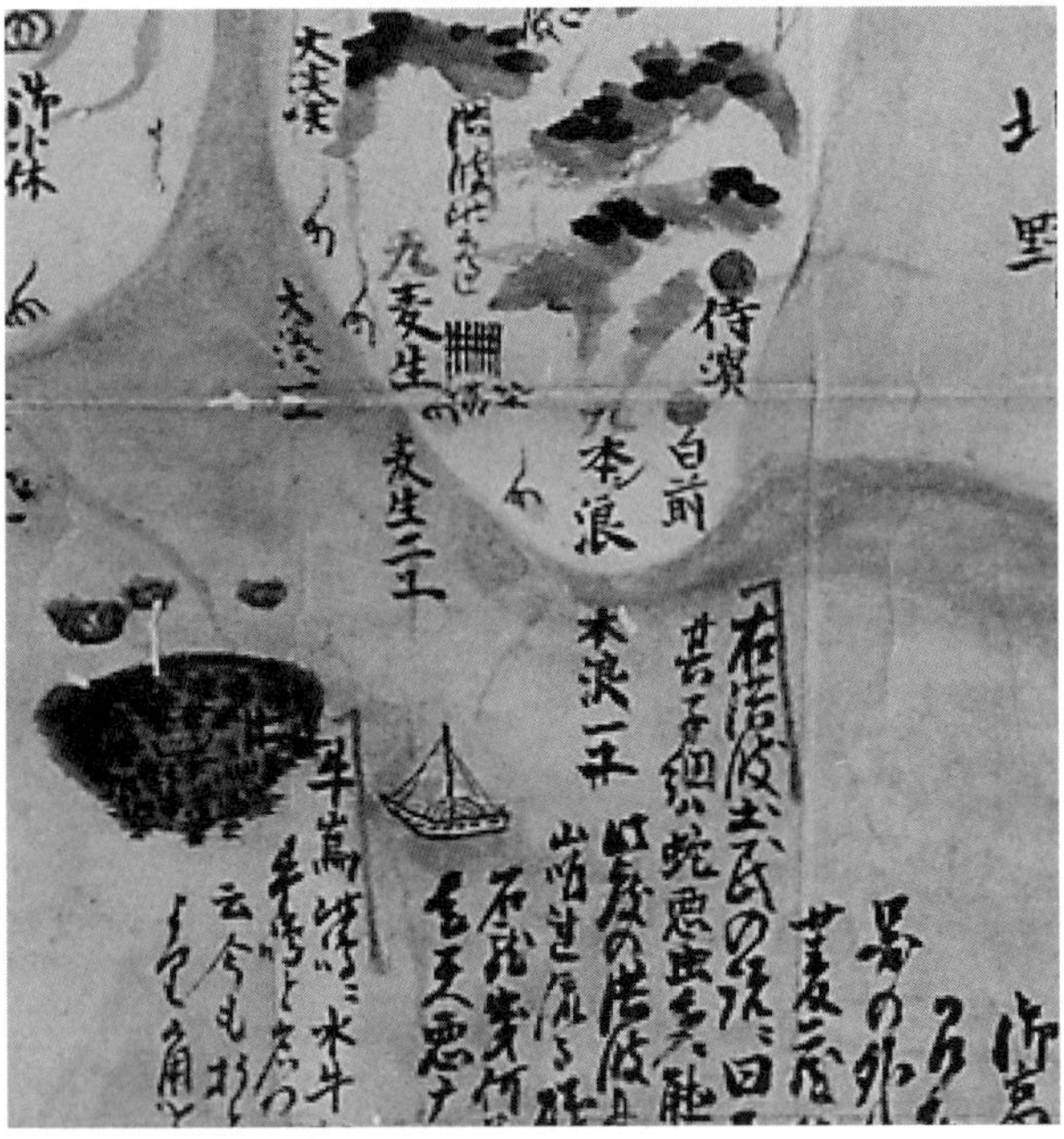

嘉永年間八戸藩領内絵図***（三峰館寛兆筆）
牛島付近に廻船が船掛かりしている様子が描かれている。

ない、入口の面舵《おもかじ》（右手方向）には小島が多く、内面にも磯が多いと記されている。

大型廻船は主に沖合の牛島《うしじま》付近に停泊し、湊からは荷物を積んだ艀船が往来した。積み込まれた産物は主として大豆・〆粕《しめかす》・魚油であったが、文政年間（一八一八～二九）以降は久慈周辺の鉄山から産出された鉄が加わり、やがて旧山形村方面から産出される桐材や木地椀なども積載されて江戸方面へ運ばれた。廻船問屋には代々嵯峨忠右衛門が就任し、湊には鉄を保管する鉄小屋（蔵）や大豆蔵が建てられていた。

一方、久慈には久慈通《どおり》を管轄する代官所が置かれ、八日町などという町場が形成されていた。ここには晴山重三郎などのような御用商人が居住して物資の集散を担い、湊に廻船が入津すると、荷物の積み下ろしにかかわっていた。

文化一四年（一八一七）には、伊勢屋喜左衛門が荷主となって久慈大豆四六俵を三社吉丸に積み入れて江戸の美濃屋惣三郎と和泉屋高木兵助へ運送しているのが見えており（伊勢屋仕切状、晴山家文書『大野村誌』第三巻所載）、天保一四年（一八四三）二月には、久慈問屋晴山重三郎と善兵衛が、入津船へ大豆や〆粕、細鉏鉄《こまそてつ》などを積み込んでいたことが知られる（積付書上覚、晴山家文書『久慈市史』第六巻史料編Ⅲ所載）。

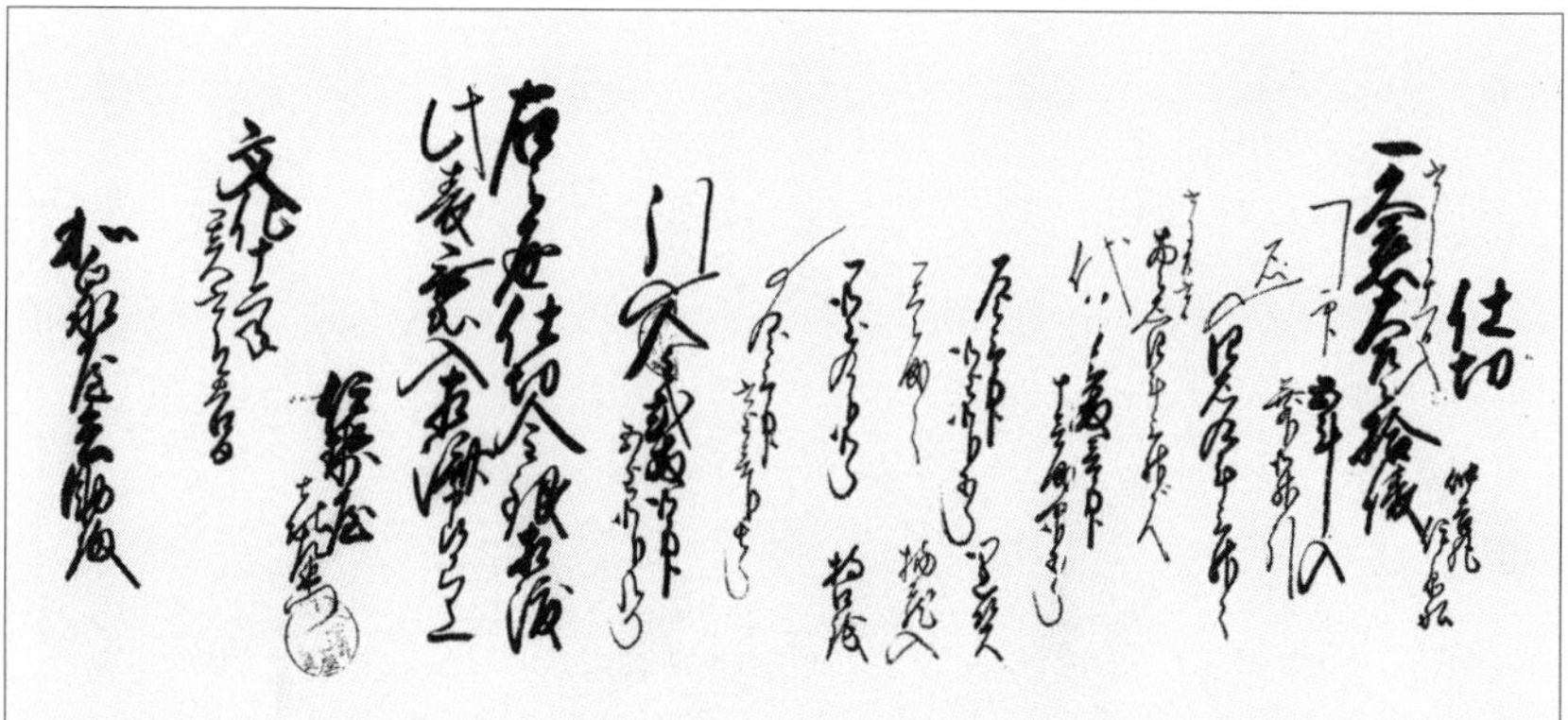

仲吉丸大豆仕切状＊＊＊（晴山家文書／東北大学附属図書館所蔵）
久慈湊へ入津した仲吉丸へ伊勢屋が久慈大豆を積み入れたものである。

八戸藩の藩政改革が進められた天保年間（一八三〇～四三）には、久慈地域内で産出された大豆や〆粕、鉄・木材などの積み込みが急増した。天保六年（一八三五）に久慈湊に入津した廻船には次のような産物が積み込まれ、江戸などへ向けて出帆している。

当未年中久慈湊より御蔵物船江積付書上

未五月九日

一大豆　五百五十俵　徳吉丸船頭　由五郎
此石弐百八十九石九斗四升二合

〃

一松七分板　三千弐十枚　同　船

閏七月十八日

一大豆　六百三十九俵　小宝丸船頭　金次郎
此石三百三十七石一斗八合

〃

一起炭　五十俵　同　船

十一月三日

一大豆　弐百三十四俵　観音丸船頭　太郎兵衛
此石百弐十石九斗六升

一〆粕　千三百四十五俵　同　船

〃　　　　　　　　同　船
一魚油　五百挺
〃　　　　　　　　同　船
一起炭　五十俵
大豆　〆千四百廿三俵
松板　〆三千弐十枚
起炭　〆百俵
〆粕　〆千三百四十五俵
魚油　〆五百挺
右之通当年中御荷物船之積付始末書御座候、以上
天保六未年十一月
問屋御用所　叶次郎
問屋　重三郎
中野嘉右衛門様

（天保六年当未年中御蔵物船江積付書上、晴山家文書『久慈市史』第六巻史料編Ⅲ）

2　八木湊

八木湊は久慈湊と八戸湊の中間地点に位置している。「日本汐路之記」などによると、船は地方《じかた》（陸地）と瀬《あさせ》との間につながれて停泊した。港湾は小さく、船二～三艘しか入津できず、時化《しけ》にはいたって弱かった。

従って、この湊は大型廻船が入るような大きな湊ではなく、大野鉄山から運ばれた鉄を八戸湊に積み回りする小廻船などと呼ばれた鉏鉄《あらてつ》運搬船が入津した。

湊近くには鉄を保管する鉏鉄小屋（倉庫）があり、文政年間の六月中の鉄山送状には、鉄山会所の大野日払所《ひばらいどころ》が絶え間なく中細鉏を牛馬で附け送りしているのが見えている（納屋守宛旭山鉄山送状、晴山家文書『大野村誌』第三巻史料編二）。そして、八木湊に運ばれた鉄は、八木湊に入津する運搬船によって八戸湊に回漕された。

天保四年（一八三三）鮫御役所日記によれば、八木浦鉏鉄積み立てをする伍大力船《ごだいりきぶね》の金剛丸が、二月・四月・五月・六月・八月に八戸湊に入津して鉏鉄を運び込み、ここから小分けして鮫浦入津の江戸向けの廻船に積み入れていた。

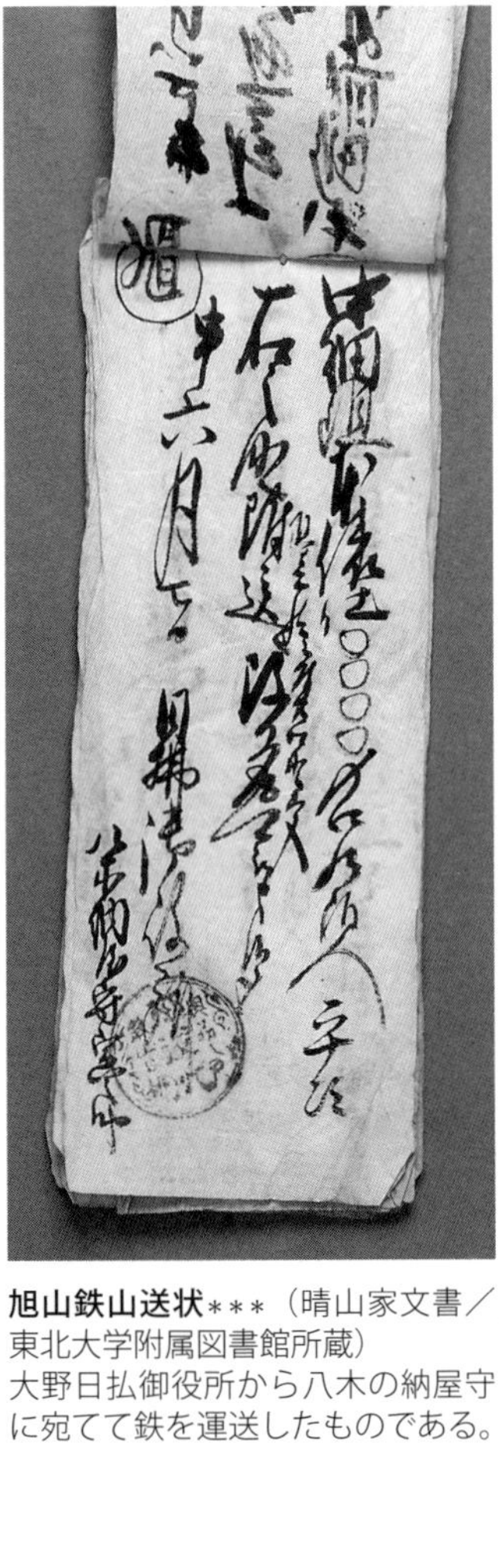

旭山鉄山送状＊＊＊（晴山家文書／東北大学附属図書館所蔵）
大野日払御役所から八木の納屋守に宛てて鉄を運送したものである。

3 麦生湊

久慈湊の北東、牛島のちょうど北側にあたる場所に位置する。麦生《むぎょう》が注目されたのは、幕府の城米船《じょうまいぶね》（天領の米を運ぶ船）が入津したことによる。徳川幕府は酒田（山形県酒田市）の天領で穫れた年貢米を太平洋航路で江戸へ運んだが、その寄港地として八戸湊が選ばれた。

城米船は宝永元年（一七〇四）から本格的に運航され、この年の六月に初めて八戸湊に入津するようになった。初めは鮫に船掛かりしたが、やがて享保年間（一七一六〜三四）に至ると、「久慈麦生浜」に入ることが多くなった。享保一八年（一七三三）五月には鮫蕪島へ一〇艘、麦生へは六艘が入津していることが見えている（享保一八年五月一九日条八戸藩目付所日記）。

酒田からの航海日数については、四月二一日に出船した城米船が四月三〇日に八戸湊蕪島へ到着しているので、九日間ほどであったようである（寛延二年五月一日条八戸藩勘定所日記）。

第三節　八戸湊の整備と変遷

八戸藩が誕生する以前の、江戸時代初頭の八戸湊は、盛岡藩の支配下に置かれていた。盛岡藩時代には、八戸湊を利用して米・大豆・初鱈《たら》などの産物を江戸へ運送するとともに、造船事業もしばしば行っており、当湊を藩領内の海運の拠点として位置付けていた。しかし、八戸湊が本格的に海

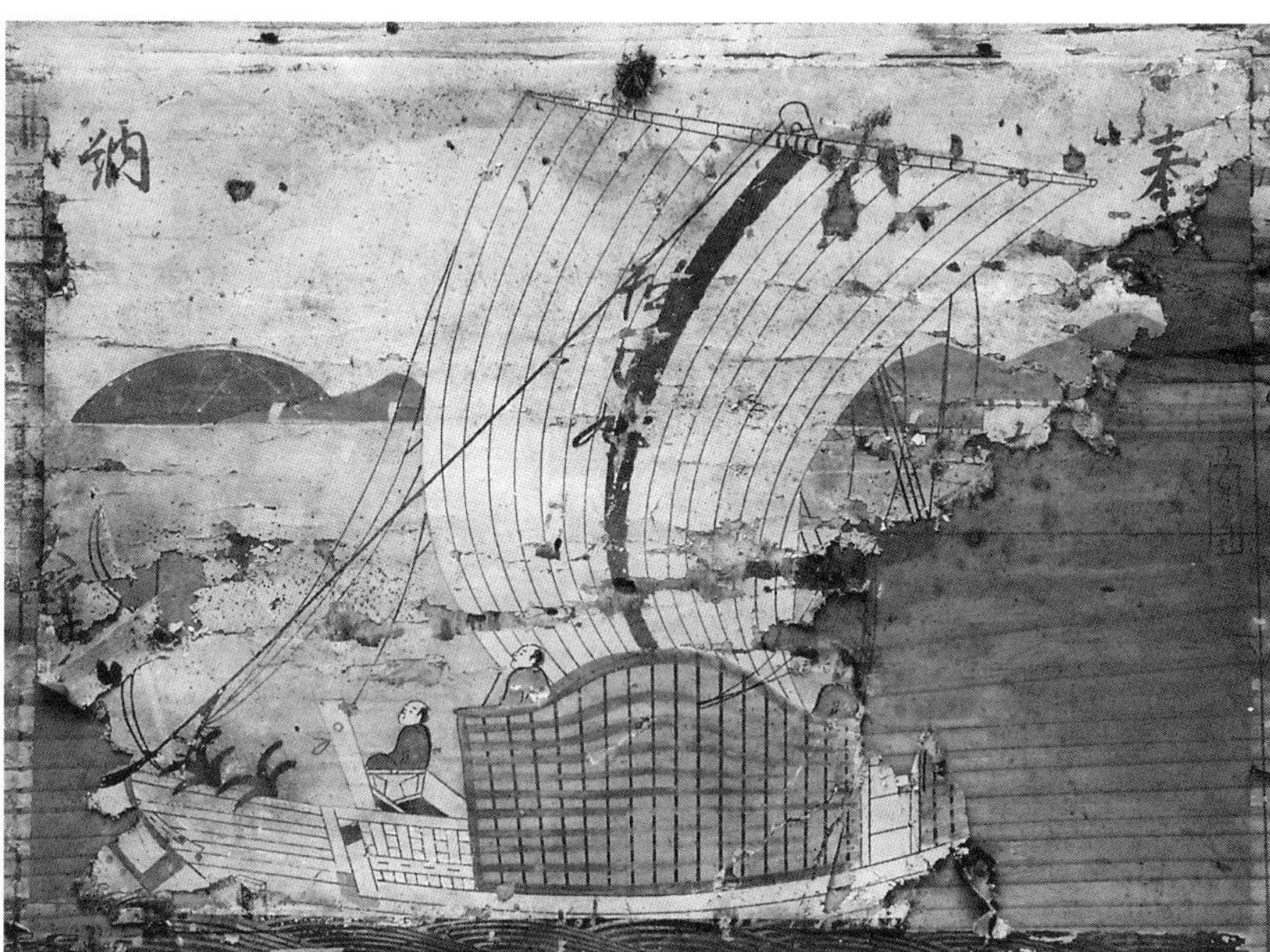

大野の海上安全の船絵馬＊＊＊（洋野町大野明戸／大日霊神社所蔵）
大野には鉄山会所の日払所があったため、鉄輸送の航海安全を祈って船絵馬が奉納された。

運の拠点として利用されたのは、寛文四年（一六六四）に八戸藩が創設され、八戸に城下が置かれてその付属の湊になってからである。

盛岡藩時代の廻船の発着は湊村の河口部を利用していたようであるが、八戸藩時代に入ると、廻船が大型化するにつれ、鮫湊が利用されることが多くなった。元禄六年（一六九三）と同一六年（一七〇三）には、鮫村の街地の屋敷割や船着場・倉庫用地などの区画整理が実施され、しだいに港湾としての体裁が整えられるようになった（元禄六年八月一〇日・元禄一六年四月八日条八戸藩勘定所日記）。

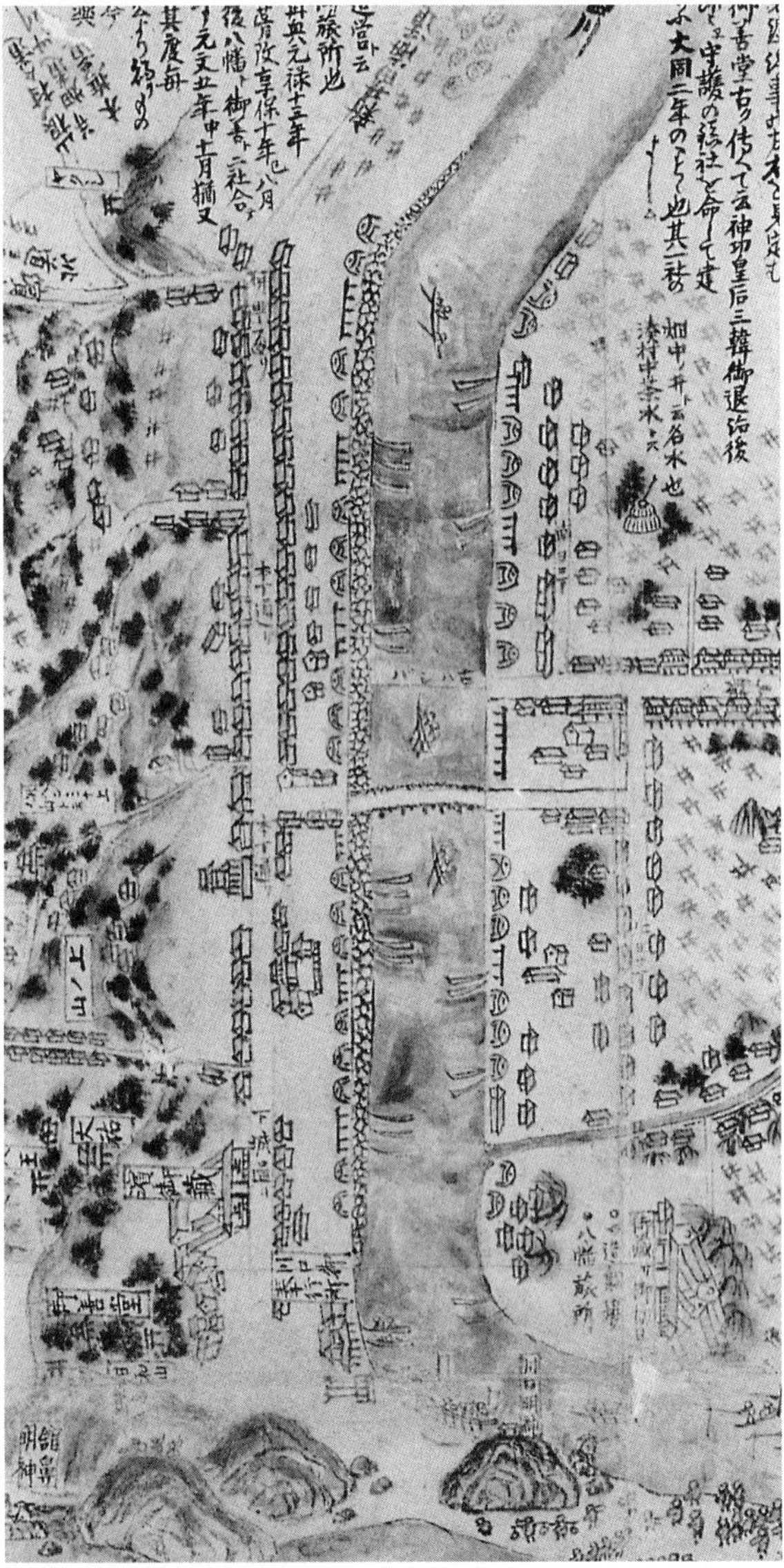

湊（浦）の様子＊（嘉永年間八戸浦之図）
新井田川の両岸には漁船や艀船が数多く並び、ここから鮫湊や白銀湊の本船へ荷物を運んだ。右岸が本町、左岸が新丁で、新丁のそばには新堀の堀割が入っており、この辺一帯が産物の集散地となっていた。下条には川口御奉行所や浜御蔵、場尻には御造船場が見えている。河口は下部に位置。

そして、宝永元年から幕府の城米船が定期的に入津するようになると、同年には鮫村へ浦役所、同三年（一七〇六）には湊村へ十分一《じゅうぶんのいち》役所（翌年川口役所と改称）が設立されて、藩の海運体制も確立するようになった。

さらにこの時期には、宝永三年に湊新堀川の掘削、翌四年（一七〇七）には新井田川河口にて大規模な改修工事が行われ（宝永三年九月七日条八戸藩勘定所日記、宝永四年二月二六日・三月八日条八戸藩目付所日記）、湊村河口部の流路が安定して船着場が整備されると、しだいに鮫湊の本船へ荷物を運ぶ艀が湊村の河口から発着するようになった。

江戸時代後期、国産販売が強化される文政末年（〜一八二九）から天保初年（一八三〇〜）に至ると、湊村の地位は飛躍的に向上し、湊へ入津した廻船には、後背地の場尻《ばじり》にある〆粕蔵、下条《しもじょう》の浜蔵などから産物が直接積み込まれ、さらに鮫に停泊している廻船には、艀船が湊から頻繁に往来するようになった。こうして八戸湊の中心的な港湾は従来の鮫湊から湊へ移り、湊が八戸湊の代表的港湾の地位を獲得するようになった。

館鼻公園の方角石＊（昭和 55 年復元）
新井田川河口の右岸にある高台の館鼻は日和山と呼ばれていた。ここは船頭たちが船を出帆させるために空模様や風具合を見た場所である。

第四節　八戸藩の海運組織

八戸藩の海運に携わる役職としては、江戸時代後期の史料である船手御用留によると、藩には、浦奉行、川口奉行があり、民間には、廻船問屋、船宿、浦老《うらおとな》（浦乙名）などがあった。そのほか、藩には、産物会所の御調役所《おんととのえやくしょ》に国産掛（産物掛）を置いていた（後述）。

浦奉行は、開設当初は船奉行と称していたが、宝永元年に浦奉行と改称されるようになった（宝永二年一月一一日・三月一二日条八戸藩目付所日記）。藩の勘定所に属し、鮫の浦役所に駐在し、八戸湊に出入りする城米船を含む廻船の入船・出船届を受け、出入船の積み入れ荷物と積み出し荷物の検査や沖口《おきぐち》（移出税）課税、廻船からの諸願書を取り扱うとともに、廻船問屋・船宿・浦老（浦乙名）などを差配して八戸湊に入船する廻船業務全般を職分としていた。ほかに漁船の船籍管理や鰯《いわし》釜・塩釜への徴税や難船の処理なども行った。

年度初めに浦奉行は二人任命され、交替で一人ずつ鮫浦役所に勤務した。文政三年（一八二〇）は神山兵五右衛門、安藤庄太夫が就任していた。

これに対して浦奉行と船頭の間に立って廻船業務を実際的に担当したのは廻船問屋である。廻船問屋は、廻船の出入事務や積荷の荷揚げと販売、産物の集荷と積み込み、廻船への食料・燃料の補給、船頭・船主・荷主からの藩への訴願などの取り次ぎを行っていた。廻船が入津すると、入津船の船頭・水主《かこ》などの乗組員に宿を提供した。船手支配人を務めた石橋徳右衛門の船手御用留には時折廻船問屋を指して船宿と記しているの

八戸藩の海運関係の職制

- 家　老
  - 吟　味
  - 目　付
  - 勘定頭
    - 浦奉行
    - 川口奉行
    - 代　官
  - 御調役所＜御調目付＞—— 国産掛（産物掛）

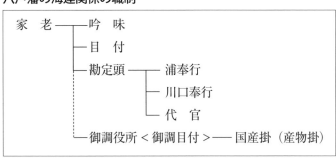

はそのためである。

廻船問屋は廻船の入津場所に四軒配置されていた。文政四年（一八二一）は、鮫村には、西村三（山）四郎と清水甚太郎の二軒、湊村には吉田源之助と佐藤五兵衛の二軒があり、代々その家が役職を世襲した。

乍恐口上

私共船於江戸表御雇船被仰付去月廿六日廿七日両日ニ御当浦へ入津書上仕候処、雨天旁御荷物御都合無之今以艀下一艘も御渡無御座候処、明日其向様湊問屋迄御連候置候ニ付罷出候砌、宿五兵衛より改勢丸へ御積入被仰付候間来る四五日迄滞船可仕旨被仰付奉畏候、兼て順番ニ御積入可被成下旨奉願上置候時分柄之海中故調等もセ喰付相成候得共甚迷惑至極仕罷在候、右之順番ニは御抱無之上ハ改勢丸へ計艀下にて御積入罷成残念至極仕候依之奉願上候儀恐入奉存候へ共、改勢丸之儀は当月朔日之通り船ニて入津仕候所御交易之上去十八日買受荷物積立奉願上候様子ニ承知仕候、然処今日より右船へ艀下御積入被成下候得ハ右船旁私共船之滞舟にてハ手当旁一日共格別之物入相重シ申候、甚以難渋至極仕候何卒以御慈悲入津之順番も御積入被仰付被成下度奉願上候、右之趣宜御執成被仰上被下度奉願上候、以上

巳（文政四年）六月廿二日

毘沙門丸船頭　伊八
喜徳丸　船頭　勇助
鮫問屋　三四郎
同　甚太郎
湊同　源之助

同　　五兵衛

御支配人　石橋徳右衛門様

（文政一〇年船手御用留、『八戸藩の海運資料』上巻）

廻船問屋とともに藩宛の願書に連署する役職に浦老と船宿がいた。文政三年鮫御役所日記には、浦老として権次郎[二]・清五郎、船宿に石橋文蔵・松館安太郎の二人が見えている。浦老は八戸湊と久慈湊（久慈は天明元年〈一七八一〉の設置）の港湾地域に置かれた役職で、浦乙名とも記される。廻船問屋や船宿の補佐役を務めると同時に、海岸付けの村からの漁船売買や鰯釜役などの願書に名を連ねているので（天保四年鮫御役所日記など）、これらの地域の海事行政にも関与していたらしい。

一方、船宿については、判然としないところがある。文化元年（一八〇四）船宿用書留を見れば、廻船問屋から船頭たちの願書が提出されると、加印して城中勤務の浦奉行（ほかの一人は鮫浦役所に駐在）へ上申する業務をしており、ほかには沖口礼金の徴収や在地八戸商人の産物積み立てにかかわっていたようである。

名称からいうと、船宿は廻船宿と考えられるが、廻船問屋が入津船の宿元となっていたので、廻船宿には従事していなかった。船宿職そのものは、城下に居住している御礼《おれい》乙名の町人が浦奉行によって船宿に選ばれていたから（文化一四年一一月条船宿用書留、文政一二年一二月条船手御用留など）、船宿の職分は廻船問屋を経由して藩へ提出される書類を地の利を生かして城中へ取り次ぐことを主たる職掌としていたのではなかろうか。今後の究明を待ちたい。

川口奉行については、湊川（新井田川）河口の川口役所に駐在して漁獲物の徴税（十分の一税）業務などを行っていたので、直接的には海運の役職であったとは言い難い。しかしながら、湊川に廻船が川入りしたり、出帆する際の川浮《かわうき》（入水の意）時には、河川航行の許可権を持ち、川口切手（川通証文）を浦役所宛に発給していたので、広くいえば海運業務に携わっていたと考えられよう。文政七年（一八二四）一一月に川入りした廻船が川浮した際に、洲当たりして荷打《にうち》（荷物の海中投棄）したことがあったが、このようなときには、川口奉行が立ち会っている。川口奉行の職名は、宝永の初め頃は十分一役といわれ、宝永三年に十分一奉行となり、同四年の湊川口の大改修後は川口奉行と改称された。

第五節　八戸藩の海運資料

八戸藩の海運状況を記した資料にはどのようなものがあるだろうか。

八戸藩の海運資料については、冊子の形態のもので、廻船の入津・出帆から産物の積荷までを記録したものでは、鮫御役所日記、船手御用留があり、このほかには、享和元年（一八〇一）八戸藩勘定所日記、御調御用頭書、御産物御用手控・御産物方雑用手控、安政六年（一八五九）廻船出入帳などがある。

個々の資料について触れると次のようになる。

①鮫御役所日記

この資料は廻船の出入りを所轄した八戸藩の浦奉行所の記録である。鮫に浦役所があったので「鮫御役所日記」と呼ばれている。船手御用留と比べると、内容的には浦奉行の職掌上、積荷の積載記事よりも入津船の記述が主体となっている。

寛政三年（一七九一）の筆写本が八戸市立図書館にあるほか、天明四年（一七八四）、寛政三年、文化元年（享和四年）、文化三年（一八〇六）、文政三年、天保四年、嘉永五年（一八五二）、慶応三年（一八六七）の年代の鮫御役所日記が小井川家個人蔵として所在している。なお文化元年の鮫御役所日記は表紙が失われたため、後年に文化一三年（一八一六）

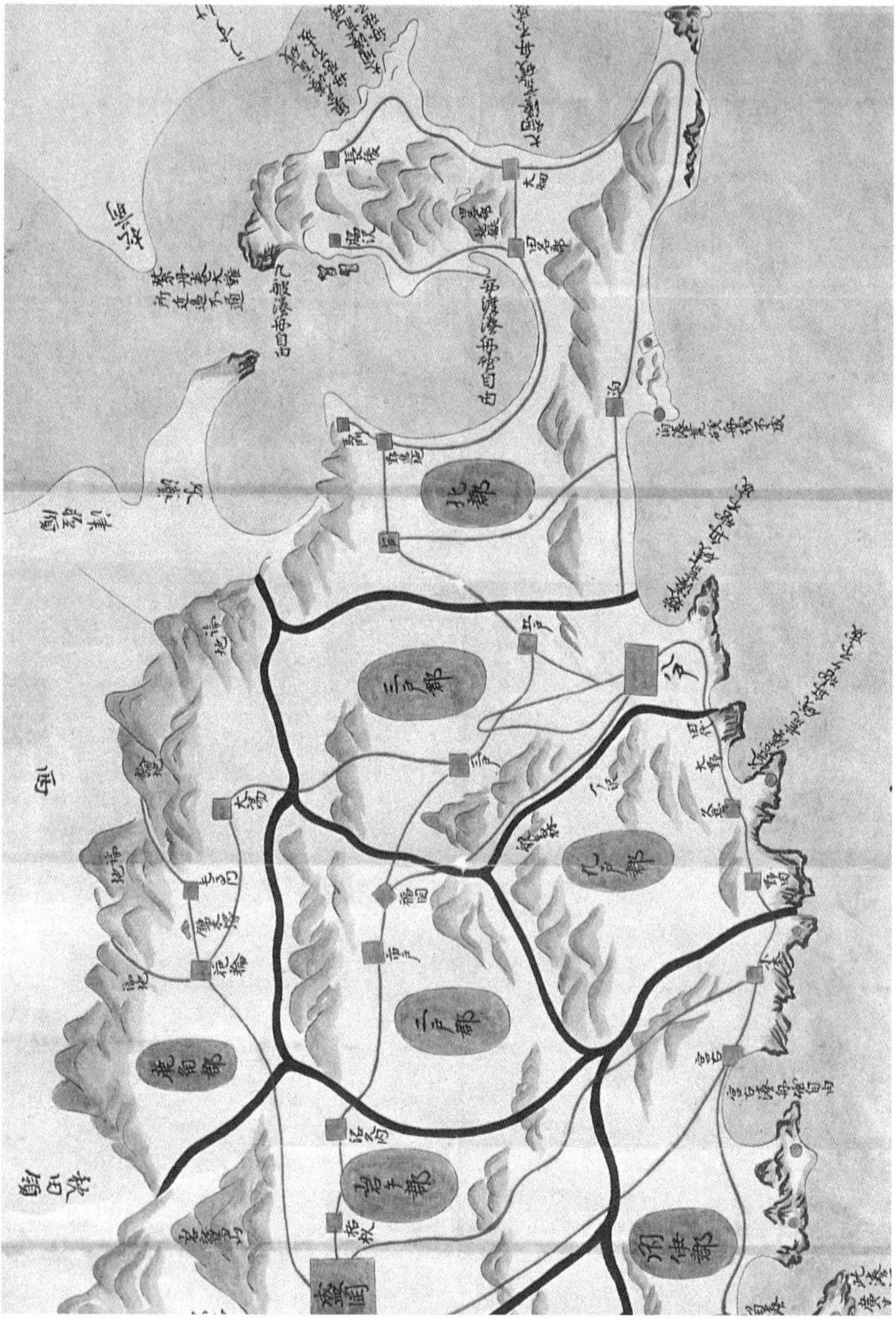

奥州南部領図に見える八戸湊や久慈湊＊（八戸南部家文書）
鮫湊は「荒磯、船懸かり成らず」とあって条件はよくなかったが、当湊を中心に北には泊湊や大畑湊があり、南には久慈湊や宮古湊があって海の道でつながっていた。

の張り紙をして同年のものとしてあるが、内容を検討すると文化元年のものである。筆者が以前発表した「東廻り海運と八戸藩の産物輸送」では、文化一三年鮫御役所日記として引用したことがあり、これは文化元年に訂正しておく。

このほかにも鮫御役所日記には、安永二年（一七七三）と寛政八年（一七九六）のものがあったようであるが（『概説八戸の歴史』中巻一に掲載）、現在は所在が分からない。

なお小井川家蔵の鮫御役所日記は雄松堂書店マイクロフィルム『近世の廻漕史料・東北編』に収録されており、これらの日記は種市町教育委員会から平成五年（一九九三）から七年（一九九五）にかけて復刻出版された（『天明四年～慶応三年鮫御役所日記』）。本稿で使用した鮫御役所日記は雄松堂書店マイクロフィルム、および種市町教育委員会の刊行物によっている。

②船手御用留

この資料は八戸藩の船手支配人を務めた商人西町屋石橋徳右衛門の記録である。鮫御役所日記に比べて、廻船の入津のみならず、出帆時の積荷や問屋の送状・書状、藩からの布達なども記述しており、海運関係の記録が豊富である。

この船手御用留には、文政一〇年（一八二七）、天保五年（一八三四）、同九年（一八三八）、嘉永七年（一八五四）、安政七年（一八六〇）、文久二年（一八六二）、慶応二年（一八六六）のものがある。天保五年・同九年・嘉永七年の三冊は八戸市博物館所蔵（西町屋文書）になり、ほかは東北大学附属図書館所蔵（八戸海運資料）となる。いずれも青森県文化財保護協会から『八戸藩の海運資料』上・中・下の三巻として復刻出版されている。各年代の船手御用留の内容については、後述する章を参照してもらいたい。

これに関連して石橋徳右衛門が船宿役を命じられた記録として船宿用書留もある。これは文化元年から文政三年までの一六年間にわたっており、八戸市博物館が所蔵する。船宿は廻船の産物積み立ての事務処理や沖口礼金の徴収事務などをする職務であったから、八戸藩の海運にとっては、文政一〇年に船手御用留が記述される以前の海運記録として見逃せないものである。文政二年（一八一九）に始まる藩政改革直前の海運状況をうかがい知ることができる。青森県文化財保護協会の『八戸藩の海運資料』下巻に復刻収録されている。

また石橋家には家記である永歳覚日記が所蔵されていた（八戸市博物館所蔵西町屋文書）。文政二年から江戸登産物の支配人や船手支配人を務めたのでこれにかかわる藩からの辞令や指示、布達などを書き留めており、海運施策の運用状況を知る上で参考になる。

③享和元年八戸藩勘定所日記

この資料は八戸藩勘定所日記の中の一冊である。八戸市立図書館では、勘定所日記に分類されているが、内容的には勘定所内の職制の一つである浦奉行の日記とみなされるものであり、「勘定所浦奉行日記」と称してよいものである。前述の鮫御役所日記とほぼ同一範疇に属する記録であり、廻船の出入りを中心に記述されている。本書では勘定所浦奉行日記の名称で使用する。

享和元年の日記を含めた八戸藩勘定所日記にも海運記事が掲載されている。勘定所日記は貞享二年（一六八五）から慶応三年まで所在しているが、民政にかかわる事項を幅広く記載しているので、必ずしも海運は網羅的とはいえない。ただ年次によっては天保七年（一八三六）のように詳細な場合もある。勘定所日記の一部は『八戸市史』史料編近世一～一〇に抄録され、刊行されている。

なお八戸藩勘定所日記や目付所日記は八戸市立図書館所蔵になる八戸南部家文書である。

④御調御用頭書

この資料は八戸市立図書館所蔵遠山家文書に含まれており、『八戸藩の海運資料』中巻に復刻収録されている。御調役所の産物取締に就任していた遠山屯が廻船の手配、産物の積み立てや廻船の運航、産物の売却などを記録したものである。

これには天保一〇年（一八三九）から一一年（一八四〇）までが一冊、同一二年（一八四一）と同一三年が各一冊ずつ所在する。天保一〇年から一一年の表題は「天保十年　亥九月廿九日」、同一二年は「天保十二丑年　四月」、同一三年は「天保十三壬寅年　七月」と年月日が記入されている。

このほか、遠山が江戸勤番時に記録した天保一二年と同一四年の遠山家江戸勤番日記も、廻船と産物の移出入の記事が豊富である。江戸勤番日記は『八戸藩遠山家日記』第五巻に収録・刊行されている。

⑤御産物御用手控・御産物方雑用手控

御調御用頭書に関連して天保末年（～一八四三）頃の御産物御用手控（遠山家文書）と天保一二年御産物方雑用手控（青森県立郷土館所蔵小山田家文書、『八戸港史』には天保一三年とあるが、同一二年のものである）がある。

これらは廻船の運航と八戸藩の産物の移出入を書き記した藩の産物仕法の手引書、ないしは事例集といえるものである。前者は、遠山屯が天保一〇年五月に御調役所詰めを命じられて江戸勤番に上り、同一二年に江戸において「御産物御取締掛」に就任したおりに役所の先例集を筆写したものか、あるいは職務上の必要性から編纂したものかと思われる。

後者の御産物方雑用手控については、天保一二年九月に筆写したとあるので、遠山と同じく江戸勤番に赴任した小山田源内が遠山の配下にあって「御産物売捌方《うりさばきかた》」を担当し、産物販売の実務者として手引書を写し取ったものと思われる。遠山家文書の御産物御用手控と記述内容を比較すると、基本的部分では、ほぼ重複しているので、同一のものを筆写したと考えられる。

しかしながら、遠山本にあって小山田本にないもの、小山田本にあって遠山本にないものが少なからず散見されるので、両資料とも海運資料としては役立つものである。

御産物御用手控は『八戸藩の海運資料』上巻に、御産物方雑用手控は『新編八戸市史』近世資料編Ⅱに復刻収録されている。

⑥廻船出入帳

この資料は浦奉行を務めた正部家辰次郎が安政六年に廻船の出入りを書き上げた記録である。正部家家の個人蔵であり、雄松堂書店マイクロフィルム『近世の廻漕史料・東北編』に収録されているほか、『新編八戸市史』近世資料編Ⅱに復刻収録されている。

⑦その他

以上の資料のほかに、廻船の出入りを記録したものでは、廻船問屋西村家のものとして文政八年(一八二五)御用留(西村家所蔵)がある。直接的な海運資料とは言い難いが、八戸藩の記録である寛政八年御浦奉行諸請筋留帳(資料の上半部焼損)、宝暦九年(一七五九)勘定所諸願留、明和九年(一七七二)~安永三年(一七七四)御家中并五御代官所願留(以上、八戸南部家文書)にも廻船記事がある。また八戸浦の郷村を所轄した代官の書き留めである文久二年八戸廻御代官御用留手控(遠山家文書、種市町教育委員会で復刻)、慶応二年久慈通御代官御用申継帳(青森県史編さんグループ所蔵、種市町教育委員会で復刻)にも関連記事がある。

なお『新編八戸市史』近世資料編Ⅱには宝暦元年(一七五一)から五年(一七五五)にかけて八戸湊に入津した船の記事が収録されている。八戸藩目付所日記や勘定所日記から抄録したものである。

また大岡長兵衛が執筆した「多志南美草」(八戸市立図書館所蔵大岡家文書)も参考になる。大岡は江戸から移入した木綿を商っていたから慶応から明治初年(一八六八~)後の八戸商人の動きを知ることができる。青森県文化財保護協会から全四巻が復刻出版されているほか、大岡達夫氏の私家版も刊行されている。

第二章　八戸藩の海運の発達

第一節　藩政改革以後の廻船の動向

1　文化三年からの八戸湊入津船の動向

八戸藩の藩政改革は、文政二年（一八一九）から始まり、天保五年（一八三四）の百姓一揆により改革主任の野村軍記が失脚することで一応終結をみた。藩政改革の基調は、特権的商業資本の規制と利用、産物の生産と流通の掌握と収奪の強化、国産奨励、年貢諸役金の負担強化であり、何よりも藩財政の再建に目的が置かれていた。

そのため指導者が失脚し、強権的な収奪策は多少薄められたにしても、藩政改革の基本的な政策基調はその後も変わらず、幕末まで受け継がれていった。継続した例証としては、藩は、天保五年の百姓一揆の二一ヵ条の要求のうち、〆粕《しめかす》魚油の強制買い上げ・鉄山の専売・預切手《あずかりきって》（藩札）発行など、およそ藩の国産専売政策にかかわるものは一切拒絶しているし、藩政改革の国産物取り扱い機関たる御調役所《おんとどのえやくしょ》がそのまま幕末まで存続し、活動していたことなどが挙げられる。

従って、藩政改革時に採用された国産販売政策とそれに密接に結びつく廻船の輸送形態も、藩政改革期とそれ以後とでは基本的には差異はなく、藩政改革期の形態がそのまま発展的に引き継がれていったのである。

そこで、鮫御役所日記や廻船出入帳などを使って藩政改革前と藩政改革後の八戸湊の入津《にゅうしん》（入港）船の廻船の形態、すなわち運送形態の変化を見てみよう。

八戸湊へ入津した、大型で、長距離航路に就航していた廻船の動向を整理してみると、次の表のようになる。

表中、廻船の形態を入津船、御雇船《おやといぶね》、御前金船《おまえきんぶね》、通船《とおりぶね》、間掛船《まがかりぶね》と区分したのは、史料上の表記に従ったものであ

る。これは廻船の船型による分類ではなく、産物輸送に従事する廻船の性格を示したものと考えられる。従って、この形態の廻船の動きを追ってみると、八戸湊で産物輸送に従事した廻船のあり方を知ることができよう。

最初に出典資料について述べると、表のうち寛政三年（一七九一）～嘉永五年（一八五二）は鮫御役所日記であり、安政六年（一八五九）は廻船出入帳である。同一資料を使うべきであろうが、ここではあえて安政六年の廻船出入帳を使用した。廻船出入帳は鮫御役所日記と同様に浦奉行が記録したものであるが、これには御手船《おてふね》が登場するのでそれ以前の入津船記事と比較するためにここでは使用することにした。

なおここで大型廻船とは、八戸湊近海を運航する一〇〇石未満の小廻《こまわし》船《ぶね》・伍大力船《ごだいりきぶね》・与板船《よいたぶね》などを除いた船で、江戸―八戸間などといった長距離を航行する廻船と大ざっぱに定義しておきたい。

ところで、藩政改革が始まったのは文政二年であるから、表中の寛政三年と文化三年（一八〇六）は藩政改革前であり、文政三年（一八二〇）以降は改革以後となる。改革前の鮫御役所日記の記載方法は、改革後の記載と異なり、入津した廻船の形態・種類については御雇船や御前金船の区別をせずに、一括して入津船と書き上げてあるのが特徴である。

通船や間掛船は一時的に八戸湊へ寄港しただけの廻船であったから、これらを除外して八戸湊へ入津した廻船の動向を考えると、次のようにいう

八戸湊入津の大型廻船の形態

形態／年代	入津船	御雇船	御前金船	御手船	通船	間掛船	幕府船	不明船その他	計
寛政3年(1791)	44	－	－	－	11	4	－	－	59
文化3年(1806)	24	－	－	－	15	11	－	－	50
文政3年(1820)	－	24	0	0	32	20	0	3	79
天保4年(1833)	－	10	16	0	16	24	0	－	66
嘉永5年(1852)	－	0	15	0	22	19	－	－	56
安政6年(1859)	－	0	4	11	22	16	2	3	58

(寛政3年～嘉永5年鮫御役所日記・『寛政三年～嘉永五年鮫御役所日記』、安政6年廻船出入帳・『新編八戸市史』近世資料編Ⅱ)。表中の－は記載のないことを示す。
＊船数の数値が前著『八戸湊と八戸藩の海運』や拙稿論文と若干異なる

ことができる。

寛政三年は入津船四四艘、文化三年は入津船二四艘となっている。これが文政三年になると、入津船という記載がなくなり、御雇船として二四艘が記される。天保四年（一八三三）になると、御雇船一〇艘、御前金船一六艘となり、御雇船に対して新たに御前金船が登場するのが注目され、これが御雇船を数量的に上回る勢いとなる。やがて、嘉永五年には御雇船の入津がなくなり、御前金船一五艘のみの入津となり、次いで安政六年には、御前金船四艘とともに、御手船一一艘が就航して中央市場を結ぶ長距離航路を独占するようになる。

つまり、八戸湊を目的に入津し、八戸の産物を長距離航路で輸送する、大型の廻船の基本的動向は、文化年間（一八〇四～一七）の入津船から、文政年間（一八一八～二九）の御雇船へと変化し、さらに天保年間（一八三〇～四三）では、御雇船に対抗して新たに御前金船が登場し、これが幕末の嘉永年間（一八四八～五三）では、御雇船が姿を消してすべて御前金船へと転化し、やがて御手船が江戸航路の産物輸送を独占するという構図となる。

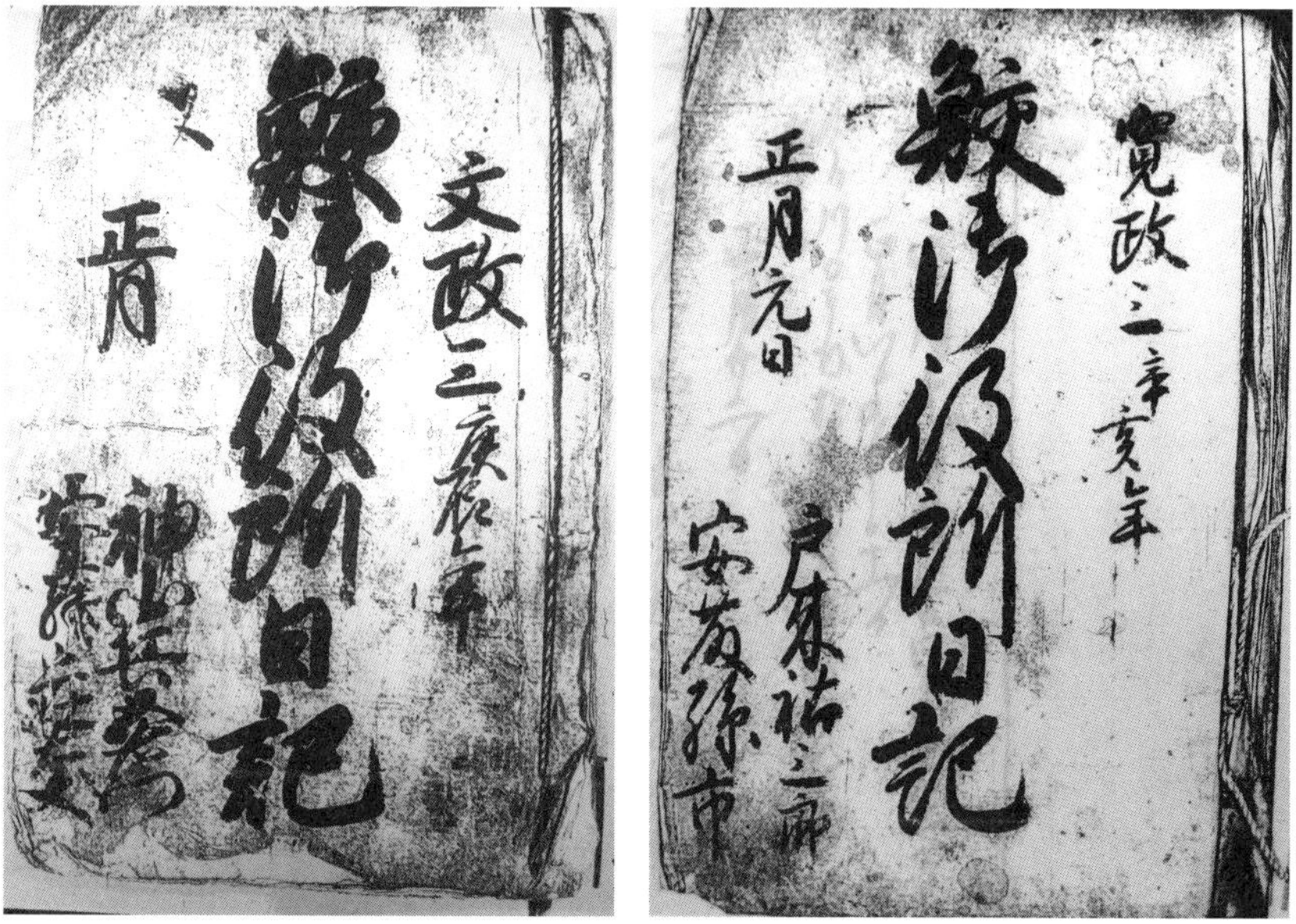

寛政３年と文政３年の鮫御役所日記（『近世の廻漕史料・東北編』）

いってみれば、文政三年を契機として天保四年以降には、海運に従事した廻船の形態が大きく変化していることになる。このような廻船の変化は、先に述べたように文政二年から始まる藩政改革によって藩の海運政策が大きく転換したことによるものであった。

(1) 文化三年の大型入津船

藩政改革前の文化三年の入津数は入津船二四艘、通船一五艘、間掛船一一艘であった。この入津船については、文化三年鮫御役所日記は単に「入津船」と記すのみで、どのような形態の廻船を指すのかはっきりしない。前著『八戸湊と八戸藩の海運』では、便宜上「商船《あきないぶね》」と名付けたことがあった。

しかし、入津船は江戸から八戸商人宛の商売用の荷物を積んできたほか、藩の御用荷物や御家中荷を積載してきており、さらに江戸の石橋弥兵衛・栖原久次郎・太田屋喜八・鹿島新五郎などの「江戸切手」(証文)、ないしは「積切手」を持参して「買積」をする予定で八戸湊に来航していることを勘案すると、八戸藩が江戸で雇った「御雇船」と考えてよい船ではなかろうか。そうすると、入津船はすべて御雇船ということになろう。筆者が名付けた商船はその実御雇船であったことになる。

文化三年四月二一日に入津した銀吉丸の積荷と積切手は次のようになっている。

尾張半田船頭直乗　吉兵衛
宿　甚太郎

一入津　銀吉丸

一粮米拾俵　塩噌少々
一御用明樽百　但江戸伊勢屋喜左衛門より行司三右衛門江之送状差出ス

一木綿并綿古手取合四拾五品　但御当地江送物
一薬種并小間物取合三拾弐品　右同断
一明油樽　百　右同断
一筵　千枚　右同断
一唐竹　三拾五本　右同断
一素麺　弐拾五箱　但商売物
一綿　三箇　右同断
一傘　壱箇　右同断
一鳥もち　三樽　右同断
右之外積入不申、舟頭水主共拾三人乗千弐百積江戸御切手持参之旨申出ル

尾張半田船頭直乗　吉兵衛
水主拾三人乗

一積切手左之通
一千弐百石積

右壱艘為買積其湊へ罷越度旨石橋弥兵衛依願切手差出申候、荷物為御積可被成候、巳上

文化三丙寅年三月

七戸惣右衛門　印
戸村与兵衛　印

野村男也殿
関清八郎殿
摂待茂兵衛殿

（文化三年四月二一日条鮫御役所日記、『文化三年鮫御役所日記』）

江戸積切手は八戸藩江戸屋敷の吟味役七戸惣右衛門・戸村与兵衛が八戸藩国元の目付役野村男也と浦奉行関清八郎・摂待茂兵衛に宛てて出したものである。吟味役が担当者になっているのは、藩の物品購入や出納が吟味役の職掌となっていたからであろう。

また文中に記されている石橋弥兵衛は、恐らく江戸の荷受問屋、あるいは船を雇い付けした廻船問屋であったと思われる。

入津した尾州船頭の銀吉丸へは、地元の荷主仲間の年行司美濃屋三右衛門が買い集めた大豆・〆粕・布苔《ふのり》・小豆《あずき》・薬種・硫黄《いおう》・松板などが積み込まれた（四月二三・二五・二八日条鮫御役所日記）。

一大豆　千三百俵　　年行司三右衛門
一〆粕　弐百俵　　同人
一布苔　弐拾俵　　同人
一小豆　弐拾俵　　同人
右は尾州吉兵衛船艀下積廻し願出、川口切手差出ス

（文化三年四月二三日条鮫御役所日記、『文化三年鮫御役所日記』）

これらの積荷からは沖口税《おきぐち》（移出税）たる分一《ぶいち》が徴収されたことはいうまでもない。ただ多額の献金をして沖口が免除されていた商人の場合には、免石数の範囲内では課税されなかった。しかし、それを超えると沖口が課税された。文政三年の例であるが、美濃屋は次のように免穀（石）以外の大豆一〇〇石、蕎麦二〇〇石については沖口礼金を上納している。

一末吉丸要助、美濃屋三右衛門荷物積願之儀願之通被仰付候旨一里ニて申来、宿甚太郎右之段申渡、且御免穀外三百石内大豆百石蕎麦弐百石、沖口礼金上納之儀は心得申達置

（文政三年九月二二日条鮫御役所日記、『文政三年鮫御役所日記』）

この年の入津船の積石数は、平均一，〇六〇石で、最高一，六〇〇石から最低六〇〇石の範囲の廻船が入津しており、船籍では、仙台石巻（宮城県石巻市）・江戸・遠江が多かった。

（2）文政三年の大型入津船

この年は文政二年から始まる藩政改革のちょうど翌年にあたる。文政三年の八戸湊に入津した大型廻船数は延べ七九艘、その内訳は藩の御雇船二四艘、通船三二艘、間掛船二〇艘、不明三艘となっている。

文化三年では、御雇船の記載はなく、単に「入津船」としか記されていなかったが、文政三年になると「入津船」の記載がなくなり、通船や間掛船などとともに、はっきりと「御雇船」とその廻船形態を記すようになる。そうすれば、文化三年の入津船が御雇船の形態であるかはっきりしなくとも、文政三年における領内産物輸送の主力は間違いなく藩の御雇船であったことになる。

御雇船が主力となるということは、江戸からの下り荷はもちろん、八戸湊に入津後、八戸から移出される上り荷も

すべて藩の御雇船によって運送されるということである。

このことは、この時期には藩専売に指定された大豆・干鰯《ほしか》・〆粕・魚油などの国産品をはじめ、商人が江戸へ送る積荷は、すべて領外船籍たる御雇船に委託して輸送しているということになり、これに依存した輸送形態であったことを意味する。

これは、とりもなおさず廻船の調達を領外の廻船業者にあおがなければ輸送できないという地元八戸の廻船供給の未熟さを示すものである。つまり、藩の産物仕法にもとづく国産品であろうと、一般商人の商業荷であろうと、領外廻船が産物輸送で占める割合が高かったことになる。従って、ここには後述するように領内国産品のすべてを地元船たる御前金船、ないしは藩の御手船で輸送するという地元廻船の自立化という方向性はまだあらわれていないことになる。

文政三年四月一七日に入津した御雇船盛幸丸には、次のように御雇船御掛札や御紋付御印、積切手、および積荷を記している。

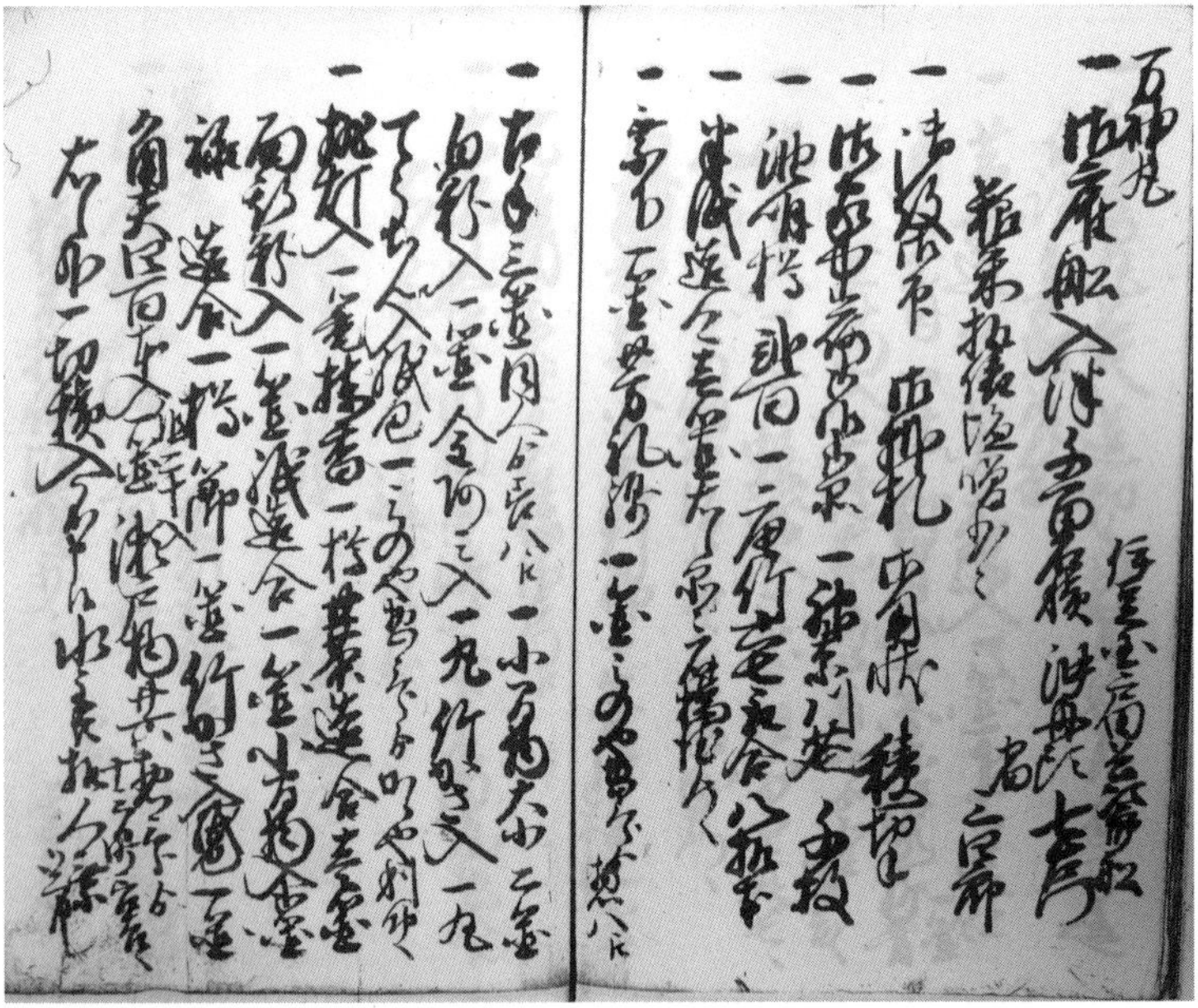

御雇船万神丸の入津書上（文政３年４月５日条鮫御役所日記／『近世の廻漕史料・東北編』）

盛幸丸
一御雇船入津　　直乗船頭（三州大浜）　松三郎
　　宿　甚太郎
粮米拾三俵　塩噌少々
一御雇船御掛札　壱枚
一御紋付御印　一（本）
一積切手　壱通
一添状　壱通
一太鼓紙包物　壱　美濃屋惣三郎よりかゝ屋利助へ送物御座候
一木綿　弐箇　江戸田畑屋治郎左衛門より御当地吉田屋惣八へ送物御座候
一芳礼綿　壱箇
一渋紙包物　弐ツ
右ハ美濃屋惣三郎より恵比寿屋善吉へ送物御座候
一古手入　壱箇　美のや惣三郎より浜や茂八郎へ送物御座候上、廿三日町善八へ
一芳礼綿　壱箇　美のや惣三郎より吉田屋惣八へ送物御座候
一生妻　五俵
一竹ノ子漬　弐樽
一小樽　壱
一四分一百本入　壱包

一茶　　　　　　　　壱包
右は美のや惣三郎より美のや三右衛門へ送物御座候
一生妻　五俵　同人より鮫村新吉へ送物御座候
右之通此外一切積入不申候、船頭水主共ニ拾四人乗、千四百石積御座候
（文政三年四月一七日条鮫御役所日記、『文政三年鮫御役所日記』）

盛幸丸が江戸へ向けて出帆する際には、積荷の積み立てにあたっては、文化三年のように荷主仲間が積み込むのではなく、藩の主要産物たる大豆・干鰯・〆粕・魚油などは御調役所の指示によって積み込まれ、御調徒目付《かちめつけ》が立ち会って積改めが行われた。

一巡徳丸江魚油積立候付、御調御徒目付頼相ニ付改為積候事
（天保四年五月四日条鮫御役所日記、『天保四年鮫御役所日記』）
一大坂大宝丸〆粕積立之有、御調御徒目付松岡茂一罷越、当役立会為積候事
（天保四年六月一日条鮫御役所日記、『天保四年鮫御役所日記』）

それは文政二年三月の御主法替《おしゅほうがえ》（藩政改革）により「大豆・〆粕・魚油之類」については、領外移出品として藩が独占して買い上げる専売品となった結果であった（文政二年三月二八日条八戸藩目付所日記）。

この年の入津船の積石数は平均一，一一三石で、最高一，五〇〇石から最低八〇〇石の範囲の廻船が入津しており、船籍では江戸・伊豆・遠江が多かった。

ところで、文政三年三月九日に入津した御雇船神明丸は、前年九月に宮古（岩手県宮古市）に下った際に八戸藩の御雇船を願い出て御雇船になった。その時、船手支配人石橋徳右衛門と「御雇船申合一札之事」を取り交わしているので、その御雇船証文と御雇船掛札を次に掲載する。

御雇船申合一札之事

一弁財造千弐百石積壱艘、此度願之上御雇船被仰付候処相違無之候、随て当浦入津之砌船中吟味之上御前金五拾両御貸付候定、但運賃之儀江戸壱番下り御雇船並合約定御座候、依て御雇附一札如件

文政三年辰二月

八戸支配人　石橋徳右衛門　仕切判

江戸鉄炮洲本湊丁越後や太兵衛殿船

沖船頭　源蔵殿

神明丸源蔵船御掛札寸方、当所御雇船ニ付御渡候

一幅九寸長サ壱尺九寸厚サ八分

表

	文政三庚辰年	長沢忠兵衛
□　南部左衛門尉雇船		大関文弥
	三月	嶋守万之丞

江戸鉄炮洲本湊町越後屋太兵衛
沖船頭源蔵
江戸深川　水主拾弐人乗
千弐百石積　支配人　石橋徳右衛門
佐賀町　鮫浦船問屋
油堀行　清水屋甚太郎
西村屋三四郎

裏

一御印幡ノ寸方　幅壱尺四寸五分
長壱尺弐寸
九星御紋　裾ニ格菱ノツナキ五ツ付

差上申一札之事

一私船此度於御当地御雇船被仰付難有奉存候、随て江戸表ニて御雇船御一統之御定法通急度相守聊御違背申上間敷候、為後日之御請一札仍て如件

文政三年卯三月廿六日

神明丸船頭　源蔵
乗組賄　惣八
鮫問屋　甚太郎

同　　三四郎
湊問屋　五兵衛
同　　源之助
浦老　権次郎
同　　清五郎

神山兵五右衛門様
安藤庄太夫様
此一札紙安藤庄太夫様へ浦老清五郎より差上申候

（文化元年船宿用書留、『八戸藩の海運資料』下巻）

ちなみに通船と間掛船について触れると、通船は通常荷物を積み込んでいない船であり、間掛船は他所へ運ぶ荷物を積んでいる船で、いずれも一時的に八戸湊に寄港したにすぎない廻船である。従って、これらは八戸藩領内の産物輸送を目的として入津した船ではなかったといえる（第四章第二節「享和元年の入津船の姿」参照）。

なお御雇船の「御」の使い方について述べよう。鮫御役所日記や藩日記などでは「御雇船」と「雇船」の名称を使い分けている。藩が廻船を雇い付けて御雇船の掛札を与えた船は「御雇船」を使用し、商人たちが雇った船は「御」を付けないで単に「雇船」と呼んでいる。例えば、文政三年七月一日に八戸湊に入津した東社丸は当地の美濃屋三右衛門が雇って下った船であるが、これは「雇船」と書き上げ、明確に区別して使っている。ほかの事例も同様の使い方である。藩が船を雇うにあたっては、実際は廻船問屋などの商人に依頼して手配していたのであるが、それでも藩雇いとなるので呼び名は「御雇船」であった。

商人が雇う「雇船」の運航については、領外市場との交易は御雇船・御前金船による運送が主流になるにつれ、その就航数は極端に少なくなった。文政三年の事例では美濃屋雇船として三艘が見えるだけである。

(3) 天保四年の大型入津船

天保四年は藩政改革が終了する同五年の前年にあたる。この年の年間入津数は延べ六六艘、その内訳は藩の御雇船一〇艘、御前金船一六艘、通船一六艘、間掛船二四艘となっている。

この年は御雇船とともに新規に御前金船が就航しているのが特徴である。文政三年の

文政3年八戸湊大型入津船(御雇船)

入津月日	船の形態	船名	積石数	水主数	船籍地	船頭種類	船頭名
3月 9日	御雇船	神明丸	1,200	12	江戸	沖乗	源蔵
3月 9日	御雇船	小福丸	1,500	16	江戸	沖乗	長七
3月29日	御雇船	永徳丸	1,100	11	―	沖乗	門兵衛
4月 1日	御雇船	一宮丸	1,200	14	江戸	―	重蔵
4月 2日	御雇船	三社丸	1,200	15	―	―	仲八
4月 3日	御雇船	虎吉丸	900	9	伊豆	直乗	与惣五郎
4月 3日	御雇船	観音丸	1,000	―	伊豆	沖乗	善八
4月 5日	御雇船	万神丸	1,100	―	伊豆	沖乗	七左衛門
4月 6日	御雇船	栄順丸	1,200	11	伊豆	―	善六
4月 8日	御雇船	延春丸	1,100	8	遠江	―	亀五郎
4月17日	御雇船	盛幸丸	1,400	14	―	直乗	松三郎
4月23日	御雇船	恵宝丸	1,400	14	三河	直乗	勘七
5月 9日	御雇船	泰栄丸	1,500	―	―	―	吉兵衛
5月22日	御雇船	幸興丸	950	8	遠江掛塚	―	半蔵
6月16日	御雇船	福吉丸	900	8	遠江	―	平七
6月16日	御雇船	福寿丸	950	9	遠江相良	沖乗	善兵衛
6月16日	御雇船	仙頂丸	850	9	出雲	―	為八
6月16日	御雇船	感徳丸	800	8	江戸	―	源三郎
6月16日	御雇船	観音丸	950	10	紀伊	―	嘉平治
7月11日	御雇船	三社丸	1,200	15	―	―	仲八
8月17日	御雇船	延寿丸	1,000	8	遠江掛塚	―	亀五郎
8月28日	御雇船	盛幸丸	1,200	14	三河	―	松三郎
9月 1日	御雇船	加福丸	1,100	10	遠江	―	円次郎
9月 1日	御雇船	恵宝丸	1,200	14	三河	―	勘助

(『文政三年鮫御役所日記』)

入津船に比べてここでは御前金船の登場が注目される。

御雇船とともに多くの御前金船が入津していることは、この年の産物輸送はこの両廻船によって担われていたということを意味する。しかし、両廻船積載の積荷を見ると、江戸の上り・下り航路では積荷の積載のあり方が異なっている。

御雇船は、下り航路では若干の船頭の商売荷を除くと、特に江戸藩邸から委託されてきたもののほかは一切積載してきていない。江戸での雇用契約によるであろうが、御雇船においては、下り航路では商人荷は一切積まず、ただ江戸へ向かう上り航路において、藩の産物を積み込む目的のために八戸へ下ってきた廻船であった。

これに対して、御前金船は、藩の御用荷や御家中荷はもちろん、木綿をはじめとして小間物、荒物などの商人荷を満載して八戸へ下ってきている。当然、上り航路においては、商人荷のほかに藩の国産物も輸送するのであるが、少なくとも東廻り海運の下り航路においては、一般商人荷はこの地元八戸船籍たる御前金船が輸送するという体制が、この時期に成立していたということが指摘できよう。

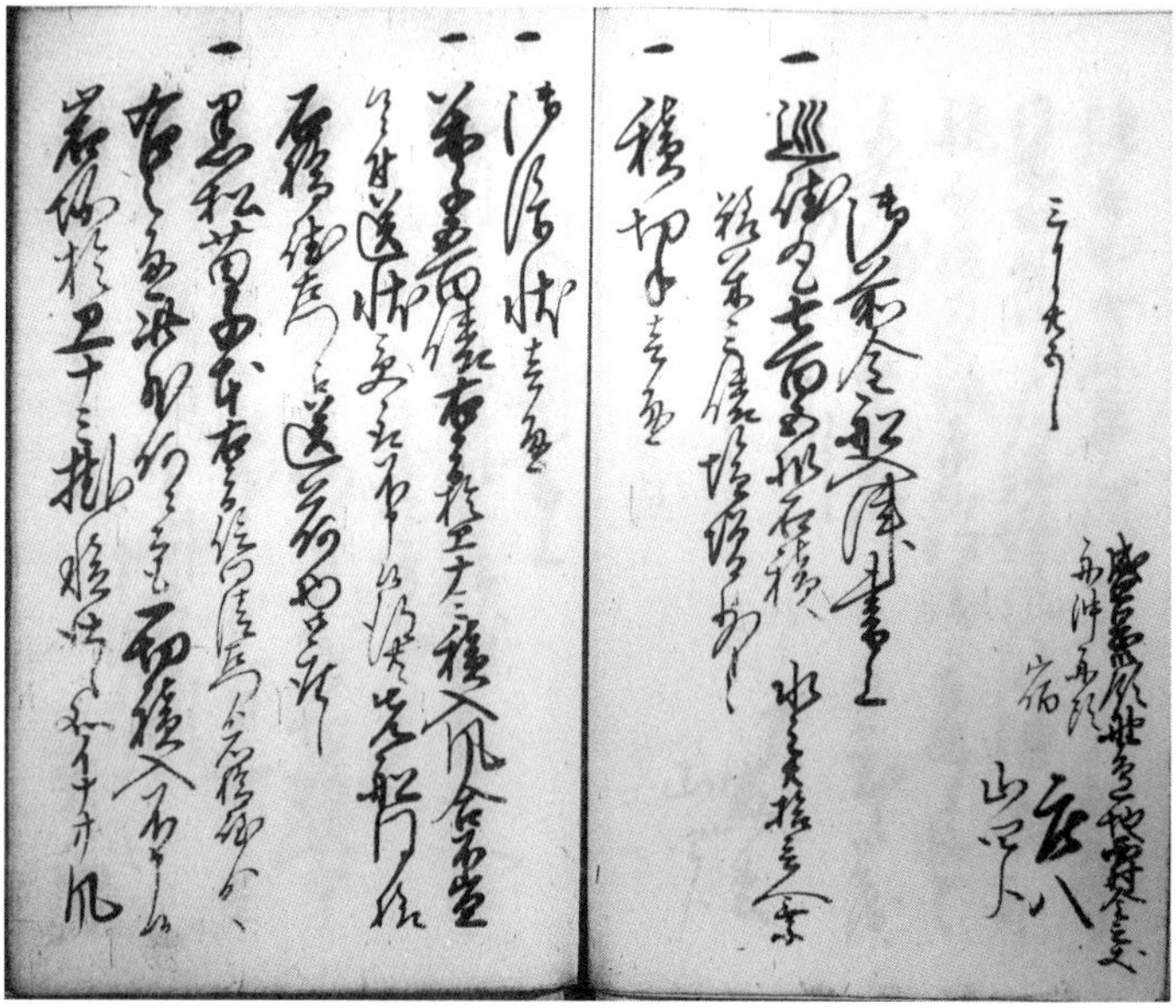

御前金船巡徳丸の入津書上（天保４年３月25日条鮫御役所日記／『近世の廻漕史料・東北編』）

天保４年八戸湊大型入津船（御雇船・御前金船）

入津月日	船の形態	船名	積石数	水主数	船籍地	船頭種類	船頭名
2月20日	御前金船	万寿丸	1,100	12	八戸	沖乗	丹治
3月 2日	御雇船	運光丸	1,000	12	江戸	―	郡作
3月 7日	御雇船	福寿丸	1,000	11	遠江	―	善兵衛
3月 9日	御雇船	神明丸	1,300	13	江戸	―	源蔵
3月11日	御前金船	小宝丸	400	8	八戸	沖乗	千松
3月11日	御雇船	清寿丸	1,150	12	遠江	沖乗	久助
3月12日	御前金船	鶴栄丸	1,300	14	八戸	―	万吉
3月12日	御雇船	松重丸	1,100	12	相模	沖乗	喜三郎
3月21日	御雇船	順風丸	1,080	11	遠江掛塚	沖乗	七五郎
3月25日	御前金船	巡徳丸	750	11	八戸	―	寅松
4月 9日	御前金船	千歳丸	1,000	12	八戸	―	甚之助
4月12日	御前金船	亀甲丸	350	7	八戸	―	吉十郎
4月12日	大坂御雇船	明神丸	1,500	16	大坂	―	伝吉
5月 6日	御前金船	万寿丸	1,100	12	八戸	沖乗	丹治
5月 7日	御雇船	神明丸	1,250	13	江戸	―	金平
5月15日	御前金船	小宝丸	400	7	八戸	―	金次郎
5月15日	御前金船	万寿丸	1,100	12	八戸	沖乗	丹治
5月17日	御前金船	亀遊丸	1,400	16	八戸	―	百松
5月21日	御雇船	弁天丸	700	8	伊豆	―	岩松
5月22日	大坂御雇船	大宝丸	1,300	16	摂津兵庫	―	孫十郎
6月 6日	御前金船	鶴栄丸	1,100	14	八戸	―	万吉
7月14日	御前金船	巡徳丸	750	11	八戸	―	千松
7月28日	御前金船	亀甲丸	350	7	八戸	沖乗	吉三郎
8月11日	御前金船	小宝丸	400	8	八戸	―	金次郎
8月12日	御前金船	千歳丸	1,100	12	八戸	―	甚之助
10月21日	御前金船	万寿丸	1,100	13	八戸	―	仁助

（『天保四年鮫御役所日記』）

御前金船入津

一万寿丸　千百石積　水主共拾弐人乗

　粮米拾俵　塩噌少々

一積御切手　　壱通

一木綿并古手綿取合　弐拾品

一小間物荒物取合　六拾七品

右は江戸美濃屋惣三郎・田畑屋治郎左衛門并銚子信田清左衛門より御当地美濃屋安兵衛・根城屋与五郎・久保屋源兵衛・恵比寿屋善吉・吉田屋惣八・三春屋与惣治・十三日町亀太郎・持越村利兵衛へ贈(送)物御座候、

右之通此外何ニても一切積入不申訴

　五月六日

　　　　万寿丸船頭　仁助

　　　　宿　甚太郎

御雇船入津

一神明丸　千弐百五拾石積　水主共拾三人乗

　粮米弐拾五俵　塩噌少々

一積御切手　　壱通

一御添状　　壱通

右之通此外何ニても一切積入不申候、此段御訴奉申上候、以上

江戸本湊町惣三郎船　金平

山四郎

（天保四年五月六・七日条鮫御役所日記、『天保四年鮫御役所日記』）

御雇船にあっては、特別な委託品を除くと、下り航路の産物輸送に参画せず、上り航路の国産物の輸送のみが期待されていたことになる。このような下り航路への御前金船の進出は、江戸支配の雇船からしだいに脱却、自立化していく八戸藩の海運の成長の姿を見ることができる。

なお天保四年の御前金船は平潟（茨城県北茨城市）などから岩城米も回漕しているが、これは天保三年（一八三二）から始まる飢饉に際しての救助米であり、通常とは異なる特別な輸送にあたるものである。

入津船の積石数は、御雇船は平均一，一二〇石、最高一，五〇〇石から最低七〇〇石、御前金船は平均九〇〇石、最高一，四〇〇石から最低二五〇石となっている。御雇船の規模は、文政の入津船とあまり変わりはなかったが、御前金船は御雇船と比べると一ランク小規模な廻船であった。船籍では、御雇船は遠江・江戸の廻船が多く、御前金船はすべて地元八戸の船籍である。

（４）嘉永五年の大型入津船

この年は天保四年の入津船に比べて一九年後の状況となる。嘉永五年の年間入津数は延べ五六艘、その内訳は御前金船一五艘、通船二二艘、間掛船一九艘となっている。通船や間掛船は一時的に八戸湊に寄港したにすぎない廻船であったから、長距離航路の産物輸送に従事したのは御前金船しかないことになる。それまで江戸航路の主力を担っていた御雇船は見えず、御前金船のみの就航となっているのが特徴である。

御前金船は地元船籍の石橋徳右衛門船であることに特色があり、嘉永年間のこの時期に至って、東廻り海運における上り・下りの両航路は、八戸藩領内の地元廻船によって独占輸送されることになった。

御前金船入津書上之事
万歳丸
一千弐百石積　水主共拾弐人乗
但粮米拾俵　塩噌少々
一御添状　壱通
一御積切手　壱通
一酒明樽　百挺
右は御吟味所御用物御座候
一◇印太物　弐拾六箇
右は石橋万平より御当地村井小右衛門へ送物
御座候
一古手布段取合　弐拾九箇
右同断御座候
一御家中荷　弐百拾品
一荒物小間物取合　百八拾六品
右は江戸石橋万平より御当地近江屋市太郎・古屋清七・みの屋宗七郎・吉田屋惣八・西町屋弥兵衛・大黒屋善助・

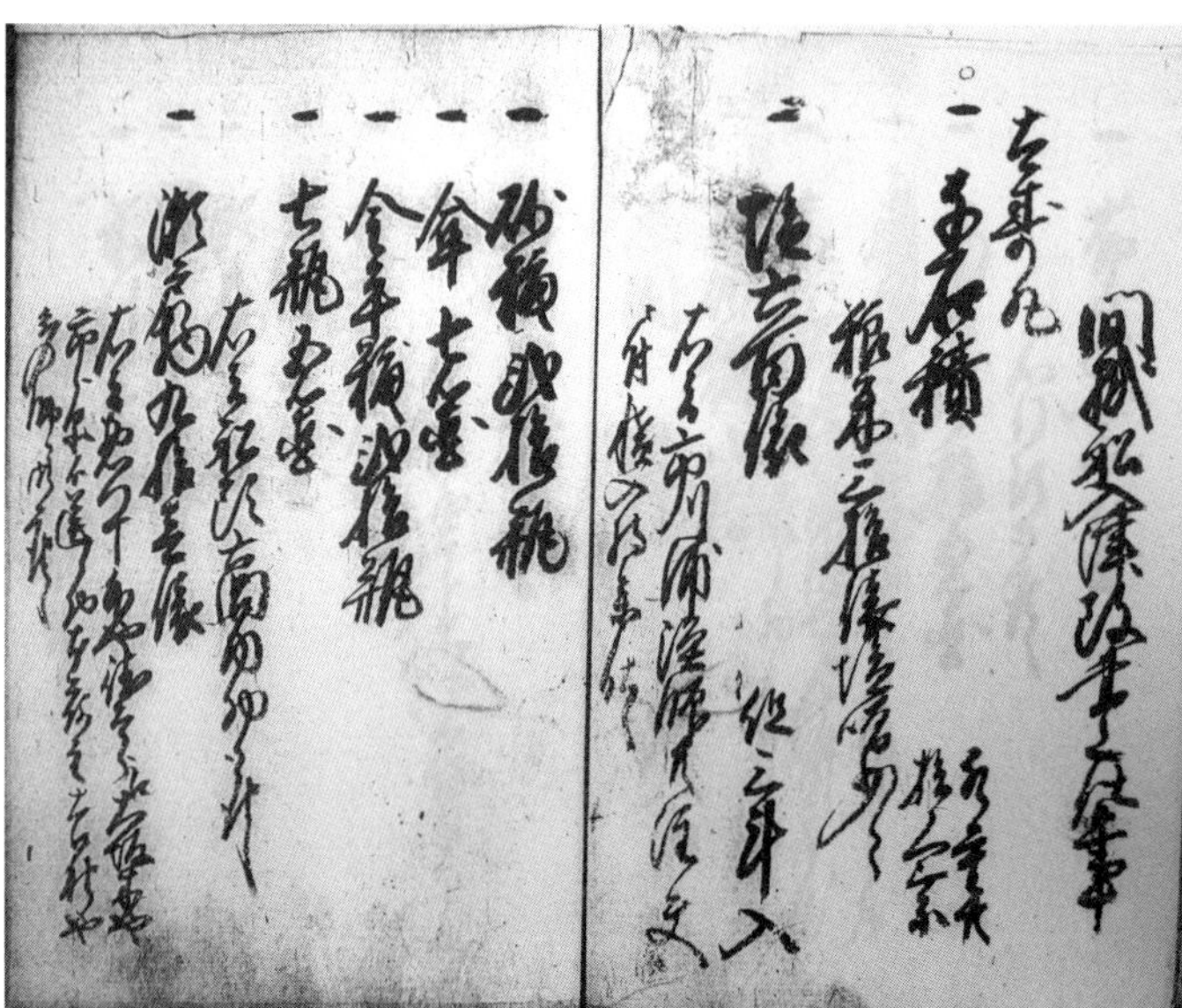
間掛船太寿丸の入津書上（嘉永５年３月６日条鮫御役所日記／『近世の廻漕史料・東北編』）

近江屋彦兵衛・花巻屋亀太郎・大塚屋治右衛門・熊野屋嘉八郎・美濃屋半蔵・板屋太郎兵衛へ送り物御座候
右之通此外何ニても一切積入不申候、右之段御訴奉申上候以上
六月六日
八戸沖船頭　幸次郎
問屋　甚太郎
月番船名主　山四郎
両人宛
（嘉永五年六月六日条鮫御役所日記、『嘉永五年鮫御役所日記』）

御前金船の積石数においても、天保四年時の平均は九〇〇石であったものが、嘉永五年には一，二〇〇石とアップしており、地元廻船の大型化が分かる。

(5) 安政六年の大型入津船

安政六年の年間入津数は延べ五八艘を数え、その内訳は御前金船四艘（四艘とも御手船とも併記）、御手船

嘉永5年八戸湊大型入津船（御前金船）

入津月日	船の形態	船名	積石数	水主数	船籍地	船頭種類	船頭名
閏2月 8日	御前金船	明徳丸	1,200	14	八戸	沖乗	伝吉
3月 1日	御前金船	万歳丸	1,200	14	八戸	沖乗	幸次郎
3月 9日	御前金船	宝珠丸	1,300	14	八戸	沖乗	久助
3月11日	御前金船	小宝丸	1,200	14	八戸	沖乗	万吉
3月11日	御前金船	亀甲丸	1,100	13	八戸	沖乗	久次郎
5月14日	御前金船	明徳丸	1,200	14	八戸	沖乗	伝蔵
6月 6日	御前金船	万歳丸	1,200	12	八戸	沖乗	幸次郎
6月18日	御前金船	宝珠丸	1,300	14	八戸	沖乗	久助
7月11日	御前金船	小宝丸	1,200	14	八戸	沖乗	万吉
7月30日	御前金船	宝珠丸	1,300	14	八戸	沖乗	久助
8月20日	御前金船	亀甲丸	1,000	13	八戸	沖乗	久次郎
9月15日	御前金船	明徳丸	1,200	13	八戸	沖乗	伝吉
9月19日	御前金船	万歳丸	1,200	13	八戸	沖乗	幸次郎
10月12日	御前金船	明徳丸	1,200	13	八戸	沖乗	伝吉
11月 8日	御前金船	宝珠丸	1,200	14	八戸	沖乗	久助

（『嘉永五年鮫御役所日記』）

一一艘、通船二二艘、間掛船一六艘、幕府御用船二艘、不明三艘となっている。天保四年以前に江戸航路に就航していた御雇船は姿を消すとともに、御前金船もその占める割合が低下し、代わって藩有船（藩船）たる御手船が登場して海上輸送の主力に躍り出た。

御前金船や御手船の船籍を見ると、いずれも地元八戸であり、両船の積石数は一，二〇〇～一，三〇〇石規模であったから、天保年代に比べて大型化が進行していた。従って、幕末の安政期には、江戸―八戸間といった長距離航路には、八戸船籍の大型廻船たる御前金船や御手船が就航して、産物輸送にあたっており、中でも藩有船の御手船の運航が目覚ましかった。

御手船
六月廿六日申中刻入津
一順永丸◯　沖船頭久兵衛
千弐百石積　水主共拾五人乗
木綿古手綿類取合　弐百箇
小間物荒物取合　弐百七十五品　同三拾壱

安政６年八戸湊大型入津船（御前金船・御手船）

入津月日	船の形態	船名	積石数	水主数	船籍地	船頭種類	船頭名
2月18日	御手船	久吉丸	―	―	八戸	―	漣平
2月18日	御手船	千歳丸	―	―	八戸	―	源七
2月18日	御手船	八幡丸	―	―	八戸	―	石松
3月 5日	御手船	小宝丸	―	―	八戸	沖乗	万吉
3月14日	御前金船	長寿丸	―	―	八戸	―	―
4月 5日	御手船	万歳丸	―	―	八戸	―	幸次良
6月16日	御前金船	八幡丸	―	―	八戸	―	石松
6月16日	御手船	安全丸	―	―	八戸	沖乗	長兵衛
6月18日	御手船	久吉丸	―	―	八戸	―	漣平
6月22日	御手船	長寿丸	―	―	八戸	―	市十郎
6月26日	御手船	順永丸	1,200	15	八戸	沖乗	久兵衛
6月26日	御手船	小宝丸	1,300	15	八戸	沖乗	万吉
9月10日	御前金船	安全丸	―	―	八戸	沖乗	長兵衛
10月21日	御前金船	小宝丸	―	―	八戸	沖乗	万吉
10月25日	御手船	順永丸	1,200	13	八戸	沖乗	久兵衛

（安政６年廻船出入帳・『新編八戸市史』近世資料編Ⅱ）
＊御前金船は御手船とも記されている

品積参

御手船

六月廿六日戌下刻入津

一小宝丸◯　　沖船頭万吉

千三百石積　水主共拾五人乗

御家中荷物共　商人商内荷物積参

（安政六年六月二六日条廻船出入帳、『新編八戸市史』近世資料編Ⅱ）

以上見たように藩政改革以後の八戸湊入津船の動向は、廻船形態の変遷から見れば、藩政改革初期の文政年間は御雇船が主力となっており、後期の天保年間は地元廻船の御前金船が新たに就航して御雇船と肩を並べるようになり、やがて幕末の嘉永年間には御前金船の独占就航へ、安政年間（一八五四～五九）にはさらに藩有船の御手船へと大きく転換を遂げていることになる。

つまり、文政以後の藩政改革を契機に、藩は国産の売り捌《さば》きのみならず、産物輸送にも直接乗り出したとみなすことができる。これに伴って、従来行われていた藩委託の御雇船による運送はしだいに衰退し、代わって藩の統制下にある御前金船や御手船によって産物輸送が独

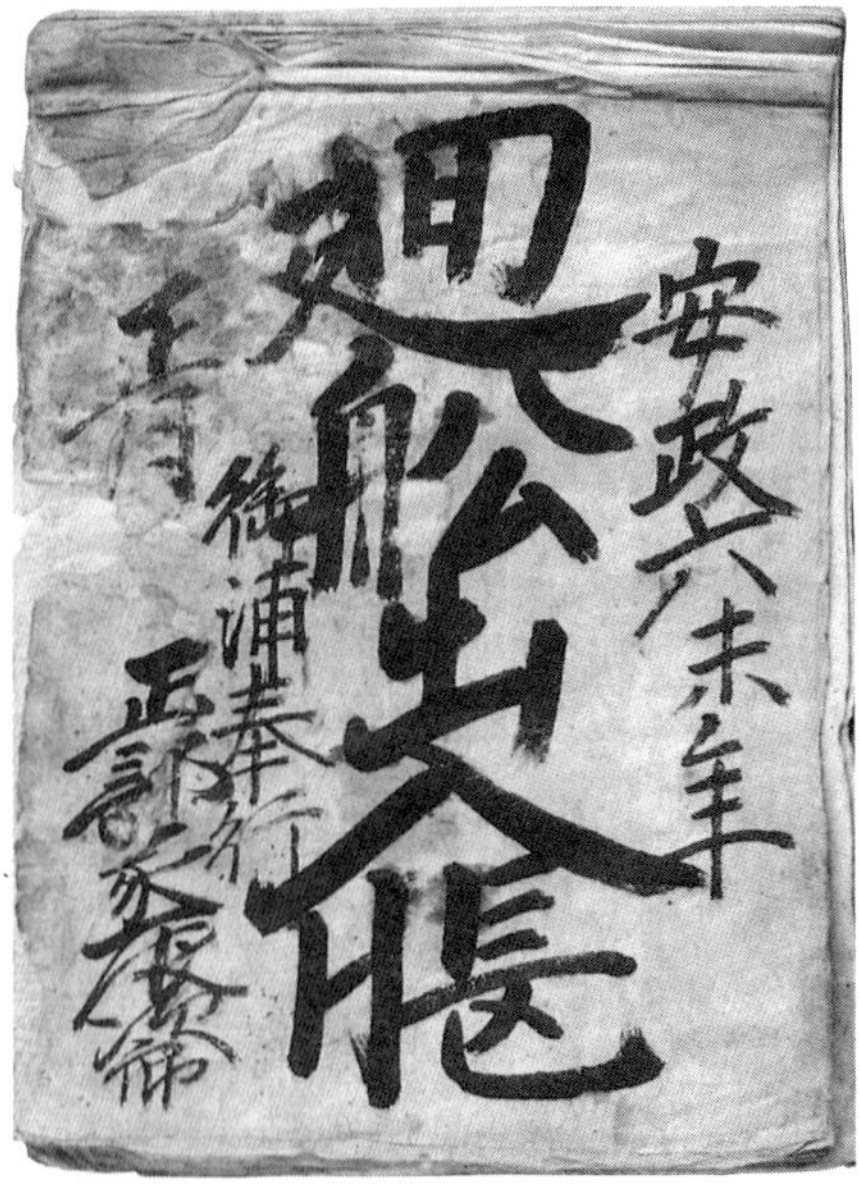

安政６年廻船出入帳＊（正部家家所蔵）

占化される方向に進んでいったと考えることができる。これは、従来、領外特権商人らの下に置かれていた八戸の海運機構を、藩が御手船ないしは御前金船という形を通して、大なり小なり統制して再編させたことを意味しよう。

結局、藩政改革期においては、八戸藩の産物輸送は、御雇船による他国船依存の運送形態から御前金船による自国船の運送という方向に変革したことになり、それが嘉永・安政年間に結実したとみることができる。他国船依存から自国船の自立化＝八戸廻船の成立という点で注目されるものである。

２　御雇船と御前金船・御手船の呼び名

文政二年の藩政改革以後、廻船の主力として登場してくる御前金船とは、どのような船をいうのであろうか。

八戸藩の御前金船の由来や初見については定かではないが、すでに宝暦八年（一七五八）新井田村孫助が手船忠正丸を御前金船に願い上げており（宝暦八年一一月六日条八戸藩勘定所日記）、明和六年（一七六九）には八戸船頭勘四郎が御前金船を就航させている（明和六年八月一六日・九月六日条八戸藩勘定所日記）。しかし、この時期の御前金船と藩政改革以後のそれとは、性格を異にしているようである。

藩政改革以後の御前金船について、天保四年鮫御役所日記では、万寿丸・小宝丸・鶴栄丸・巡徳丸・千歳丸・亀甲丸・亀遊丸の七艘、嘉永五年には明徳丸・万歳丸・宝珠丸・小宝丸・亀甲丸の五艘が御前金船と見えている。そして、

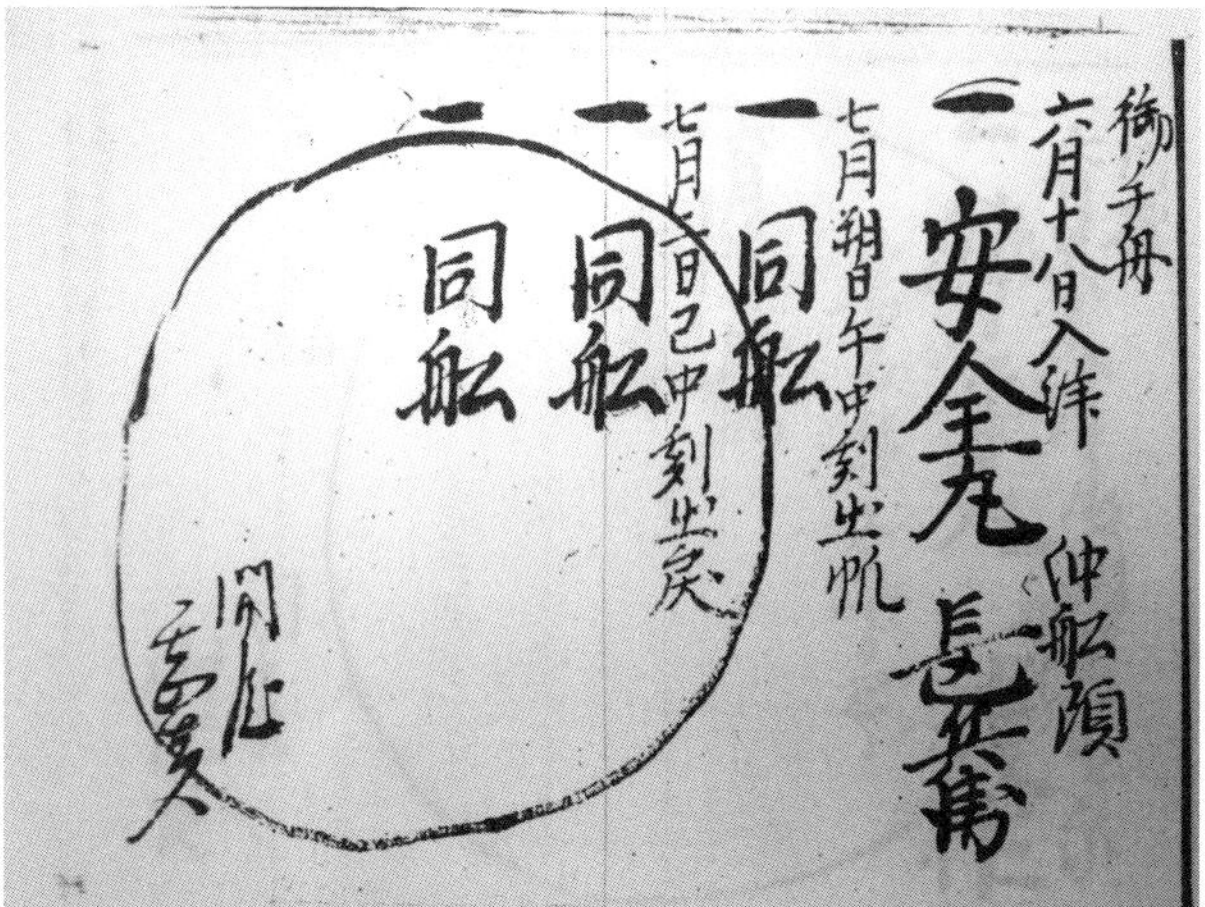

御手船安全丸の入津書上（安政６年６月18日条廻船出入帳／『近世の廻漕史料・東北編』）

安政六年廻船出入帳には、八艘の御手船のうち長寿丸・八幡丸・安全丸・小宝丸の四艘が御前金船とも書き上げられている。

これらの御前金船の船籍を調べてみると、天保四年の七艘、嘉永五年の五艘、安政六年の四艘すべてが八戸の石橋徳右衛門船となっており、御前金船の特徴の一つとしては、八戸船籍の地元船であったことが挙げられる。

次に、御前金船の呼称を史料的に吟味してみると、八戸藩勘定所日記や鮫御役所日記が御前金船と呼びながら、八戸藩目付所日記には御雇船と記されていることがある。先の天保四年の例では、鮫御役所日記が「御前金船」と書き上げながら、同年の目付所日記は「御雇船」と記している。また安政六年廻船出入帳も「御手船」と書き上げながら、同時に「御前金船」とも書き記しており、同一船が幾つかに呼び分けられている。

従って、御前金船と呼ばれる船の特徴は、藩の御雇船であると同時に、藩有船たる御手船であったということができる。御前金船が御雇船と御手船の両側面を持っていたということは、藩と何らかの形で結びついた公権力的な廻船であったことを意味する。

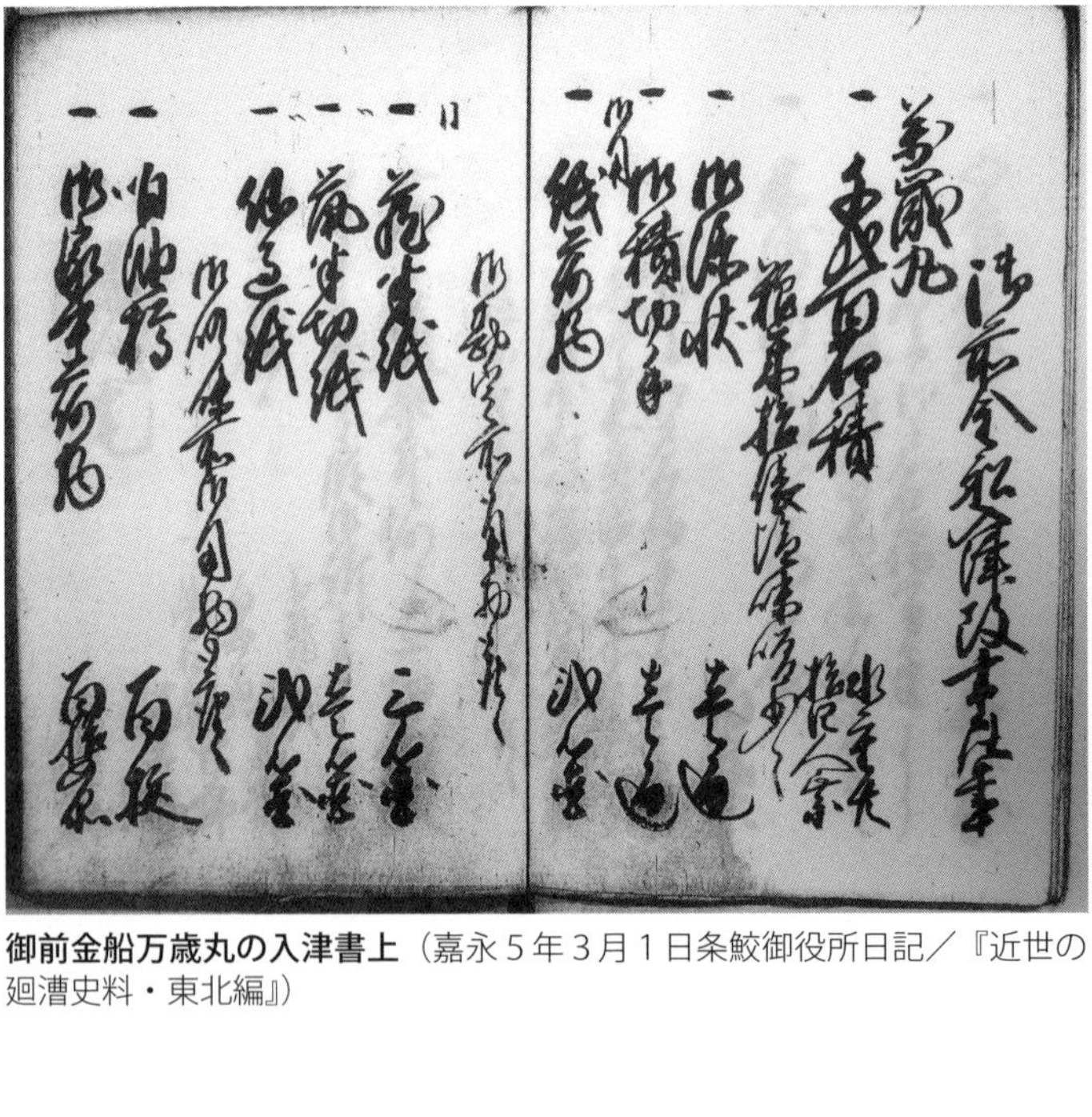

御前金船万歳丸の入津書上（嘉永５年３月１日条鮫御役所日記／『近世の廻漕史料・東北編』）

先の明和六年の事例では、八戸船頭勘四郎が一，〇二〇石の新造船を美濃屋三右衛門を船主として御前金船に就航させており、同七年（一七七〇）には、大坂船頭徳次郎が江戸上りに際して、御前金船の掛札を藩から頂戴している（明和七年九月二一日条八戸藩勘定所日記）。これらの例では、船頭ないしは船主が藩へ願い出て御前金船としての名義を得て航行していたことになる。

このように藩に願い出て御前金船となる方式は、藩の御雇船として雇用されたことを意味するものであり、御前金船の御雇船の側面を示すものである。

ところが、これに対して、藩政改革以後に登場する御前金船の特徴は、藩有船たる御手船が御前金船として就航していることである。しかも、御前金船の名義はそのほとんどが西町屋石橋徳右衛門船となっている。天保一一年（一八四〇）の御手船は虎一丸・万歳丸・順徳丸・小宝丸・亀甲丸・亀彦丸の六艘であったが（天保一〇年御調御用頭書の同一一年三月二〇日条）、これらの御手船のすべては、八戸藩目付所日記や勘定所日記を見ると、石橋徳右衛門名義の御前金船として運航されているものである。

さらに天保一二年（一八四一）・一四年（一八四三）の遠山家江戸勤番日記には、江戸航路に就航している小宝丸・長久丸・虎一丸・万歳丸・亀彦丸・宝珠丸・亀甲丸は御手船とあるものの、天保四年や嘉永五年の鮫御役所日記では御前金船と称されているのである。

そうすると、御前金船と称される廻船は御手船と同じ意味で使われていることになり、御前金船と御手船は、藩政改革以後においては、ほぼ同じ意味に理解してよい船であったことになる。

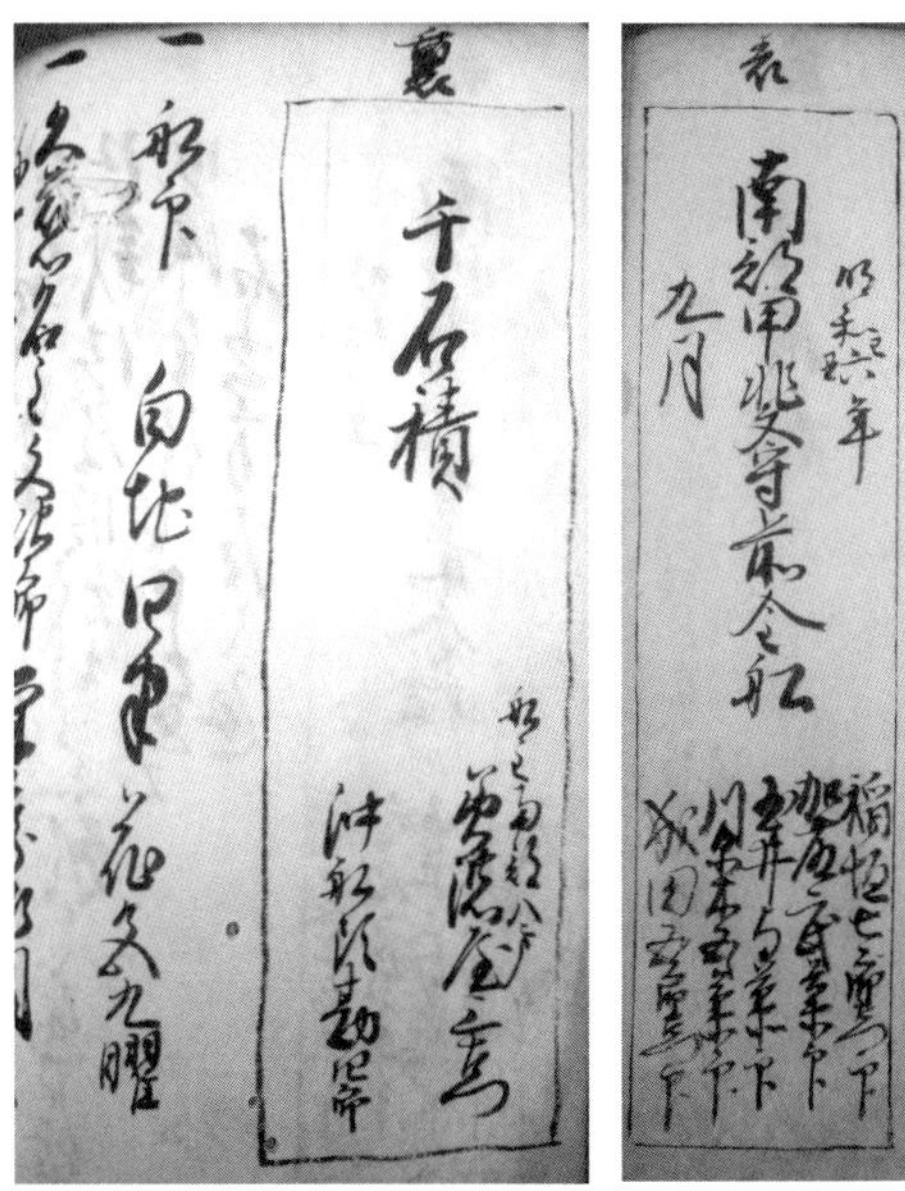

八戸船頭勘四郎の御前金船の掛札（明和６年９月６日条八戸藩勘定所日記）

御前金船が御手船と呼ばれる理由は詳らかではない。天保一〇年（一八三九）御調御用頭書によると、同一一年に榊孫右衛門は、藩から一〇〇貫文を借用して竹虎丸を買い入れた際には、「石橋徳右衛門名掛」の「御手船同様船」として願い出ており、同年湊権七は藩から二五両借用して仙台鉏《そ》積船を作事した際には、「御手船同様御用」にて運航し、返済は「一上下毎運ちん」にて上納したいと願い出ているのが見えている。

また藩から二分の一の補助を受けて建造した富栄丸（一，〇八五石積、豆州大島富蔵船）が、天保一五年（一八四四）三月、運賃は「当御領にて造船の御前金船並合の通り頂載」したいと願い出ている事例もある（西村家所蔵文書）。

このように藩から船の購入費や修理建造費を借用して「御手船同様船」に仕立て上げて運航されているところを見ると、御前金船は助成金給与たる「前金」により石橋名義として藩の廻船組織に編成された船であり、一定期間、藩が所有する御手船として運航されていた船であったと考えられる。

それでは石橋名義の御前金船＝御手船はいつ頃から江戸航路に就航するようになったのであろうか。

八戸藩日記や鮫御役所日記などによれば、天保初年（一八三〇～）

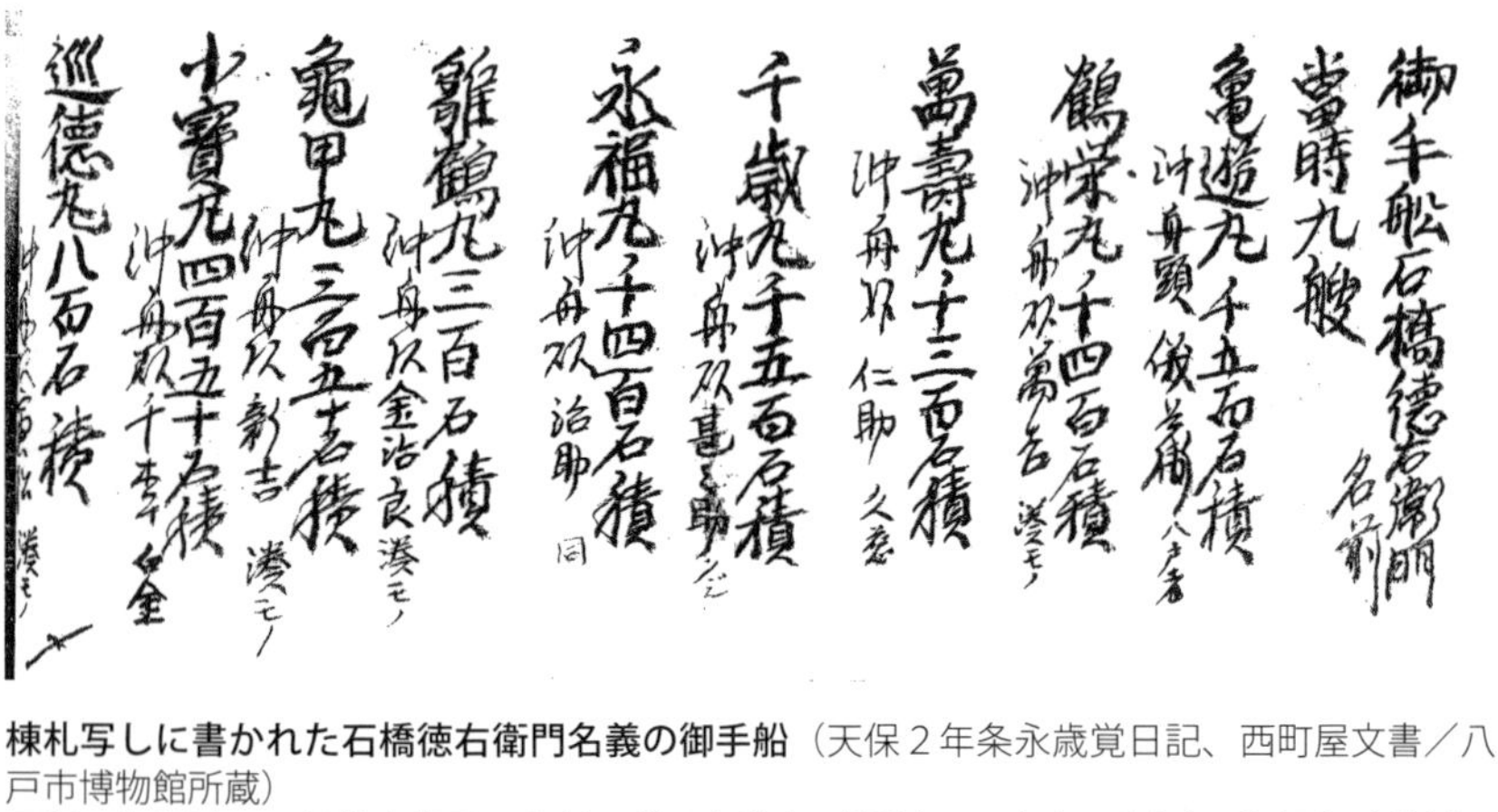
御手船石橋徳右衛門 名前
当時九艘
亀遊丸千五百石積 沖船頭 八戸者
鶴栄丸千四百石積 沖船頭 萬吉 湊モノ
萬寿丸千三百石積 沖船頭 仁助 久慈
千歳丸千五百石積 沖船頭
永福丸千四百石積 沖船頭 治助 同
雛鶴丸三百石積 沖船頭 金治良 湊モノ
亀甲丸三百五十石積 沖船頭 新吉 湊モノ
小宝丸四百五十石積 沖船頭 白金
巡徳丸八百石積 湊モノ

棟札写しに書かれた石橋徳右衛門名義の御手船（天保２年条永歳覚日記、西町屋文書／八戸市博物館所蔵）
天保２年当時、石橋徳右衛門の名前の船は亀遊丸・鶴栄丸・万寿丸・千歳丸・永福丸・雛鶴丸・亀甲丸・小宝丸・巡徳丸の９艘あり、船頭は八戸・湊・久慈・白金の地元出身者が務めていた。

頃から顕著になり、幕末の弘化・嘉永・安政年間（一八四四～五九）には最盛期を迎える。この天保年間以降には、明和年間（一七六四～七一）のような個人名義による御前金船は全く見られず、すべて石橋名義となった御前金船が江戸―八戸間の長距離航路に就航しているのであった。

ちょうどこの時期は文政二年から始まる藩政改革が進行しており、天保五年に藩政改革が終結してもその政策は引き続き幕末まで継続されていた。藩政改革は財政再建のため国産物の販売拡大が強力に進められ、廻船組織の再編成による新たな産物輸送機構が構築された時であった。

それとともに御手船の建造が奨励された時期でもある。「野沢螢」（『日本庶民生活史料集成』一三巻所載）には、「国産物の為登穀など是迄雇船にて格別利易（益）もこれなく故、手船刷《は》き立て（建造の意）・・・五七年の内、大小船七八艘も刷き立てける」などとあり、雇船では利益が少ないために手船の建造が進められたと記されている。

そうすれば、八戸の産物輸送はこの時期に、その輸送を担う廻船のあり方が、御雇船から御前金船や御手船へと大きく転換していたのである。この時期に地元八戸に石橋徳右衛門船として廻船組織が編成され、産物の輸送機構ができあがった意義は大きいといえる。

従って、文政から天保初年にかけて実施された藩政改革を一つの契機として、産物輸送とその輸送を担う廻船のあり方が大きく変化していったことになる。

ところで、なぜ藩政改革を機に石橋名義とした御前金船が就航したのであろうか。

石橋家は西町屋と称し、八戸藩誕生時から豪商として聞こえた八戸藩きっての大商人である。文政二年三月野村軍記主導の御主法替が始まると、石橋徳右衛門は八戸藩の国産物の販売と廻船を差配する「御国産為御登方并御船手支配方」に登用された。

国産物を輸送する廻船においては、「全体為御登石并廻船共其方名儀御借上、津々浦々御用向相勤」（天保五年一一月付石橋徳右衛門宛の木綿支配人布達書、西町屋文書の永歳覚日記所載）として、石橋名義を借り上げて津々浦々に廻船を就航させることになった。

借り上げ理由の詳細についてははっきりとはなってはいないが、野村の財政改革そのものは、石橋名義の藩札を新たに発行させたことからも分かるように、取り潰した七崎屋に代わる石橋家の財力や信用力を利用して実施されたものであった。収益確保のために、専売に指定した大豆・〆粕などの国産物の買い上げとその輸送にかかわる廻船を石橋名義として藩の掌握下に置き、有利に産物販売の全国展開をはかろうとした。

産地間競争に打ち勝つためには販売価格の引き下げとともに、遠隔地というハンディの中で自前廻船による運送費の低コスト化が何よりも求められたのである。

なお御前金船の性格については、渡辺信夫「東廻海運の構造」では、御前金船はその運航形態から考えて、八戸藩資金で造船されたか、藩の補助で運航する大型廻船であるとし、いわゆる藩の御手船とは別であると指摘する見解もある。

第二節　御調役所の設置と御手船による産物輸送

1　御調役所の設置

文政二年、窮乏する藩財政の再建を目的に八戸藩の藩政改革が始められた。御主法替主任に野村武一（のち軍記の名前を藩主から拝領）が登用され、野村が中心になって政策が立案され、財政の再建を旗印に改革施策は強力に実施されることになった。

産物政策の中核になった役所は御調役所である。御調役所は、文政二年三月の「御主法替」（藩政方針の変更の意味で、藩政改革のこと）の指示の下に、産物の生産と流通を担う機関として設置された。いわば窮乏する藩財政を建て直す産物政策の切り札として開設されたものであった。

御調役所は「産物取扱調役所」（『八戸藩史料』）とも呼ばれたように、領内の国産物を藩が独占的に買い上げ（調《ととの》え）、それを領外へ売り捌き、そこから上がる収益を藩が独占的に手に入れることをねらった役所である。さらに領外からの木綿などの産物の買い入れも行い、ここの配下の御用商人を使って領内に独占販売して利益を得た。

２　御調役所の組織

御調役所の組織は目付―吟味添役―徒士目付で構成された。人数は、天保八年（一八三七）九月御役付座列（遠山家文書）などによれば、目付は五～六人、吟味添役は六～七人、徒士目付は二人ぐらいであった。この組織を家老職のうちの中老が統轄した。

文久元年（一八六一）六月には、目付に斎藤伝右衛門・湊九郎太の二人、吟味添役に成田太次右衛門・久水万之助・小山田源内の三人、徒士目付に井川忠吾・小山田平内の二人、算当方に井川忠助、書役に西久保豊吉がいた。ほかに御用達《ごようたし》に商人の石橋徳右衛門・村井小右衛門・石岡儀兵衛の三人、廻船問屋四軒、船宿一人、浦老《うらおとな》一人となっていた（安政七年船手御用留）。

御調役所を統轄した中老とは、八戸藩では家格が低いながらも家老に登用される役職である。家老は普通は財政に携わらなかったが、中老は財政を総理する役職であったため（「柏崎記」三十、奥南新報所載）、藩政の実権を掌握できた。

役人一〇数人が配置されていた御調役所の下には木綿方会所や鉄方会所、塩方会所などが置かれていた。この会所支配人には御用達と呼ばれた御用商人が任命され、実際の買い上げや売り捌きを担当することになる。

天保一一年正月の木綿方会所や鉄方会所の支配人は吉田万右衛門、鉄山支配人は金子丈右衛門（江戸美濃屋宗三郎の家中名）、塩支配人は市十郎（能登屋か）であった（天保一一年御調御用頭書、天保一一年遠山家日記。なお木綿方会所は同年八月に廃止され、仮支配人万助は御役御免となる）。

　これらの御用達を統括したのは、文政二年以来「御国産為御登支配人」を務めた西町屋こと、石橋徳右衛門である。船手御用留を見ると、この当時は、ほかに渡辺安兵衛、吉田万右衛門が石橋を補佐していた。天保一一年八月、石橋は丸屋重蔵に代わって江戸蔵元《くらもと》に就任し、名代には江戸在住の美濃屋嘉兵衛が就いた（天保一〇年御調御用頭書）。

　その後、江戸蔵元名代については、石橋万平が就いたらしく安政二年（一八五五）七月に退役し、代わって一時八戸の村井小右衛門が命じられたが、同年一〇月に江戸亀島丁米問屋石橋三右衛門が就任した（嘉永七年船手并諸御用留）。

　国産為登方と船手支配方に石橋が命じられた事情については、石橋家系図（石橋家所蔵）には次のように記している。

○文政二年己卯四月、此時領主財政極艱。大ニ弊政ヲ革メ、領内ニ令ヲ下シ、一切ノ産物、悉ク江戸ニ輸送ス。寿秀（徳右衛門）ニ命シテ之ヲ督セシム。四月被仰出御領内産物不残江戸表江御直為登支配人被仰付。

○領主財政ヲ改革シ、徳右衛門ノ名ヲ記載シ、通用券ヲ造リ、領内ニ発布ス。其額貳万両、以テ国産ヲ購入ス。御主法替、国産御買入ノ為ニ領内通用預札徳右衛門名義ヲ以テ金貳万両程御差出被成候事。（中略）

○同四年、鉄鉱採鋳兼船舶運輸ヲ監督スル之命ヲ受ケ、連年金拾五両ヲ下賜セラル。

御調役所機構図

中老――御調役所――目付――吟味添役――徒士目付
　　　　　　├「御国産惣支配元」石橋徳右衛門（御用達商人）
　　　　　　├木綿方会所　支配人（御用達商人）
　　　　　　├鉄方会所　支配人（御用達商人）
　　　　　　└塩方会所　支配人（御用達商人）

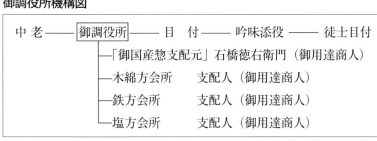

鉄山支配人船手支配方兼被仰付、御合力トシテ毎年金拾五両被下。

御調役所の御用達には、後年の安政四年（一八五七）四月は、石橋徳右衛門、村井小右衛門（十一屋）、石橋善兵衛（大丸屋）、渡辺重右衛門[十]（美濃屋か）、石岡儀兵衛（秋田屋）、大久保徳三郎（加賀屋）の六人が見えている（嘉永七年船手并諸御用留）。

安政四年正月には、御調役所における鉄売座・木綿方・粮米についての御用達の年番掛が発令されている。鉄売座は石橋善兵衛（代わり石岡儀兵衛）、木綿方は石橋徳右衛門、粮米は村井小右衛門（代わり渡辺重右衛門）であった。

３　御調役所の機構の特色

御調役所の藩での機構上の位置付けは、家老を頂点とする通常の藩政組織の外に設置されたものである。しかし、財政再建が藩主からの至上命令とされ、しかも、改革の「御主法替主任」に任じられた野村軍記がここを直轄専務したため、ここで発せられる産物・産業施策は家老らが執行する一般行政よりも優先権が与えられた。いわば野村主導の藩政改革の独断専制の拠り所ともいうべき機関でもあった。

天保五年正月、野村が百姓一揆によって失脚し藩政改革が終了することになるが、御調役所は廃止されなかった。これ以後も、藩財政再建の政策基調は堅持されたので、御調役所の機能はそのまま維持され、幕末まで引き継がれていった。

八戸藩では、天保一四年に一万両の囲金《かこいきん》（備蓄金）を生み、弘化二年（一八四五）に三万両、同四年（一八四七）に五万両の備蓄を達成したが、これはこの産物政策の帰結とみてよいものであった。

ちなみに文政二年から始まった八戸藩の藩政改革の政策基調は、特権的商業資本の規制と利用、産物の生産流通の掌握と収奪の強化、国産奨励、年貢諸役金の負担強化などを内容としたものであった。「野沢蛍」によってその強権ぶりが徹底的に批判されるゆえんである。

「野沢蛍」はその施策の実情を次のように記す。

四　調役所の事・同諸役人定る事

頃は文政二酉年の事とかや、御法《（主法）》替定めとて御城内御連枝楼長屋破却し役所土蔵を建て、右かけ《（掛）》役人定めける。其人々には目付野村武一、大関庄左衛門、吟味役接待重兵衛、郡奉行（輪年番にて一人宛）添役滝沢伊左衛門、菊池新太夫、徒目付野田四郎左衛門、長牛与太夫、書役（輪番）千葉銀之助、伴忠介、下役町人西町屋徳右衛門、大和屋市兵衛とて、御産物大豆粕魚油木綿等一手商売御手産相成ける。領内の内久慈郷産物掛上役中野嘉右衛門、下役嵯峨忠右衛門、晴山重三郎被申達ける。何れ勤役中弐両より拾両迄表向合力給いける。役所も調所と名付、賑々敷事取斗なし。

このほかにも、「十一　新造刷立《はきたて》の事」には、国産物を上らせるため、雇船では利益が上がらないので五七年のうちに大小船七八艘の手船を建造したが、下手の上に手抜きが多く、度々荷打《にうち》破船となって修繕費がかかったこと、「十六　鉄山塩御手山の事」には、鉄山は浜谷茂八郎から取り上

藩政改革を主導した野村軍記を批判した「野沢蛍」（八戸南部家文書）

げ、御手山にして大野村に会所を建て、日払《ひばらい》と名付けて支配人に石橋徳右衛門を命じて商売を独占させたこと、「二十五　領内一手売買の事」には、町人共より木綿・細物・蝋燭《ろうそく》・煙草《たばこ》・醤油・濁酒・糀《こうじ》を残らず取り上げ、一手商売にして礼金を高くして諸品を高騰させ、さらに会所を建て直し、出入役酒木綿わた類肴類は会所において商売させたため、町家の者はただぼう然とするのみであったなどと、その施策を糾弾している。

４　御調役所の業務

天保一〇年から一三年（一八四二）にかけて御調役所の動静を記した御調御用頭書（三冊）によって、御調役所が行っていた業務を整理してみると、次のようになる。

①大豆・〆粕・干鰯などの産物の購入と領外販売値段の指示、産物の購入と売却の損益勘定
②輸送廻船の調達と積み込み産物の荷割、出帆先の指示、運賃額の決定、遭難時の積荷の処理
③商人や漁師、塩生産者などへの営業資金や生産元金の貸与、諸役上納資金の貸与
④鉄山の経営管理と鉄製品の自他領への売却（値段・数量など）の指示、鉄山の損益勘定
⑤塩方会所の管理と塩の売却（値段・数量など）の指示、塩小売座《こうりざ》商人の任命
⑥木綿の領外からの購入と領内への売却（値段・数量など）の指示
⑦蔵元・肴問屋などの役職の任命と塩海草出入役・五十集人《いさばにん》・引酒屋《ひきざけや》などの営業許可
⑧その他、為登金の送付、商人への送金、掫駒《せりこま》の損益勘定、市川入漁、漁事の祈祷など

つまり、御調役所の業務は、領内・領外を問わず、産物の購入と売却、そのための廻船の調達と輸送、さらには産物の生産資金の貸与、鉄山や塩方会所の経営管理など、藩の産業施策全般にわたっていたことが知られる。

このような業務の中でも、大豆・〆粕・鉄などの産物を領外中央市場に輸送する廻船組織とその運航や販売業務は、

利益と直結したので重要な役割を果たしていた。産物輸送のためにどのような廻船を準備するか、その廻船にどのような荷物を積み、その廻船をどこへ出帆させ、販売させるか。さらに荷物を積み込む廻船は、どこの廻船を雇い付けるか、さらには雇船よりも藩所有の御手船が有利なので、御手船をどのように調達・組織し運航すればよいか、などといった事項がその中心となった（文政二年六月御産物御用掛勤方心得〈御産物方雑用手控所載〉も参照）。

ところで、御調役所は領内の大豆・〆粕などの産物を専売品として独占して買い上げ、それを全国販売するために廻船組織を構築したのであるが、御調役所設置以後、産物はどのように領内で集荷され、廻船に積み立てられたのであろうか。またそれは藩政改革以前と以後とではどのように変化したのだろうか。

まず米の穫れない八戸藩にあって、藩の全国販売の産物に選ばれたのが、畑作物では大豆、海産物では干鰯・〆粕・魚油であり、後には鉄が加えられた。文政二年三月に藩政改革が始まった際、湊や鮫浦、さらに久慈浦においては、「〆粕・魚油、土干《つちほし》・簀干鰯《すほしか》共」の産物は当分積み出しすることが禁じられ（文政二年三月一九日条八戸藩勘定所日記）、さらに「大豆・〆粕・魚油之類」は領外移出品として藩が直接買い上げると命じた。文政二年三月二八日条八戸藩目付所日記に「御主法替御入用ニ付大豆・〆粕・魚油之類追々御積立入用分、御買上」と見

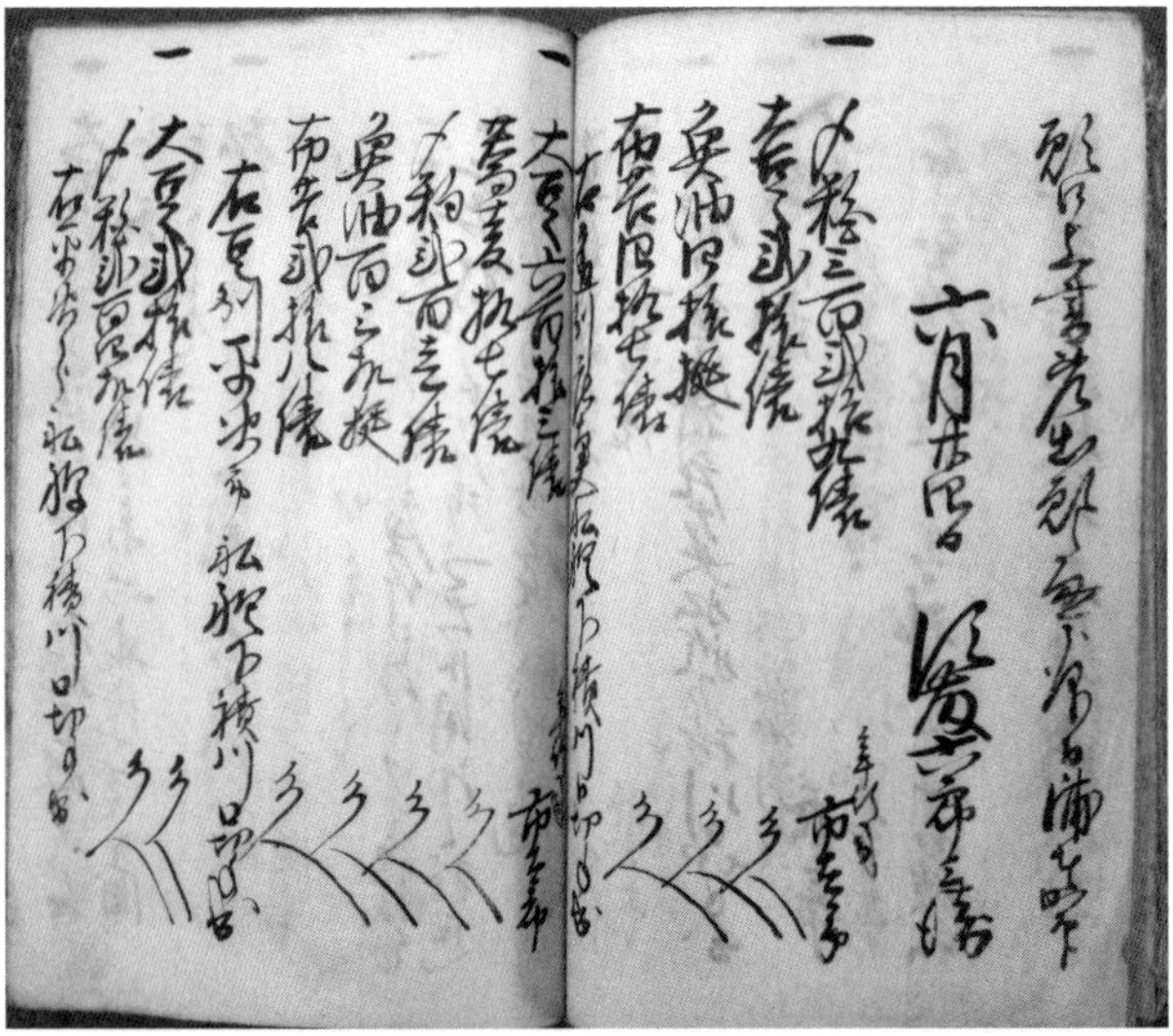

艀下積み込み願（享和元年 6 月 24 日条八戸藩勘定所日記）
年行司近江屋市太郎が〆粕や大豆などを沖合の廻船へ運ぶため、艀下への積み込みを願い出ている。

えている。これによって「大豆・〆粕・魚油之類」は藩の専売買い上げ品に指定されることになった。

藩政改革以前は、荷主仲間代、あるいは、年行事と呼ばれた世話人が大豆などの産物を領内から集荷して廻船へ積み込んだ。例えば享和元年（一八〇一）六月に入津した政徳丸や御雇船虎徳丸へは年行司近江屋市太郎が大豆・〆粕・

天保13年久慈湊入津船への産物積み込み

鉏1箇12貫匁入り

月	船名	船頭	行き先	大豆	〆粕	魚油	布海苔	中細鉏	荒鉏	桐	ほうの木	木地椀	工樽
4	大福丸	富蔵	江戸行き	420俵(220・135石)	780俵			67箇					
5	金喜丸	半兵衛	〃	1,203俵(631・128石)				35箇					60挺
7	〃	〃	〃	500俵(265・755石)	905俵	60挺	123俵(1,613貫)	60箇					
〃	国吉丸	弥七	〃	800俵(425・737石)	1,350俵			167箇					73挺
10	万吉丸	権次郎	〃	1,320俵(698・324石)	89俵	148挺		667箇		110挺	7挺		
3	亀彦丸	三蔵	中湊行き					530箇	200箇				
〃	蛭子丸	岩松	八戸廻り行き					500箇					
〃	八戸丸	友吉	〃					500箇					
〃	歓喜丸	長左衛門	〃					450箇					
7	栄徳丸	万吉	〃					450箇					
〃	金比羅丸	安兵衛	〃					1,100箇					
8	栄徳丸	万吉	〃					263箇				142箇	

（天保14年去寅年御積出積附書上覚、晴山家文書『久慈市史』第6巻史料編Ⅲ）

魚油などを集めて積み込んでいた。荷物へは移出税たる沖口礼金が課税された。

ところが、藩政改革以後は、これらは藩の専売品となったので、領内における自由購入、自由販売は禁止された。御調役所配下の問屋商人が領内から買い集めて湊へ運んで廻船へ積み込み、御調徒目付の立ち会いで積改めが実施されるようになった。藩専売品のため沖口の徴収はもちろんなかった。

産物の買い上げを天保六年（一八三五）～一四年頃の久慈通《どおり》の例で見ると、大豆買い上げは久慈通の全領高と各村高に強制的に割り当てられ、御調役所の下役たる「久慈郷御産物御買穀支配人」中野嘉右衛門配下の問屋が、御買入大豆（定例御買上大豆）、さらには、別段御買上大豆などの名称で積み出し大豆を買い上げて集荷した（晴山家文書『久慈市史』第六巻史料編Ⅲ所載）。そして、これらの集荷問屋は、蔵敷料や俵仕料の手数料を得て久慈湊へ入津した廻船へ大豆を積み込んだのである。

天保一三年一〇月に久慈湊へ入津した万吉丸は、大豆一，三二〇俵、〆粕八九俵、魚油一四八挺《ちょう》、中細鉏《こまそ》（鉄）六六七箇、桐一一〇挺、ほうの木七挺を積載して江戸へ出帆した（天保一四年去寅年御積出積附書上覚、晴山家文書『久慈市史』第六巻史料編Ⅲ所載）。

天保一三年二月から一〇月にかけて久慈湊へ入津した廻船とその積み込みは前の表の通りとなっている。このうち、大豆積み込みの廻船は延べ五艘となっており、いずれも江戸行きであった。

5　御手船による産物輸送

産物輸送に従事した廻船と御手船の運航状況はどうなっていたのであろうか。これを天保一〇年一〇月から一一年九月までの御調御用頭書によって見てみよう。

この時期、八戸藩にあった御手船を見ると、次のようになる。御手船は虎一丸・万歳丸・順徳丸・小宝丸・亀甲丸・

亀彦丸の六艘、常雇船は寿栄丸・天徳丸・恵比寿丸の三艘、八木廻しの与板船は昆比羅丸・海上丸の二艘、ほかに小廻船二艘があり、これに榊孫右衛門の買い入れ船（竹虎丸）と湊村権七船二艘が御手船同様の扱い船となっていた。ちなみに御手船は御産物御用手控や天保九年（一八三八）船手御用留などにも記録されているが、年代によっては多少船名が異なっているので注意が必要である。

各廻船は四月から一一月までの間に出入船を繰り返し、冬期間を除くとほぼ一年間にわたって活動している。出帆先がはっきりしないものもあるが、出帆先を明記したものでは、江戸、あるいは江戸廻り、中ノ湊（中湊・那珂湊、茨城県ひたちなか市）・相馬（福島県相馬市）、仙台石巻といった江戸から北太平洋岸にかけての地域と、秋田・越後といった日本海地域とがあった。

御手船の航海は船の規模にかかわりなく、通常二～三航海となっている。積荷は、荷割が記載されているものでは、畑作物の大豆、海産物の〆粕・干鰯、工業製品の鉄鉏《てつそ》が代表的なものであった。大豆、〆粕などは江戸方面、鉄鉏は仙台・中ノ湊・相馬、さらには裏日本の秋田へも移出されている。特に鋳銭材料として仙台石巻への鉄鉏移出の記載が多いのが特徴的である。石巻では幕

天保11年3月改め八戸藩所有船一覧

船の形態	船　名	積石数	船　頭	水主数	所有者	備　考
御手船	虎一丸	1,200	久慈吉十郎	12	藩	買い出しより当年まで10年経過
	万歳丸	1,200	伊豆松五郎	14	〃	〃　〃　11年　〃
	順徳丸	900	白銀村千松	12	〃	〃　〃　7年　〃
	小宝丸	600	湊村万吉	10	〃	〃　〃　3年　〃新造船
	亀甲丸	350	久慈伴左衛門	7	〃	〃　〃　11年　〃
	亀彦丸	250	久慈三蔵	7	〃	〃　〃　4年　〃
常雇船	寿栄丸	250	久次郎	7	湊村仁兵衛	
	天徳丸	100	辰五郎	ー	湊村岩太郎	
	恵比寿丸	100	竹松		鮫村清助	
八木廻し与板船	昆比羅丸	120	ー		鮫村彦七	
	海上丸	100	ー		湊村孫右衛門	
小廻船	ー	ー	久慈湊長吉		ー	
	ー	ー	ー		麦生甚之丞	

（天保10年御調御用頭書／遠山家文書）

府の許可を得て鋳銭事業を行っており、この原料として、多くの鉄鉏が八戸から送られていた。
天保一〇年から一一年にかけて、藩の御手船のうち、最も頻繁に航海しているのは小宝丸六〇〇石積である。小宝丸は同九年四月に新造され、湊村万吉より石橋名義で借り上げた藩有船であった（天保五年船手御用留の同九年四月二二日条）。

この小宝丸の動きを追ってみると、まず天保一〇年一一月七日、越後新潟より米八〇四俵を積み、松前箱館（北海道函館市）を経由して八戸へ帰帆。越後へは、起炭一〇〇俵、延鉄《のべてつ》二七〇箇、中細鉏四一七箇を積んでいったものであった（天保九年一一月二三日条御調御用頭書）。越後から到着した米は凶作に充てる備荒米であったとみられる。

今度は、一一月二八日に江戸へ向けて大豆など（明細不明）を積んで出帆した。翌天保一一年五月一〇日、行き先は不明だが、大豆五五〇石、布海苔《ふのり》三〇石、板・挽割《ひきわり》二〇石、栗角三石、吟味所味噌・炭二〇石を積んで出帆。六月二四日、行き先も積荷も不明だが、出帆。九月一五日、同じく行き先は不明だが、〆粕一六〇石、大豆九〇石、鉏二〇〇石、木品一三二石、碇《いかり》二頭、吟味所木品六〇本、同所吟味《（ママ）》八石を積んで出帆した。

小宝丸は、天保一一年には、年三回の出帆をしているが、いずれも出帆先は不明である。しかし、積荷を見ると、江戸方面での需要が高い大豆や〆粕が入っているので、恐らく江戸行きであったろう。そうすると、小宝丸は、同一〇年の秋から一一年にかけて、四回江戸へ上って産物輸

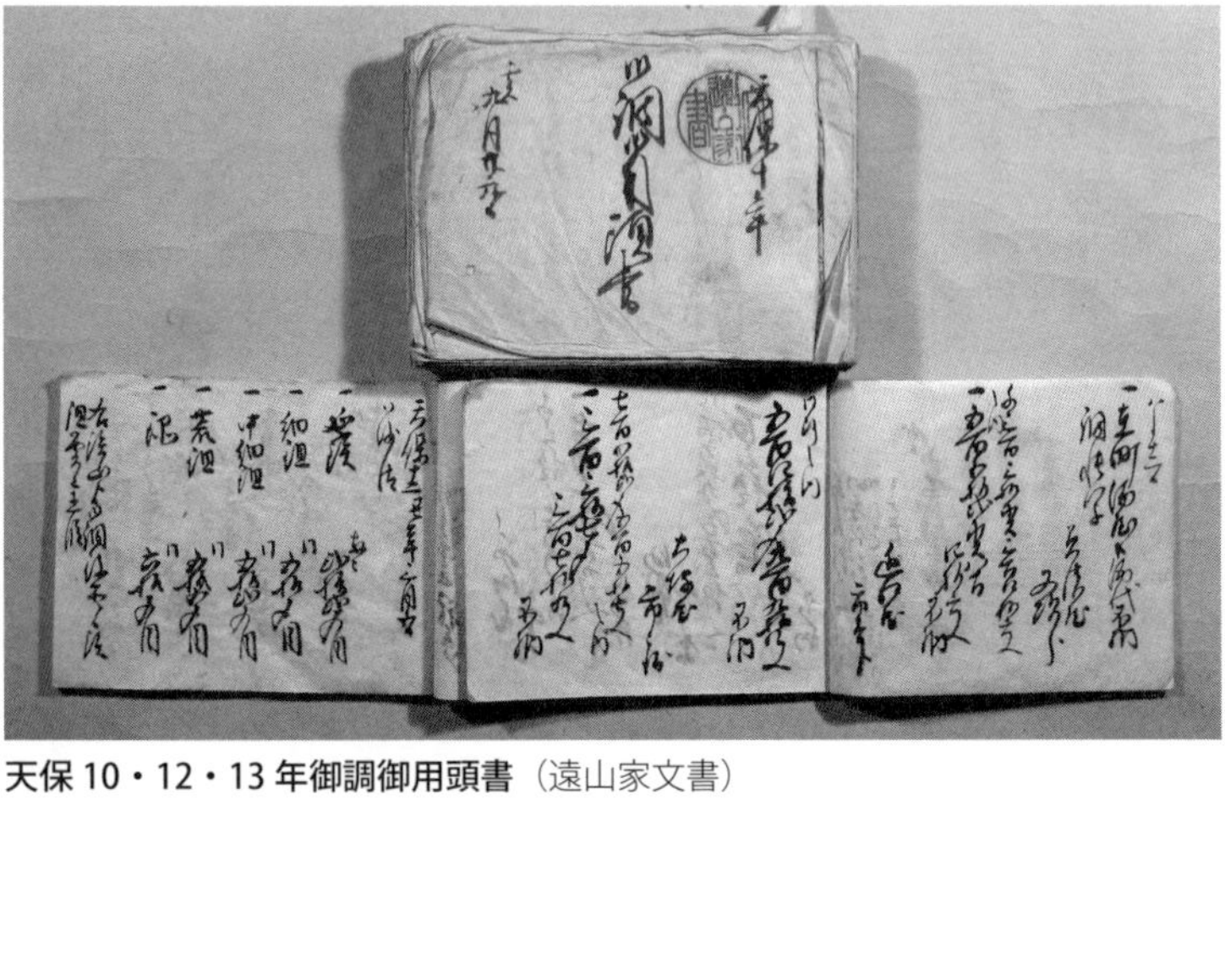

天保 10・12・13 年御調御用頭書（遠山家文書）

送に従事していたことになる。

藩の御手船による航海の収支決算は、巡（順）徳丸の例が御調御用頭書に記載されている。天保一一年五月二二日に入津した巡徳丸は、宮古より岩城米を積み込んできた。しかし、この船は前年の一一月八日に〆粕を積み込んで江戸へ向かい、そのまま越年して五月に八戸鮫浦に帰帆したものであった。

その運航の収支決算は、宮古より米を積んできた分は、二〇両ほどの益金が生じていたが、銚子（千葉県銚子市）より江戸へ空船で回り、そのままそこで滞船したために諸費用がかさみ、四〇両余に上った。結局、この航海の収支は、差し引き二九《（ママ）》両の損払いとなった（天保一一年六月四日条同頭書）。

また江戸より木綿類を積んで天保一一年五月二六日に入津した万歳丸は、七〇両ほどの益金を出している。その理由は、江戸へ行く前に松前（北海道松前町）より米を積んできたり、当方から材木を積んでいったが、その際の船の往来が順調にいったためであった（天保一一年六月五日条同頭書）。

このように御手船の航海は、積載した荷物の販売価格は高く、そのため利潤も多かったが、その運航に要する経費は結構かかり、船の滞船費用、航海の順不調などといった条件が、船の航海収支に多くの影響を与えていた。もし、船が難破すれば、商家一軒が倒産するほどの被害が出た。『多志南美草』第二巻によれば、嘉永六年（一八五三）一一月、木綿を積んだ宝珠丸が転覆し、熊野屋嘉八郎が九〇〇両余の損失、吉田屋惣八・井筒屋八郎兵衛の両家が潰れた。

天保一一年七月一九日、細鉏を積み込んで仙台方面へ向かった歓喜丸が、宮古にて難破する海難事故にあった。藩では、積荷をできるだけ回収し、宮古の地元船を雇って再び回漕するように指示を与え、損害を最小限におさえるよう努力している（天保一一年八月一日条同頭書）。

船の積荷たる産物の販売価格については、江戸相場に応じた価格設定が指示された。天保一一年七月には江戸の干

八戸藩の御手船の出入湊一覧

年　月　日	船　名	出帆先・来港先	積　　荷	備　　　考
天保10年10月25日	巡徳丸	ー	〆粕	出　帆
11月 7日	小宝丸	越後より箱館経由来港	米	入津、越後への積荷は起炭、延鉄、中細鉏
〃	〃	江戸行きの予定	大豆	
11月 8日	巡徳丸	ー	ー	出　帆
11月29日	小宝丸	江戸行き	大豆	出　帆
天保11年 4月15日	亀甲丸	ー	干鱈、家釘、海苔、大豆	出　帆
〃	不明	仙台行き	鉏	出　帆
5月 7日	虎一丸	ー	ー	入津、田名部雇船
5月10日	不明	岩城より来港	米	入津、同船へ鉄鉏積み込み
〃	小宝丸	江戸行きヵ	大豆、板挽割物、栗角、吟味所味噌、炭	出　帆
〃	亀彦丸	秋田行き	荒鉏、中細鉏、延鉄	出　帆
〃	竹虎丸	秋田行き	荒鉏、中細鉏、延鉄	出帆、亀彦丸の秋田行き中止により代替
5月12日	虎一丸	津軽行き	ー	出帆、田名部雇船から津軽雇船となり津軽へ出港
5月13日	歓喜丸	仙台行き	中細鉏、荒鉏	出帆、八木より鮫へ小廻し、湊村万吉船
5月22日	巡徳丸	宮古より来港	岩城米	入　津
5月25日	亀彦丸	江戸廻り行き	大豆	出　帆
〃	不明	仙台行き	鉏	出帆、八木積み出し
5月26日	万歳丸	江戸より来港	木綿類	入　津
6月 5日	亀甲丸	ー	ー	入　津
6月24日	小宝丸	ー	ー	出　帆
〃	亀彦丸	ー	ー	出　帆
6月25日	巡徳丸	ー	ー	出　帆
〃	万歳丸	ー	ー	出　帆
7月17日	亀甲丸	江戸行きヵ	土干鰯	出　帆
7月22日	虎一丸	ー	ー	出帆、田名部より材木を積み入港
7月27日	亀甲丸	ー	大豆、土干鰯、〆粕、肴粕	出　帆
8月 7日	虎一丸	ー	ー	出　帆
〃	亀甲丸	ー	ー	出　帆
8月15日	寿栄丸	相馬、中ノ湊行き	相馬へ鉄、中ノ湊へ荒鉏	出帆、湊仁兵衛船、9/5に出帆となる
〃	不明	ー	大豆	出　帆
9月 7日	竹虎丸	松前より来港	ー	入津、松前より鉄の残りを積み戻る
9月15日	小宝丸	江戸行きヵ	吟味所木品、〆粕、大豆、鉏、木品、碇	出　帆
9月17日	竹虎丸	宮古行き	塩	出　帆

（天保 10 年御調御用頭書／遠山家文書）

鰯値段が高騰し、さらに一〇月には一層高騰を続けると、土干鰯（砂の上で干した干鰯）は一両一四俵（一俵二八六文）から七俵（同五七一文）へ、簀干鰯（簀の子を敷いて干した干鰯）は一俵四五〇文から八〇〇文へとそれぞれ倍以上の値上げを実施して利潤の確保にあたっていた（天保一一年七月一七日・一〇月五日条同頭書）。

第三節　木綿と鉄の流通

八戸藩の御調役所は中央市場から入ってくる産物や中央市場へ送る国産物を独占的に取り扱う産物会所であったが、この御調役所を経由して移入された代表的産物には木綿があり、移出された代表的産物には鉄があった。ここでは、この移入と移出の代表的な産物である木綿と鉄について、その流通のおおよその仕組みを見てみることにする。

1　木綿の流通

(1)　木綿の流通統制の仕組み

文政二年に設立された御調役所は、『多志南美草』第一巻によると、藩政改革時に取り潰された豪商七崎屋の財産の掫《せり》上げ金（競売金）によって取り立てられたものといわれ、この役所ほど八戸藩の藩政改革を象徴するものはなかった。

このような御調役所の下には、産物の購入と販売を実務上取り扱う機関として、木綿方会所や鉄方会所、塩方会所などの御用会所が置かれていた。御用会所の取り扱った産物は、「野沢螢」に「支配物の出入役・酒商売・木綿・わた類・肴類共、於会所いたしける」と見え、その取り扱い産物の一端が記されている。

しかし、開設時期・開設場所・運営方法などの詳細はよく分かっていない。ただ御用会所には、御用商人から任命された支配人がいて実務を担当しており、木綿に関しては、木綿支配人が領民の衣料生活上最大の必需品たる木綿を独占的に領外から仕入れ、それを領内に流通販売する仕組みとなっていた。

木綿方会所の開設年代については、天保五年正月の百姓一揆の要求書の一項に、「木綿古手小間もの荒物勝手しだい商売の事」（野沢螢）と掲げられているところを見ると、同五年以前の藩政改革期に木綿の専売機関として会所はすでに設立されていたと考えられる。そして、百姓一揆の廃止要求にもかかわらず、廃止されることもなく存続していた。

木綿の流通統制の基本的仕組みは、諸史料を参酌すると、「御調役所」─「御用（木綿方）会所＝支配人」─「木綿仲間（問屋仲間）」─「店売り・背負い売り・立ち売り（小売り）」という図式になっている。移入された木綿は、御調役所の監督の下に御用会所を通じて木綿仲間の問屋商人に払い下げられ、ここから証文や鑑札を得ていた店売りなどの小売り商人へ卸されて販売されていたのである。

木綿方会所の支配人に任命された商人を見ると、藩政改革中は不詳だが、天保五年一一月には石橋徳右衛門が命ぜられている。この時の文書には、「絹（絹）布木綿御仕入方、株式之者共願出ニ付御手配被成、其方江支配被仰付候」（西町屋文書、永歳覚日記所載）とあり、藩の御手配により石橋が任命されたのであった。

しかし、この任命は名目上であり、実際に支配人を務めて

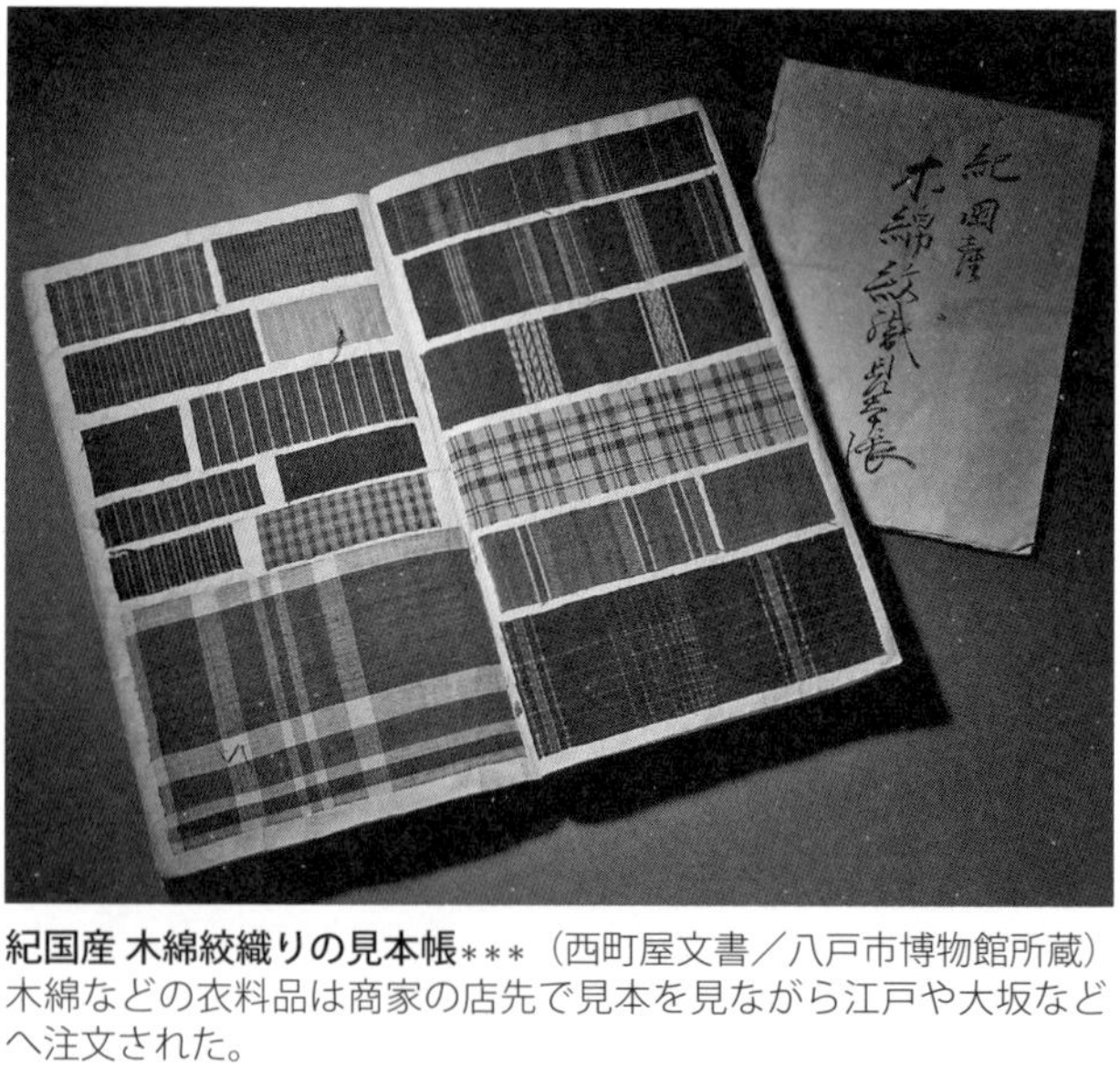

紀国産 木綿紋織りの見本帳＊＊＊（西町屋文書／八戸市博物館所蔵）
木綿などの衣料品は商家の店先で見本を見ながら江戸や大坂などへ注文された。

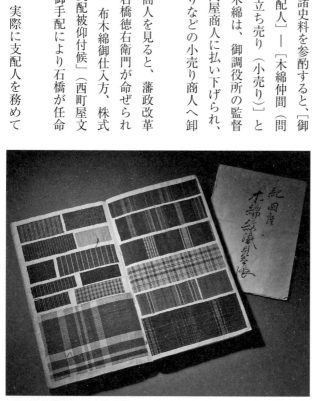

いたのは美濃屋安兵衛であった。天保五年一二月安兵衛が年限につき退任すると、藩では木綿仲間共へ木綿の仕入れ方を委任することとし、吉田屋（亀岡）惣八だけには直《じき》仕入れを認める措置を取った。

ところが、木綿仲間共をはじめ、吉田屋も仕入れ方を辞退したため、藩では「上ニて御仕入」の方策、つまり藩が直接木綿類の仕入れを行う方策を取ることにした（御産物方雑用手控。ただ天保年中「諸用留」三春屋文書には前年の天保四年から藩が実施とある、『青森県史』資料編近世五所載）。藩の「御仕入」といっても、実際上この仕入れを委任されたのは、淡路屋こと、吉田万右衛門である（天保八年八月木綿方留、遠山家文書）。これ以降、吉田は嘉永年間まで木綿類の取扱方支配人として絶大なる力を発揮することになった。

吉田が支配人としての地位に就いていたことは、天保六年七月付の御調役所より久慈通宛の「覚」に、「絹布木綿古手類并右ニ付候品、於御用会所御仕入、石橋徳右衛門支配名目、吉田万右衛門江取扱方被仰付候」（久慈市中野家文書、『久慈市史』第六巻史料編Ⅲ所載）と見えている。石橋を支配人の名目としながら、実際上は吉田が業務を取り仕切っていたのである。

天保五年一二月に美濃屋が退任した背景には、江戸の蔵元を務めていた美濃屋本店の美濃屋宗三郎が、同年同月に「故障筋」につき解任され、丸屋重蔵に任命替えされるという経緯があった（御産物方雑用手控）。

天保五年藩政改革の指導者野村が失脚すると、その後の藩政を指導したのは家老の木幡文内であった（天保一二年六月中老、同一五年一二月加判役御中老兼帯御勝手向惣取締に就任）。木幡は松前や箱館との本格的な交易を始めるなど、国産物の販路拡大を強力に推し進め、国産物販売の全国展開を成し遂げた。八戸藩が同一四年以後、一万両、三万両（弘化二年）、五万両（同四年）の貯えに成功することになったのは、この木幡執政の時期である。

この木幡に重用されたのが吉田万右衛門であり、吉田の権勢ぶりは、『多志南美草』（第一巻）に、この人の言い分にそむくときは木綿商売をやめねばならない、と記されているほどであった。このように会所の実務は吉田が担当し、その運営にあたっていたが、やがて木綿株式を所有しない十八日町万助が支配人の仮役に任命され、天保一一年八月に一時的に会所が廃止されると、万助は首尾よく御免となっている（天保一〇年御調御用頭書）。

嘉永二年（一八四九）一〇月藩政改革以後の指導者の木幡文内が退役し、「御調役所惣御勝手御手繰合の御元結」（『多志南美草』第二巻）としての地位を失うと、木幡の威をバックにした吉田も支持を失って罷免された。

そして、嘉永三年（一八五〇）になると、木綿の仕入れ方法は、木綿仲間一〇軒による直仕入れに変更された。天保一一年に一時的に廃止されていた会所の支配人には、この時大丸屋石橋善兵衛と十一屋村井小右衛門が就任することになった。

木綿仲間一〇軒とは、古屋浅吉、西町屋源兵衛、三春屋新助、吉田屋惣八、古屋清七、熊野屋嘉八郎、泉屋吉兵衛、三春屋与惣治、吉田屋豊作、井筒屋八郎兵衛であり、「十軒店」とも称された（『多志南美草』第二巻）。

嘉永四年（一八五一）三月、一〇軒の木綿仲間共は、「金七千五百両は・・・此度絹布木綿古手類私共江直仕入被仰付候ニ付、拝借被仰付被成下置、冥加至極難有仕合奉存候」（『概説八戸の歴史』中巻二所載の三春屋文書）として木綿支配人の村井小右衛門へ七，五〇〇両の借用願を提出し、藩から仕入れの元金七，五〇〇両が貸し出されて直仕入れを始めた（『多志南美草』第二巻）。

藩のこのような仕入れ方策は、藩が直接仕入れに関与することなく利益を上げる方法であり、海上輸送とそれにかかわる海難を避けることができたので、藩にとっては好首尾であった。

『多志南美草』の著者の大岡長兵衛は、船の難破による損害を予想して木綿仲間への加入を見合わせていたが、案の定、嘉永六年一一月には、木綿を満載してきた宝珠丸が金花山付近で難破し、木綿仲間共が一万両余の大損害をこうむった。十軒店のうち、吉田屋惣八と井筒屋八郎兵衛の二軒が潰れ、仲間共が八軒に減ることになった。

その後、木綿仲間の数は、万延元年（一八六〇）には、先に加入を思いとどまった大塚屋の大岡とともに、美濃屋伝吉、能登屋市十郎、石屋茂兵衛の三軒が加わって一二軒となった（『多志南美草』第二巻）。翌二年（一八六一）には、廿三日町亀吉、三日町磯八、八日町作左衛門、十一屋小兵衛が加入して一六軒仲間となり、資本力が倍加した（万延二年正月江戸諸国津々浦々御調向手附面付帳、小山田家文書）。

（2）木綿の仕入れ方法

天保五年一二月木綿類の領内移入は、藩の直仕入れとなり、名目上石橋徳右衛門、実際上は吉田万右衛門によって仕入れられることになったが、この時藩では、大口取引者である大坂の小橋屋四郎左衛門へ取引上の実務について照会をしている。この照会の内容は、天保五年一二月「大坂小橋屋四郎左衛門江古手綿類御取組ニ付同人手代重兵衛江掛合一件答書写」（八戸南部家文書）、および天保八年八月「木綿方留」（遠山家文書）という表題の史料によって知られる。

両史料とも小橋屋の取り組みの報告を受けて、前者は天保五年一二月、後者は同年一一月にまとめられたもので、これらによって木綿類の取引について述べてみる。

まず、この時期に八戸藩と取引のあった領外商人は、京都では松屋清左衛門、井筒屋藤兵衛、大坂では小橋屋四郎左衛門、柳屋又八、中屋甚兵衛、井筒屋四郎兵衛であり、江戸では田端屋治郎左衛門、槌屋四郎左衛門であった。取引品目は、京都の問屋は絹（絹）布風呂敷類、大坂の問屋は木綿わた類、江戸の問屋

大てんま町木綿店（歌川広重「名所江戸百景」）
江戸大伝馬町は木綿問屋が並んでいた。長屋造りの店の前には暖簾に「たはたや」（田端屋）の名前が見えている。

では、槌屋は絓（絹）布類、田端屋は木綿類であった（御産物御用手控、木綿方留）。

前掲「掛合一件答書写」によると、八戸藩から小橋屋への注文員数は次の表のようになっている。

注文の品は、「綿入古手類、夏単物解分《ひとえものときぶん》、并、道《どう》ふく半天、しのまき（篠巻）、白菊中入れわた、伏見くず、道屑古手、花わた、夜着、吊㡀《つりかや》登舞・三巾《みはば》同、新物登舞、并、綿類、小間物取合」となっており、その員数は四四〇箇、注文高は二、五〇〇両に上る。

この荷物の運送ルートは「野辺地廻し」とされ、大坂より日本海を経由して陸奥湾の野辺地湊に入り、野辺地から陸路八戸へ荷物を輸送するものであった。しかしこの運送経路に対して小橋屋は、綿入古手類と夏単物解分・道ふく半天はこのままでよいが、その他のしのまき以下の品物については「江戸廻し」、すなわち大坂から江戸を経て太平洋の東廻り航路を通って八戸へ運ぶ方を勧めている。

その理由としては、野辺地廻しの運賃制度は、荷物の目方（重量）によらず荷物の大小（容積）によって運賃を徴収する方法であり、これに対して江戸廻しの場合は、荷物の大小によらず目方を基準に運賃を取る方法であったことを挙げている。つまり、綿入古手類と夏単物解分などを除いた荷物類は、荷かさが大きいが目方が軽い品物なので（「江戸廻しの荷造りによる荷高員数」の表参照）、その分、江戸廻しの方が運賃が安く上がったのである。

このことは、前掲の天保五年「掛合一件答書写」に、「野辺地廻し荷物・・・大造り荷物之儀ハ、目方ニ不抱運ちん廻し相成候、さて又彼地より御当所迄運送之儀、とても目方ニ不抱大造之荷物ハ得と上ケ不申候」、「江戸廻運ちん之義ハ荷物大小ニ不抱、目方ヲ以運ちん銀相定申候」、「前文△印江戸廻し認メ置候分、目方軽く荷嵩広大成品物御座候」などと見え、さらに「江戸廻しの儀は二海上ニ御座候間、野辺地廻しよりハ何連延着ニ相成可申候」と記されている。

もちろん、大坂から江戸を経由して奥筋へ荷物を運ぶ場合には、江戸問屋へ口銭《こうせん》を払い、江戸で荷物を東廻りの廻船へ積み替える必要があったが、それでもこれらの荷物類は江戸廻しの方が有利であったのである。ただ江戸廻しの

天保５年大坂注文荷高員数　（箇数不一致）

品　　物	数　　量	箇数(1箇あたり)	廻し方
綿入古手類	3,050枚	100箇（30余枚）	
夏単物解分・道ふく半天	11,600枚	116箇（100枚）	
しのまき		50箇	△江戸廻しが適当
白菊中入れわた		7箇	△　〃
南京わた		10箇	△　〃
伏見くず	750枚	15箇（50枚）	△　〃
道屑古手	250枚	3箇（80枚）	△　〃
花わた	5,000枚	50箇（100枚）	△　〃
夜着四ツ	6通	2箇（3枚）	△　〃
夜着	250枚	35箇（7枚）	△　〃
吊𥿻登舞 三巾同	300枚 150枚	37箇（13枚）	△　〃
新物登舞・綿類	170枚	10箇（17枚）	△　〃
小間物取合		10箇	
計		440箇	△219箇 221箇

（天保５年大坂小橋屋四郎左衛門江古手綿類御取組ニ付同人手代重兵衛江掛合一件答書写）

江戸廻しの荷造りによる荷高員数

品　　物	数　　量	箇数(1箇あたり)
しのまき		50箇
白菊中入れわた		7箇
南京わた		10箇
伏見くず	750枚	7.5箇(100枚)
道屑古手	250枚	2箇余(150枚)
花わた	5,000枚	30箇(160枚)
夜着四ツ	6通	1箇
夜着	250枚	17箇(15枚)
吊𥿻登舞 三巾同	300枚 150枚	22箇(20枚余)
新物登舞・綿類	170枚	6.5箇(25〜6枚)
計		153箇

（同上）

難点は、大坂―江戸、江戸―八戸というように江戸を中継地として「二海上」を航行したので、海上の気象条件の良し悪しによっては、延着の可能性があったことである。

普通、大坂から江戸経由で東北地方へ産物を廻す場合には、江戸を通過する際に荷物の積み替えという煩雑な制度があり、これが西廻りに比して運賃の高騰をまねいていると指摘されるが（『交通史』体系日本史叢書第二四巻）、ここでは、両航路の特徴的な運賃制度の違いによって産物が運び分けられており、きわめて注目される。

従って、八戸藩の注文依頼に対して小橋屋は、今度の注文は四四〇箇という大量注文であり、一度に船に積み入れることは、廻船数や船積数に無理が生じるので、江戸廻しと野辺地廻しの両航路を併用して分割輸送すべきことを提言している。そして、さらにどんな種類の荷物を積み込んでも必ず利益を上げる方法としては、八戸藩の御手船を直接大坂へ乗り廻すことであると進言している。

藩の御手船が直接大坂へ乗り入れた例は、これ以前にもしばしばあったようである。例えぼ、文政一二年（一八二九）には、〆粕・魚油を積み込んだ御手船の鶴栄丸が大坂へ下り、これを売却して兵庫から赤穂塩を買い入れて江戸で再び売却している例があるが（文政六年為御登産物江戸浦賀銚子規定写、小笠原家文書）、今回は木綿

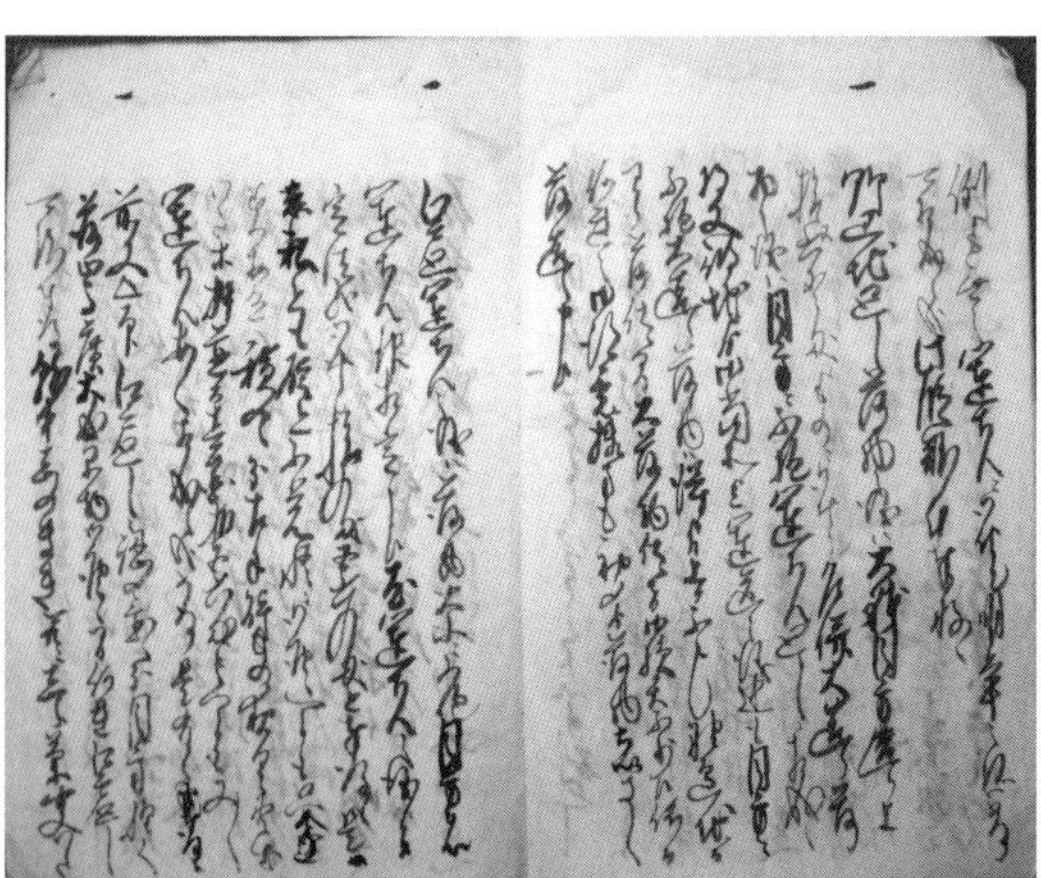
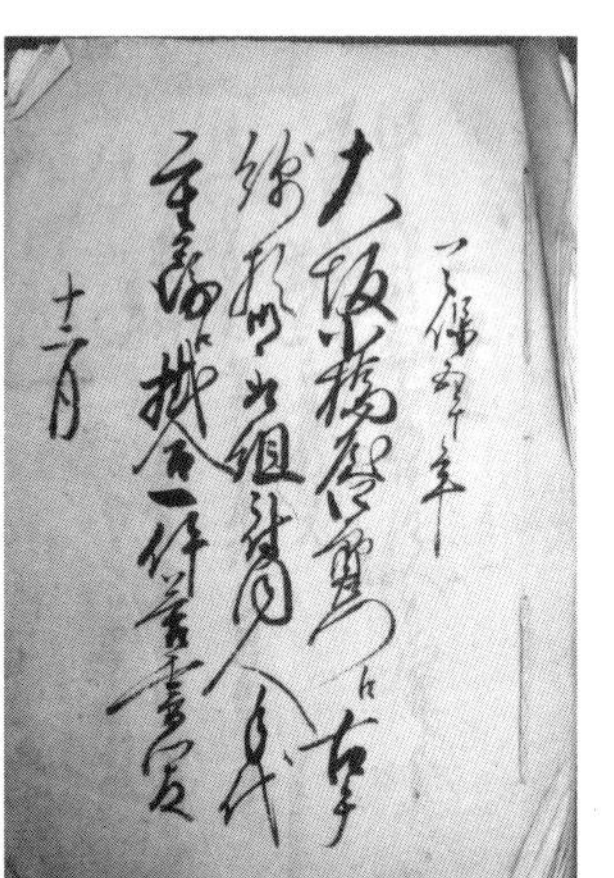

天保5年大坂小橋屋四郎左衛門江古手綿類御取組ニ付同人手代重兵衛江掛合一件答書写
（八戸南部家文書）

類の買い入れに直接大坂へ乗り入れることを勧めている。

以上のように、天保五年一二月「掛合一件答書写」によると、古手木綿類の大半は、八戸藩では大坂から買い入れており、その運送ルートには、「江戸廻し」航路と「野辺地廻し」航路とがあった。両航路は運賃制度が異なっており、「江戸廻し」の場合は荷物が大きくても重さの軽い物を、「野辺地廻し」では重くても荷物が小さい物を運ぶのに適していた。従って、運送される荷物の重さや荷造りの大小によって、両航路は使い分けられていた。

ただ「江戸廻し」の場合、江戸を中継として「二海上」を運航することになり、その分、運送が遅れることがあったのに対して、「野辺地廻し」は、穏やかな海を一気に走り抜けることができたので荷物の到着が確実であった。しかし、「江戸廻し」は八戸へ直接荷揚げできる利点があり、「野辺地廻し」は野辺地に荷物が到着すると、ここから八戸まで荷物を陸送しなければならないという難点があった。

次に、天保八年「木綿方留」を見てみよう。これには、「午十一月大坂小橋屋四郎左衛門手代重兵衛罷出御取組之事」とあることから、同五年一一月に小橋屋が藩へ具申した内容をもとに、藩の役人が木綿類の取引方法について伺書したものである。

その内容は、品物の海上輸送、代金の受け払いの勘定、品物の受け渡し、品物と代金の決済、品物の販売利益、会所の仕入れと販売などといった項目にわたっている。しかし、これだけでは木綿類の仕入れの全貌を知ることはできないが、その取引のおおよそは次の通りである。

①古手・木綿・綿類は江戸・大坂より海上輸送で運ぶ

②大坂物の場合は、三分の二は江戸廻し、つまり大坂より江戸経由で東廻り航路を利用する。残り三分の一は野辺地廻し、つまり日本海経由の西廻り航路を利用する。ただし、今回の輸送は野辺地廻しを主とする

③江戸・大坂からの仕入れは現金払いとする

④販売利益は、絹布類は二割差、木綿類は一割差とする
⑤会所より領内の木綿屋へ品物を渡す定例日は二・一二・二二日とし、売り上げ代金の取立日は四・一四・二四日とする
⑥売り上げの総勘定は一二月を期限とする

以上のように定められていた。

これによると、木綿類などの大坂の産物は、普通は、江戸廻し、すなわち太平洋の東廻り航路を利用して八戸へ運ばれていたことになる。従って、四四〇箇もの品物を輸送する今回のような場合は、主として野辺地廻しで運ぶにしても、綿類のように荷かさが大きくて目方が軽い物は江戸廻しが適当であり、江戸廻し航路こそが江戸時代後期の八戸藩の海上輸送の主要ルートであったのである。

ちなみにこの文書には、天保六年の木綿類の販売利潤見込みや決算、さらには問屋別の注文高も記載されている。

これによれば、この年の利潤見込みは、御仕入れ本金が一万両（内訳は春一番御下り仕入れ金五，〇〇〇両、後御下り同断五，〇〇〇両）であるのに対して、販売利益は絹布類が五〇〇両二割差利潤、木綿類は九，五〇〇両一割五分差利潤と

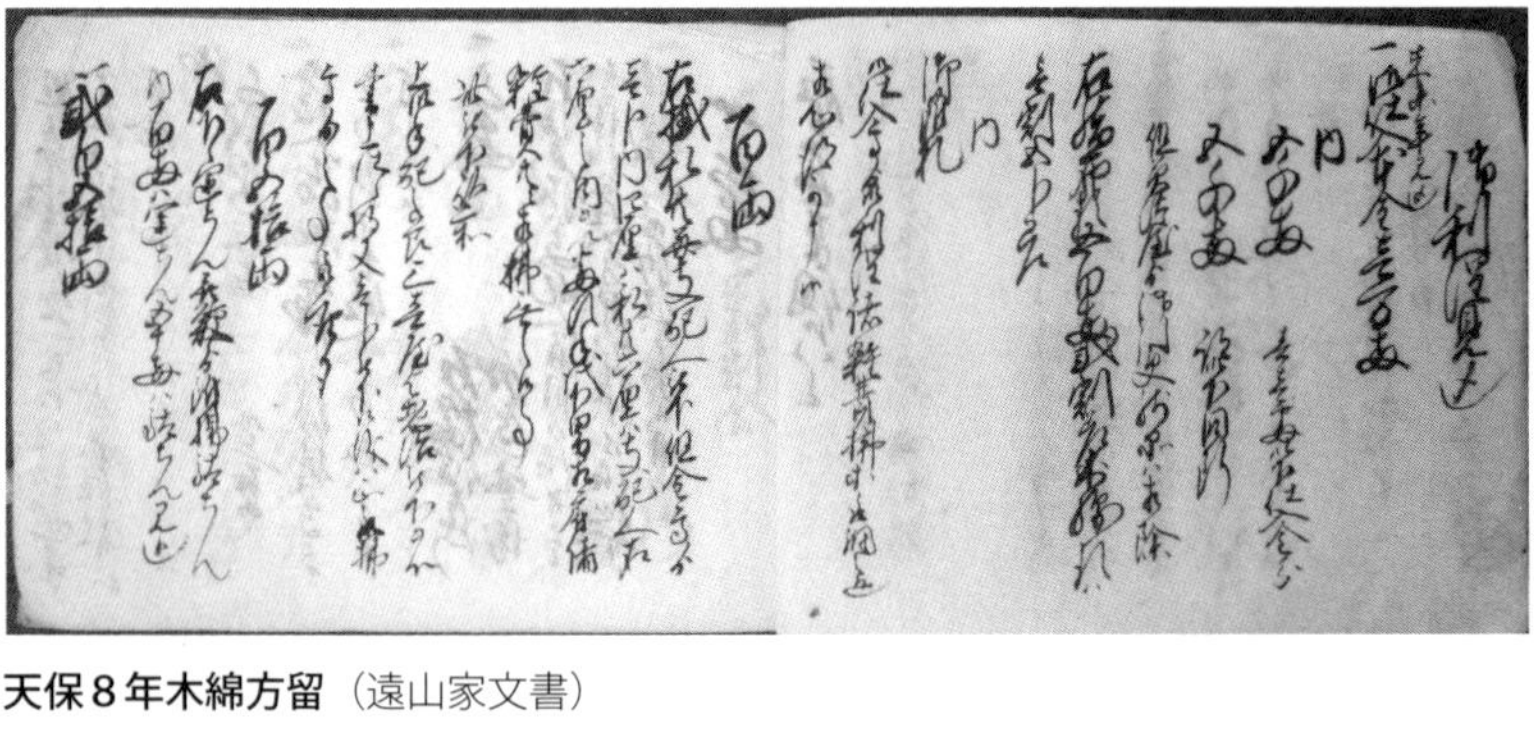

天保８年木綿方留（遠山家文書）

して計算し、これから運賃・支配人の給与などの諸経費を差し引いて、利益一，二五〇両と計上されている。

実際に、天保六年の木綿類の注文高（仕入れ高）を見ると、京・大坂は八，二二〇両，江戸は六，五〇〇両、合計一万四，七二〇両という額になり、この年の収支決算は二，三一六両余の利益となっている。注文高に比したこの年の利潤率は、一割五分七厘余となる。利益見込みからいえば、大衆に売られる木綿は、売れ筋の限定される絹布に比べて利潤率は低くおさえられていたから、この平均利潤率より低かったはずである。

問屋別の注文高では、京・大坂を見ると、大坂では、小橋屋が三，二〇〇両、中屋が二，〇〇〇両、柳屋が一，七〇〇両、伊筒屋が五七〇両、京都では、松屋が六〇〇両、井藤屋（井筒屋藤兵衛）が一五〇両となっていた。大坂の小橋屋が、八戸藩との木綿取引においては、いかに大きな比重を占めていたかが知られる。

２　鉄の流通

（１）八戸藩の鉄山と流通の仕組み

八戸藩領の鉄山は九戸郡の山中にあり、天保九年「御巡見御通行御先立勤方并御尋有之節御答心得留控帳」（八戸南部家文

神明宮の常夜灯（八戸市廿六日町）
大坂買次問屋柳屋又八が天保２年 11 月に寄進したもので、八戸の商圏の広さが分かる。

書）には、大野に玉川・金取・葛柄・水沢・大谷・川井・滝山の七鉄山があった（天保末年頃の御産物御用手控には、このほかに青笹山・金間部山・繋山・平庭山の鉄山が記載。また天保五年に淵沢円右衛門が鉄山を引き継いだ際の覚には、玉川・金取・葛柄・水沢・大谷・滝山の六鉄山があった）。

これらの鉄山の一般的経営方法は、藩の直接経営ではなく、「御手山《おてやま》」と称して藩の名義とするが、実際は商人を支配人に任命して経営させたもので、藩が仕入れ金を貸与し、その貸付金は年々の利益から返済させていた（森嘉兵衛『九戸地方史』下巻）。

文政二年の藩政改革開始時の鉄山経営者は、他国出身の鉄山師の浜屋茂八郎であったが、藩政改革の進展に伴い浜屋の経営が解かれて藩が直接経営に乗り出した。同六年（一八二三）、八戸の西町屋石橋徳右衛門が支配人に命ぜられて鉄山経営をまかせられ（実際は、大野村の晴山吉三郎が下支配人として経営）、藩政改革終息後の天保五年から九年までは、軽米の元屋淵沢円右衛門がその任にあたった。そして、同九年からは江戸美濃屋宗《（惣）》三郎（武士名は金子丈右衛門）が経営を引き継いでいる。

八戸藩の鉄の販売流通の仕組みについては、判然としない点が多いが、御調役所の管轄の下に鉄山の御用会所として大野日払所《ひばらいどころ》があり、ここに西町屋石橋（晴山吉三郎が代行）や元屋淵沢などの支配人が配置されて経営管理していた。そして、鉄山で生産された鉄は、原則的には藩の御調役所によっ

八戸国産印と御日払所印、および鉄山の判形改め（天保5年1月条永歳覚日記、西町屋文書／八戸市博物館所蔵）
国産支配元の石橋と大野村に置かれた御日払所のほかに、藩経営の6鉄山の印判である。

て独占的に買い上げられ（天保一二年御調御用頭書の三月五日御沙汰に、「鉄山より御調役所ニて鉄鉏御買直段」などと独占的買い上げ値段を記載）、ここから領内外に販売される仕組みとなっていた。

領外販売の場合には、御調役所の任命した御用商人が実際の販売業務を担当していた。嘉永二年に罷免された吉田万右衛門は、この鉄鉏払方商人であった（『多志南美草』第二巻）。

このような御調役所の販売ルートのほかに、領内・領外の販路別は不明だが、八戸町の河内屋へ卸して販売するルートもあった。天保五年鉄山御用日記（元屋文書、『九戸地方史』下巻所載）に、「延鉄并鋤鍬出来次第河内屋八右衛門へ送候様可仕候や、御付札　伺之通河内屋八右衛門へ付送可申候」と見えている。前掲の御産物方雑用手控には、天保七年（一八三六）八戸御払値段として河内屋八右衛門が取り扱った細鉏・中細鉏・荒鉏《あらそ》の払い値段が記されているから、河内屋が八戸湊における販売窓口であったようである。

また数量的に多くはないが、御調役所より払い下げられた鉄を支配人が直接領外へ売ったり、領外商人が買い受けて船積みすることもあった（嘉永四年五月二二日・嘉永五年七月二九日条八戸藩勘定所日記など）。

鉄の輸送方法は、内陸地方へは牛方による牛送が利用されたが、大量輸送の場合には、重量物たる鉄であるが故に船舶輸送が最も適しており、遠距離になればなるほど海上輸送のメリットは大きかった。

領内の鉄の積み出し港には、九戸郡の鉄山に近い久慈浦があり、また八戸城下に八戸湊たる鮫浦があった。鮫浦から積み出しする場合には、日払所のある大野から久慈街道を通って陸路八戸へ駄送されたが、鉄の産出量が増加する天保年間頃には、大野に近接する八木浦へ運び、ここから与板船に積み込んで鮫へ小廻し輸送されることが多くなった。各浦には輸送された鉄を保管するための蔵があり、久慈浦や八木浦、鮫浦には鉄専用の鉏鉄小屋《あらてつ》が建造されていた。

鉄を領外へ輸送した船を御調御用頭書の天保一一年条で見ると、鉏鉄の専用船としては、歓喜丸（仙台行き、石数不明）、亀彦丸（秋田行き、二五〇石）、竹虎丸（秋田行き、一五〇石）、寿栄丸（相馬・中湊行き、二五〇石）などがあり、他の産物との混載船としては、江戸行きの小宝丸（六〇〇石）があった。これらの船を見ると、鉏鉄の運送専用船はそれほど大型のものではなかったようである。

これらの船のうち、仙台行きの歓喜丸は石巻の鋳銭座《いせんざ》へ向かう船であった。八戸藩はこの仙台藩から、天保八年にむこう七ヵ年間にわたり年間五，〇〇〇石目（一石は四〇貫匁であるから年間では二〇万貫匁の重量）の鉏鉄を受注しており（天保八年淵沢円右衛門宛正部家式右衛門書簡、『九戸地方史』下巻所載）、これを受けて鉏鉄の専用船が仙台へ定期的に運航していたのである。

仙台藩からの受注については、仙台藩では幕府から許可を得て石巻鋳銭座において鉄銭を鋳造することになったが、この原料として八戸藩から鉏鉄を購入したのであった。天保八年一二月、八戸藩は八戸用達渡辺安兵衛・石橋徳右衛門両名と仙台鋳銭座鉄支配人菊池三九郎との間で移出の約定を結んでいる。

天保五年船手御用留に収録されている「御約定一札之事」は次のようになっている。

御約定一札之事

一此度御鋳銭方御用銑御入用ニ付、当領出産之分年々拾五万貫目前後石ノ巻江積送、同所蔵宿田倉義兵衛於河岸則金引替御遊可申旨御示談之上御取組申候処、相違無御座候

一鉏直段并貫高治定之義ハ、年々十二月中御引合可申候事

一当酉年より来卯年七ケ年之間御鋳銭御吹立ニ付ては、右之年限中無遅滞鉏積送可申候条、右代金聊無御滞御引替可被成候定之事

一年数御取組ニ付て諸事双方実意を以御引替可仕候間、年々豊凶或は銑出不足又ハ銑目相場ニ随ひ直段高下可有之候条、其節之時宜ニ応じ不同無之様双方より好御示談可申候事

一御鋳銭方御座相据吹立宜御座候ハヽ定て御金配御十分ニ可有御座候、当領銑新山剪開休山取立又ハ積船大作事并新造一刷立旁、入用出来金配行届兼候節は前金御頼可申候条、其節ハ早速御聞済可下御申合之事
一御鋳銭七ヶ年中銑御取組申候得ハ、年数之事故運送之船ニ数艘之義ニて万々一難破船等難計御座候、右様之節は其御許様御領分中は御自分之御荷物□□□□御鋳銭御会所より御役方様御出張、難破船御見届不正之儀無之様御取統残荷物は御引取被下、右取統等之義ハ悔状御添追て可被仰下候、右入料金は此方より出金可仕候て此ヶ条別て頼上候事
一其御領鉏鉄類別段厳敷御品有之、浦々改所猶厳重之由、前々より船頭共より申出伝承居候、何分面倒無之様兼て御示置可被下候事
右之通七ヶ条御対談之上、及御示談御約定申候所聊相違無御座候、仍て役方末書申請一札如件
天保八酉年十二月

八戸用達　渡辺安兵衛
石橋徳右衛門

仙台御鋳銭庭元
菊地三九郎殿

前書之通承届候所相違無御座候

小笠原七右衛門
正部家式右衛門
小向茂八郎

（天保五年船手御用留、『八戸藩の海運資料』上巻）

約定の内容は入用鉄を毎年一五万貫目（貫匁〈一貫目＝三・七五キログラム〉）前後、石巻へ積み送り、蔵宿田倉義兵衛によって即金で引き替えること、天保八年より一四年までの七ヵ年間遅滞なく鉏鉄を積み送り、代金は滞りなく引き替えることなど、となっている。

これにもとづいて天保九年二月から仙台に向けて廻船が鉄を積み込んでおり、二月一〇日に久慈湊にて雛鶴丸が中細鉏二〇〇石目を積み、二月一八日には亀甲丸が八戸湊にて二〇〇箇、さらに久慈湊にて九〇〇箇を積み込んでいる。

その後、天保一一年二月には、増量して鉏鉄二〇万貫匁を輸送してほしいとの依頼を受けることになった（天保五年船手御用留）。二〇万貫匁は八戸藩の鉄の年間総生産高にほぼ匹敵するので、八戸藩は当年は一〇万貫匁ほどの輸送しかできないと返書している。

しかしながら、仙台藩との約定により八戸藩は鉄の安定した需要先が確保されることになり、八戸藩の鉄産業は急速に発達を遂げるようになった。

ちなみに藩政改革以前の鉄山経営について触れてみよう。

藩政当初は、資力のある者を鉄問屋、または、鉄支配人に命じて藩へ礼金を上納させることにより鉄山経営を請け負わせていた。早くは、元禄六年（一六九三）に大野村又左衛門が鉄問屋に就任し、その後、宝暦六年（一七五六）に大野村の晴山文四郎が鉄問屋になり、安永七年（一七七八）同村晴山吉三郎に受け継がれ、やがて数人の支配人を経て享和二年（一八〇二）から文政六年までは飛騨国出身の浜屋茂八郎が支配人となった（各年代の八戸藩目付所日記、「寛政年中より拾書」・東北大学附属図書館所蔵晴山家文書、『大野村誌』第二巻史料編一・第三巻史料編二所載）。

文政二年に藩政改革が始まると、鉄の領外移出は高利潤を生むことから、鉄山は藩の直営事業とされ、藩の命じた西町屋などが鉄山の支配人となって経営することになったのである。

（2）鉄の販売価格

天保八年に仙台藩から鉏鉄の大量受注を受けた八戸藩は、鉄山の経営規模を拡大することになり、天保末年（〜一八四三）にその商圏は、日本海側では新潟、太平洋側では江戸を南限とするまで広がった。この範囲は、天保一二年御産物方雑用手控によると、次の表の如くになる。

表中、鉏は中細鉏、銑は鉏、鉄は延鉄を意味する。相馬・中湊・銚子などには、鉄製品の中でも鉏・延鉄などという鋼材が移出されているが、浦賀（神奈川県横須賀市）・江戸の大消費地には、家釘、釘、巻頭延釘といった建築資材用の加工品が移出されているのが特色である。

八戸藩の鉄は、盛岡藩と同様、消費地では〝南部鉄〟と呼ばれたようであるが、出雲産の鉄とともに江戸時代後期には、東西の二大双璧といわれるほどの名声を得ていた（斎藤潔「八戸の鉄の歴史」）。品質面では、出雲鉄と比べると、江戸での評価は一段低く取り扱われているものの（安政年間「重宝録」、平川新「南部鉄の流通構造」所載）、産地の遠い出雲鉄に対して近距離輸送による低運賃と低価格というメリットを生かして、急速に江戸へ販路を拡大していった。

天保四年における出雲鉄と八戸鉄との価格は、八戸鉄の山元価格は一両につき平均三九貫六三五匁であるのに対して、雲州長割鉄は平均価格で一四貫一二五匁であるから、出雲鉄は約二・八倍となっており、これに俵仕賃や湊下げ賃、運賃などを加算してもかなり八戸鉄は安く販売されていたと想像される（『九戸地方史』下巻、御産物方雑用手控

鉄製の和釘＊＊（奥寺家所蔵）

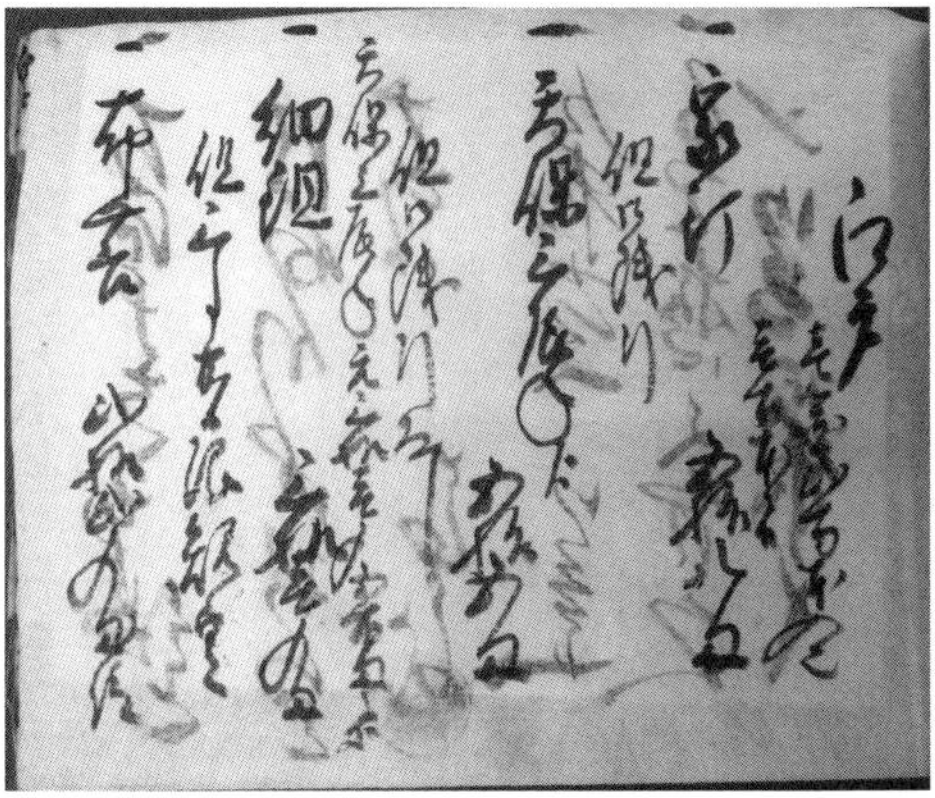

江戸向けの家釘、細鉏などの産物名（御産物御用手控／遠山家文書）

が典拠)。

また盛岡鉄と八戸鉄との価格を比べると、年不詳だが(文化文政期か)、中湊における八戸鉏が一両三八貫匁で販売されているのに対して、江戸の盛岡鉏は三二~三四貫匁で売買され、これでは、盛岡鉄の値段が高くて競争できない旨の報告が盛岡藩で行われている(岩泉中村半兵衛宛の江戸萬屋庄右衛門「書簡」、『九戸地方史』下巻所載)。

八戸鉏一両三八貫匁という表現は、一両あたりの鉄の販売重量を意味し、販売重量が小さいほどその鉄の販売価格が高いことになるから、盛岡鉏の三二~三四貫匁は八戸鉏に比べて高いことになる。従って、八戸鉄は、江戸近辺では、盛岡鉄より一割方安く販売されていたことになる。

このように八戸鉄は盛岡鉄や出雲鉄と競争を続けながらも、これよりも安く販売されていたので、しだいに顧客をひきつけ、江戸を南限としながらも、徐々にその商圏を各地に拡大することになったのである。

八戸鉄の各移出先での販売価格を天保一一年の中細鉏の値段で見ると、一両あたりでは、新潟三七貫五〇〇匁、または、三八貫匁、秋田不明、相馬三七貫匁(元は三八貫匁と三六貫匁)、平潟三三貫五〇〇匁(元は三六貫匁と三四貫匁)、中湊三三貫五〇〇匁(元は三六貫匁と三四貫匁)、銚子三二貫匁、浦賀記載なし、江戸三三貫匁となっている(御産物方雑用手控)。

一番高く販売している所は銚子であり(一両あたりの重量が最小の三二貫匁)、次いで江戸、平潟、中湊となっており、距離的に八戸から遠くなるにつれて価格は高くなる傾向を持つ。銚子に比べて江戸がやや安くなっているのは、

鉄製品の移出先

移出先	鉄　製　品　名
新　潟	鉏、小割鉄、家釘(延鉄は不向きにつき送らず)
秋　田	鉄、鉄切子、中細銑
相　馬	鉏、鉄、荒鉏、中細
平　潟	中細、荒鉏、延鉄
中　湊	中細、荒鉏、延鉄
銚　子	鉏
浦　賀	家釘、銑
江　戸	家釘、細鉏、釘中・大、巻頭延釘、鎌、中細銑、水坐鉄、碇

(天保12年御産物方雑用手控/小山田家文書)

出雲鉄や盛岡鉄と競合するためであろう。

鉄値段の変動は、相馬・平潟・中湊で見られるが、平潟・中湊はしだいに高くなっている反面、相馬は値動きに高低がある。相馬・平潟・中湊の地域では、内陸地方の農具加工業の進展に伴って、鉄が周辺各地に広範囲に売り渡されており、いわば鉄の販売センターの様相を呈していた。

相馬の例では、盛岡藩領野田鉄は相馬の受戸（請戸）湊（福島県浪江町）や原釜湊（同県相馬市）へ運ばれ、ここから受戸の志賀七重郎、原釜の宍戸屋、中村（相馬市）の吉野屋などの鉄宿・鉄問屋の手を介して領内各地へ販売されていた。その後、各地の鍛冶屋によって延鉄に加工され、相馬や三春（同県三春町）の鍛冶屋、伊達郡の半田銀山（同県）などに売られて鍬・鋤・釘などの農工具の生産に使われた（『九戸地方史』下巻、岩本由輝「近世後期東北地方における鉄取引についての一考察」など）。

一方、平潟に陸揚げされた鉄は、棚倉藩領の北野・川下・前田の三ヵ村（福島県塙町）に送られた。この三ヵ村は近世前期から鍬鍛冶業が振興した場所であり、天明五年（一七八五）以降は南部鉄を使って各地の仕様に合わせた数種類の鍬型（鍬の原型）が盛んに生産されて、会津方面から関東一帯に広く販売されていた（『北の鉄文化』岩手県立博物館図録など）。

従って、相馬や平潟、中湊の地域においては、鉄の需要が旺盛であり、それだけ販売競争が激しく、鉄の値段しだいでは市場動向が大きく影響を受けた。鉄値段の高低は、それだけこの地域での鉄の商品としての価値が高かったことを物語るものである。

鉄の産地価格と移出先の販売価格を次に見てみよう。

天保一二年の山元における鉄の買い上げ価格と、その売り払い価格は次の表の通りである。

山元価格に比して八戸での売り払い価格が高くなるのは、山元価格に俵仕賃や駄賃、さらには卸問屋経費などが加算されるためである。
中湊を例にして移出先の販売価格を見てみると、その山元から八戸、さらに中湊までの鉄の価格は表のようになっている。

これによると、山元からしだいに販売先の中湊に至るにつれて販売価格が高くなっていることが分かる。鉄の品質は延鉄が最もよく、次いで中細鉏、荒鉏の順となるが、価格の上昇はこの品質を反映しており、いずれの流通段階においても延鉄の価格が高くなっている。しかし、中湊での販売価格は、山元価格に比べると、どの鉄でも一様に三〇~三五%の割合で高くなっているが、延鉄に比べて質の劣る中細鉏や荒鉏の方が上昇の割合が高くなる傾向を持つ。

なお鉄の種類は鉏鉄と延鉄とに大別される。鉏は砂鉄を炉で精錬してつくられるが、これを材料としてさらに純度が高く精錬されたのが延鉄である。前者は銑鉄《せんてつ》であり、後者は鋼鉄のはがねである。鉏鉄は荒鉏、中細鉏、細鉏とに分けられ、このうち純度の高い、粒子の細かいものが細鉏である。またこのほかに鍲《しな》鉄と水坌《みずほど》鉄とがある。鍲は充分に熔解しないで鉱滓が残っているものであり、品位が鉏鉄よりも劣るものである。これに対して水坌は、延鉄よりもさらに純度が高く、最高品位のものをいう（『九戸地方史』下巻、岩本由輝前掲論文参照）。

（3）鉄の全国取引商人と藩の販売利益

江戸時代末期、万延二年正月「江戸諸国津々浦々御調向手附面付

延鉄＊＊（洋野町教育委員会所蔵）
延鉄などの鉄製品は細長い四角形に成形されて廻船に積み込まれた。

鉄製品の山元（鉄山）での買い上げ価格

種　　類	販　売　重　量
延　　　鉄	1両につき22貫匁
細　　　鉏	〃　50貫匁
中　細　鉏	〃　52貫匁
荒　　　鉏	〃　55貫匁
鍢	〃　60貫匁
水　坌　鉄	〃　19貫175匁

（天保12年御産物方雑用手控／小山田家文書、天保末年頃御産物御用手控／遠山家文書）

鉄製品の八戸での売り払い価格

種　　類	販　　路	販　売　重　量
延　　　鉄	自領払い	1両につき20貫匁
	他領払い（中奥通向け）	〃　19貫400匁
	他領払い（鮫積み出し）	〃　18貫500匁
中　細　鉏	河内屋払い	〃　48貫匁
	他領払い	〃　48貫匁
	他領払い（鮫積み出し）	〃　41貫匁
荒　　　鉏	河内屋払い	〃　52貫匁
	自領払い	〃　48貫匁
	他領払い	〃　50貫匁
細　　　鉏	河内屋払い	〃　42貫匁

（同上）

鉄製品の中湊での売り払い価格の推移（数値は一両についての販売重量）

種　類	山元の価格A	八戸払いの価格B	中湊払いの価格C	C/A
延　鉄	22貫匁	18貫500匁	15貫500匁	0.705
中細鉏	52貫匁	41貫匁	33貫500匁	0.644
荒　鉏	55貫匁	50貫匁 （河内屋払い52貫匁）	36貫匁	0.655

（同上）

帳」における八戸藩の全国各地の取引商人は次の表の通りとなっている。

　この中で最も多いのは「鉏鉄御取組口」の商人である。鉄の取引商人は二〇人、取引地は日本海側では、秋田珂《(ママ)》に、津軽弘崎《(前)》、津軽青森、松前、野辺地、太平洋側では、仙台、相馬中村、相馬原ノ町、相馬受戸、平潟、那珂ノ湊、および江戸となっている。

　八戸の鉄の商圏は、裏日本北部・北海道から東北南部、さらには関東まで広がっていたことが知られる。とりわけ相馬地方は、阿武隈・磐城地方の鉄鍛冶生産センターとしての地位を占め、激しい販売競争が行われていた所であったことは先に述べた通りである。そのため、ここには八戸鉄を取り扱う「鉏鉄御取組口」の問屋商人が多くいた。相馬中村の渡辺平八・鈴木庄左衛門、相馬原ノ町の松本孫左衛門・鈴木定左衛門、相馬受戸の石井杢左衛門などである。

　安政六年三月に、八戸の石橋徳右衛門が相馬原釜の宍戸屋五郎治、相馬中村の鈴木庄左衛門・渡辺平八宛に鉄二〆一六七箇（六五〇石一斗）を送っているが、販売交渉にあたった石橋定次郎は、相馬中村の鈴木庄左衛門・渡辺平八、相馬請戸の石井杢左衛門、平潟の武子市兵衛、九面浦《ここづら》（福島県いわき市）の渡辺縁左衛門、棚倉（同県棚倉町）の野中八郎・藤田久次平・白石矢内、中湊の近藤長四郎・梅屋権十郎・仙台屋彦右衛門などに宛てた、徳右衛門の書状を持参していた（安政六年三月「鉄方諸用留」西町屋文書、『青森県史』資料編近世五所載）。幕末においても鉄の販売先としてこの地域は格別に重要視されていた。

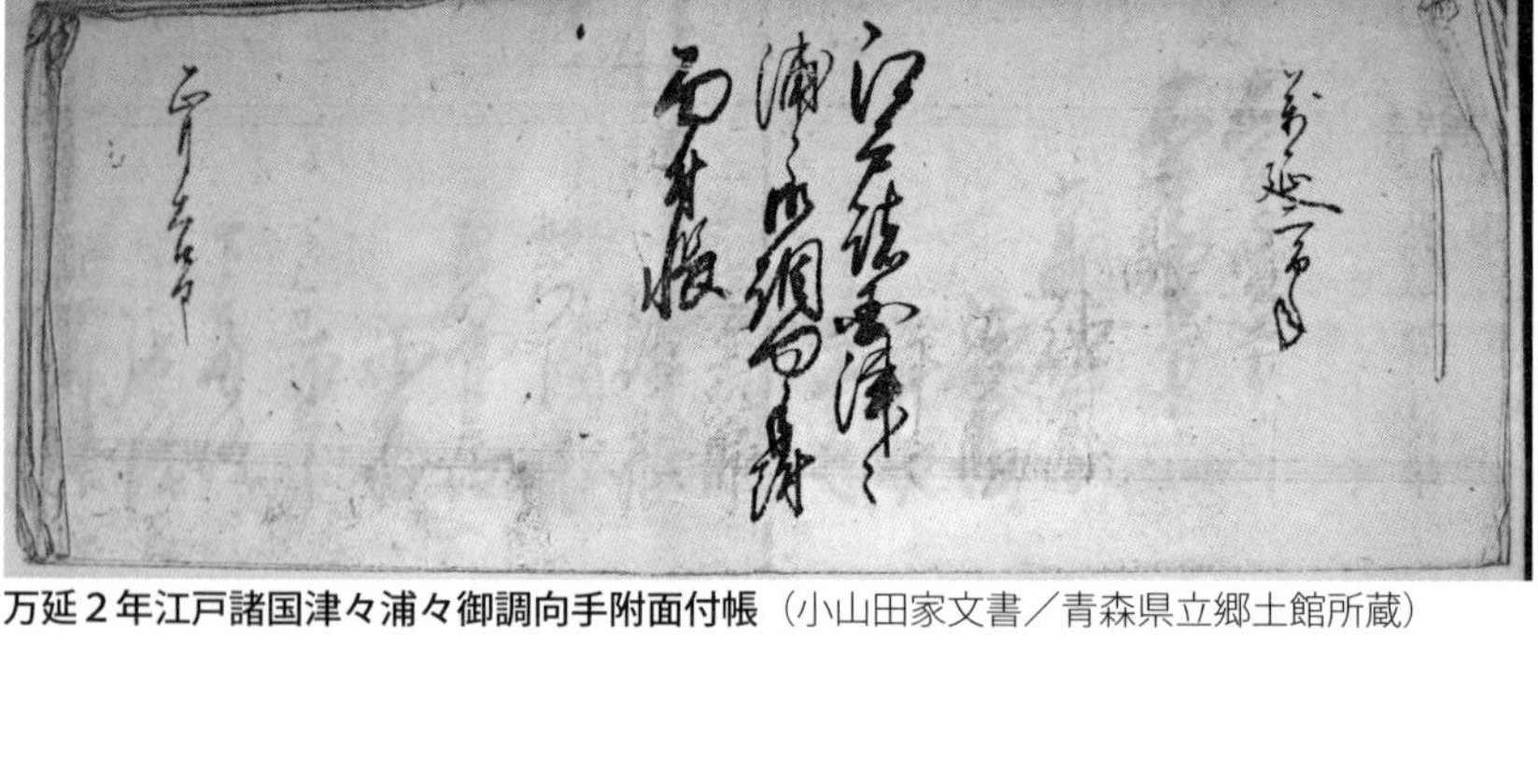
万延２年江戸諸国津々浦々御調向手附面付帳（小山田家文書／青森県立郷土館所蔵）

八戸藩の全国取引商人一覧

都市名	役職名	人名		備考
鮫	船問屋	西村　山四郎	清水　甚太郎	
湊	〃	吉田　源之助	佐藤　五兵衛	
久慈		晴山　重三郎	兼田　善兵衛	
宮古		徳島屋善左衛門		
田ノ浜		吉田屋徳左衛門		
石ノ巻	御穀宿	田倉　儀兵衛		
塩釜		佐浦屋　惣兵衛		
銚子	問屋	信太　清左衛門		
秋田湊		船木　助左衛門		
平潟		武子(武士)藤右衛門		
黒沢尻	御穀宿	阿部　嘉兵衛		
浦賀	〃	宮原　清兵衛		
郡山	〃	平村　六左衛門		
中ノ湊	〃	近藤　長四郎		
内浦	〃	鈴木　金三郎		
柏崎浦	〃	鈴木　六郎兵衛		
中ノ作	船宿	四方　之丞		
大坂		平野屋　孫兵衛	軽助	大坂御取扱
		平野屋　仁兵衛	正輔	大坂御取扱　炭屋正輔
江戸茅場町		竹川　彦太郎		大坂為替所并文通取扱場所
江戸檜物町		山本　正三郎		〃
大坂		平野屋　孫兵衛		〃
大坂北堀江町		桔梗屋　孝兵衛		〃
紀州和歌山	御用達	南川　吉郎兵衛	中川　六左衛門	
〃	〃	玉置　治左衛門		
仙台	鉏鉄御取組	菊地　三郎兵衛		
相馬中村	〃	渡辺　平八		
〃	〃	鈴木　庄左衛門		
相馬原ノ町	〃	松本　孫左衛門	鈴木　定左衛門	
相馬受戸	〃	石井　李左衛門		
平潟	〃	板屋　市兵衛		
〃	〃	安満屋　半兵衛		
那珂ノ湊	〃	近藤　長四郎	近藤　久四郎	
秋田珂に	〃	志渡　周平		
津軽弘崎	〃	山田屋　儀八		
〃青森	〃	豊田屋　利助		
〃	〃	糸屋　仁左衛門		
〃	〃	嶋屋　長左衛門	滝屋　善五郎	
松前	〃	金升屋　儀兵衛		
野辺地	〃	柴崎　権三郎	西村　金之丞	
平潟	棚倉様御用達	野中　八郎	藤田　久次平	
仙台気仙	〃	芦　文十郎		
江戸日本橋檜物丁		山本　正三郎		大坂平野屋御取組、江戸為替所
江戸茅場丁		竹川　彦太郎		〃　、〃
市川口		三浦　茂助	百石　伝之丞	
江戸	蔵元	御用取扱　石橋　嘉兵衛		
〃	〃	手代　石橋　清兵衛		
〃	産物方手付	河内屋　卯兵衛		
〃	〃	八丁堀　高橋　吉左衛門		
〃	〆粕問屋	湯浅屋　与右衛門		
関宿	〃	喜多村　藤蔵		
江戸	鉏鉄問屋	石橋　弥七郎		

（万延２年江戸諸国津々浦々御調向手附面付帳／小山田家文書）

八戸藩の鉄の販売は、寛文四年（一六六四）の藩創立当初から、隣藩の盛岡藩などへすでに売却されていたが、宝暦六年には遠隔地の常州平潟へ初めて鉄が運ばれており（斎藤潔前掲論文）、この頃には本格的な移出が始まったものと推される。

このような鉄の移出による収益はどのようなものであったろうか。

藩政改革以前と以後では、その収益がどのように違っていたかは、今比較し得る適当な史料はない。しかし、少なくとも鉄山の経営方式は変わらないにしても、利益の創出面では藩政改革以後においては大きいものがあったといえるだろう。

藩政改革以後の鉄山の利益は、天保一二年御調御用頭書の「当丑年鉄山御仕入金大図中考」によれば、表の通りとなる。

同年の鉄山生産高は、銑鉄は一八万二，〇〇〇貫目（貫匁）、延鉄は三万三，〇〇〇貫目ほどである。この両者の仕入れ金の合計は三，四〇〇～三，五〇〇両（三，五〇〇両として計算）、江戸での売却代金（御登払）は銑鉄五，〇五五両、延鉄一，七三六両で、合計六，七九一両である。経費たる諸掛は、銑鉄は一，一二六両、延鉄は二〇五両で、合計一，三三一両であった。売却代金から仕入れ金と諸掛を差し引いた利益金は合計一，九六〇両となり、これが八戸藩の鉄山の年間収益となっていた。

ちなみにこの鉄山収益のほかに、付加価値の高い農具や鍋釜などの加工品の移出もあったはずであり、これらを合わせた収益はどのくらいあったのか分からない。『九戸地方史』下巻は天保六年の延鉄、農具などを合わせた移出総額は九，三二四両に

天保 12 年の八戸藩の鉄山経営の利益

種類	仕入れ金大図A	払い（御登払）大図B	諸掛			利益 B-A-D	C/B	C/D
			江戸行き運賃C	湊下駄賃并縄莚俵仕	計D			
銑鉄	18万2,000貫匁（4,550石）	5,055両（1両につき36貫匁の算定）	910両	216両	1,126両	記載なし	0.180	0.808
延鉄	3万3,000貫匁（825石）	1,736両（1両につき19貫匁の算定）	165両	40両	205両	記載なし	0.095	0.805
計	3,400～3,500両	6,791両	1,075両	256両	1,331両	1,960両	0.158	0.808

（天保 12 年御調御用頭書／遠山家文書）

達したと指摘する。この総額は史料の明示がないために額の確認はできないが、その移出額の高さの一端は知られることになる。普通は、農具・鍋釜などの鉄加工品は釘類などを除くと、八戸近隣の地方市場向けに移出されるものであった。

この鉄山収益のうち、諸掛に占める運賃の割合を見ると、江戸行きの運賃は一〇〇石あたり二〇両の換算であり、諸掛に占める運賃比率は銑鉄・延鉄とも約八〇％となり、きわめて高かったことになる。しかし、売却金に占める運賃比率を見ると、平均で一五・八％、このうち銑鉄は一八・〇％、延鉄は九・五％となっており、延鉄の方が銑鉄と比べて、約二分の一ほどの低さだったことになる。

しかも、延鉄の売却価格は、一両につき一九貫匁であるのに対して、銑鉄は三六貫匁であったから、延鉄は約二倍弱の高値で売られていたことになる。従って、鉄製品の中では、延鉄が運賃経費が安く、かつ販売価格が高かったので、それだけ収益性が高く、藩の主力商品となり得たのである。

このように鉄は諸掛中の運賃比率は高かったが、延鉄に見られるようにそれ以上に販売利益が大きく、天保一二年には一，九六〇両ほどの利益を生み出したのである。

これを試みに藩政改革以前の安永元年（一七七二）の鉄山利潤の五六八両〈安永元年三月二九日条八戸藩勘定所日記に、鉄山利潤として御礼金二〇〇両、ほか銭一，四七二貫文余〈銭四貫文＝一両の換算では三六八両〉〉と単純に比較してみると、約三・五倍の高利益となっている。

もちろん、安永元年のそれは、鉄山の経営方式も利益項目の詳細も明瞭ではないので、単純比較は困難であるが、それにしてもいかに多くの利益を藩政改革以後は生み出していたかの証しの一つとなろう。

従って、藩政改革以降、鉄山のこのような高収益・高利潤に着目して、八戸藩は先に見たような領外各地へ鉄を大量に移出して、盛岡鉄や出雲鉄と激しい販売競争をくり広げていたのである。

第三章　八戸藩と東廻り海運

第一節　八戸藩と東廻り航路の開設

江戸時代に東北地方から江戸へ至る航路には、東廻り航路と西廻り航路とがあった。前者は、日本海沿岸の湊から出帆し、津軽海峡から太平洋に出て南下し、房総半島を迂回して江戸へ達する海路であり、後者は、日本海沿岸を西南に回り、下関（山口県下関市）から瀬戸内海に入り、大坂を経て紀伊半島を迂回し、遠州灘を乗り切り、下田（静岡県下田市）を経て江戸へ至る海路と定義される（『交通史』体系日本史叢書第二四巻）。

　一般に江戸へ向かうには、海路の安全から日本海を経由する西廻り航路が主に利用されたが、八戸は三陸海岸の北に位置していたから東廻り航路を利用することになった。

　太平洋経由の東廻り航路、すなわち、東廻り海運が本格化するのは、寛文一〇年（一六七〇）の河村瑞賢の航路改良以後のことである。河村は越後などの米を江戸へ運ぶため西廻り航路の開設に力を尽くしたが、一方、東廻り航路

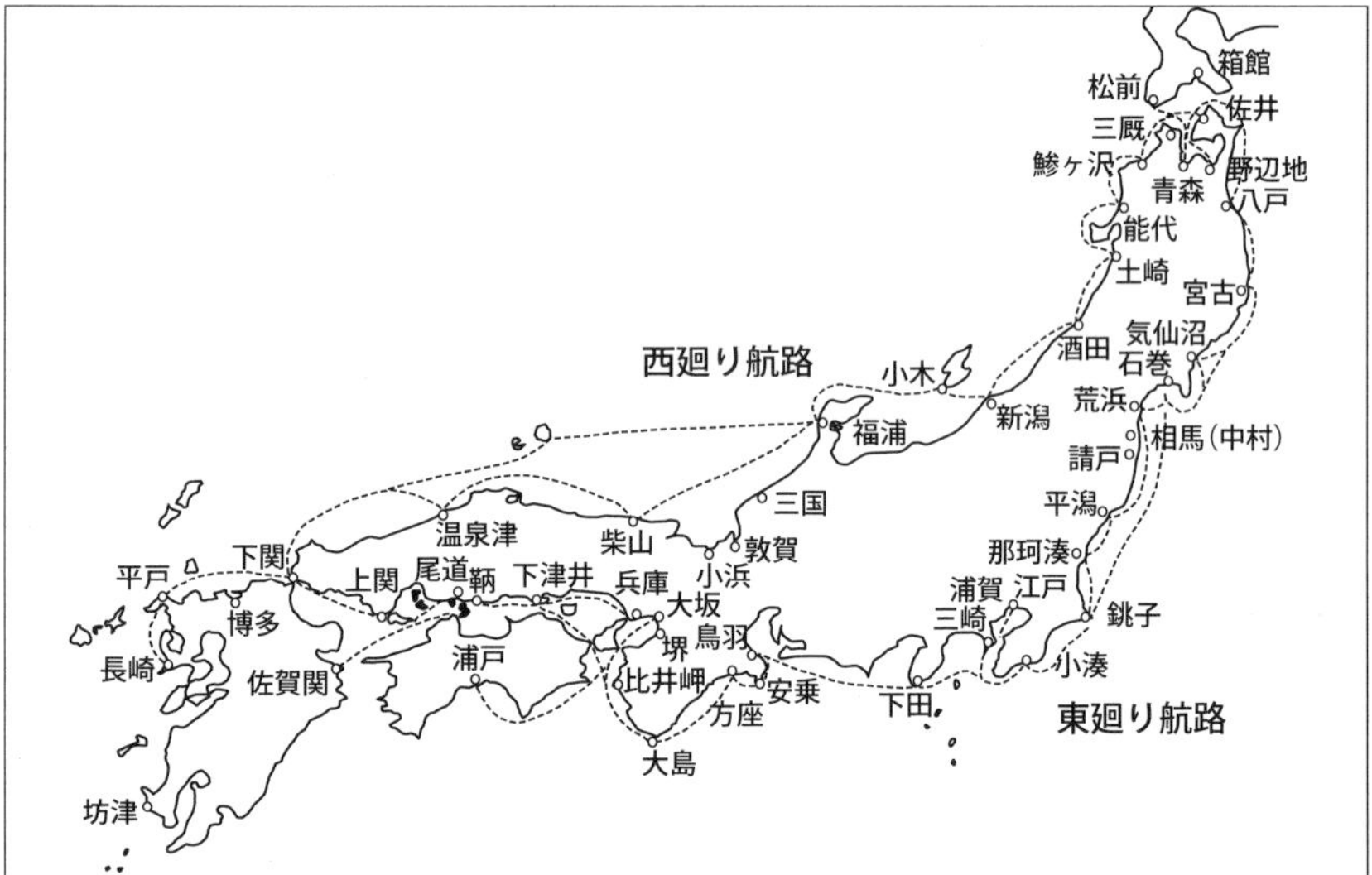

近世航路図　太平洋を経由する東廻り航路と日本海を経由する西廻り航路があり、八戸湊は東廻り航路に位置していた。

では、阿武隈川流域にある桑折・福島などの幕領の米を江戸へ運ぶための航路を建議した。

これの大要は、

①民間の精強な雇船《やといぶね》の採用

②阿武隈川河口の荒浜から房州を迂回し、相州の三崎（神奈川県三浦市）か、伊豆の下田へ寄港し、ここから風待ちして江戸へ向かう航路の開設

③途中の平潟、那珂湊、銚子口、小湊（千葉県鴨川市）などへの番所の設置

などというものであった。

この建議は仙台以南の航路の改修であり、仙台以北の三陸方面は対象となっていなかったが、仙台から房総半島を回って江戸へ至るためのルートがこれによって確立した意義は大きかった。

第二節　八戸藩初期の江戸海運の動向

八戸藩が誕生したのは寛文四年（一六六四）のことである。この頃の八戸藩の江戸行きの海運は、主として江戸藩

千石船万徳丸の図＊（西村家所蔵）
年代と船印の記入はないが廻船問屋山四郎屋に伝えられていた絵図。このような千石船が大きな帆に風を受けて大海原を疾走し、江戸と八戸を往来していた。

邸が消費する台所米、大豆、海産物などの生活必需品や藩邸の普請材木などが積み込まれており、輸送にあたった廻船も、藩が雇った御雇船《おやといぶね》や藩誕生後建造した藩有船たる御手船《おてふね》が就航していた（御雇船は閉伊雇船が多く、江戸下りの御雇船もあった）。

従って、藩成立当初の、少なくとも寛文年間（一六六一～七二）は、遠隔地の価格差を利用して江戸で領内の産物を販売するというような商業ベースの輸送形態ではなく、すべて藩権力にかかわる物資の輸送であり、それが江戸向けの海運の主力となっていた（渡辺信夫『幕藩制確立期の商品流通』）。

すでに八戸藩が誕生する以前の盛岡藩領時代には、八戸浦では、正保三年（一六四六）に二〇〇石と三〇〇石の船が建造され、その後慶安から承応年間（一六四八～五四）にかけて二艘が建造されて領内随一の造船を誇っていた。また寛永二一年（正保元年、一六四四）には、御船米や江戸御台所米が閉伊を経由して江戸へ輸送され、正保四年（一六四七）には閉伊の御肴船へ八戸の御味噌が積み込まれ、承応元年（一六五二）には御船米、御米、大豆などが江戸向きに積み立てられている（盛岡藩「雑書」）。

このように盛岡藩時代から八戸湊は、藩内有数の造船場所として、あるいは、盛岡以北の産物の輸送基地として位置付けられており、これを基盤として八戸藩誕生後も、廻船による物資の輸送が行われたのである。

八戸藩の海運が江戸藩邸の物資輸送を中心とするものから、しだいに脱却し、江戸―八戸間の遠隔地交易を目的とする方向に変化していくのはいつ頃からであろうか。これに明確に答えることができる資料は今のところない。

しかし、八戸藩目付所日記を見ると、寛文八年（一六六八）の鉄の江戸商人への販売、元禄五年（一六九二）の藍の江戸積み出し、同一六年（一七〇三）の薫陸香《くんろくこう》の販売と江戸積み出しといったものがある。また延宝五年（一六七七）の披鱈《ひらきたら》・煎海鼠《いりこ》・昆布の江戸からの大量受注、宝永七年（一七一〇）の大豆積み出し礼金の増額、享保九年（一七二四）の江戸湯浅屋による〆粕《しめかす》・魚油・干鰯《ほしか》・海苔・塩の移出なども見えている。

そうすると八戸藩では、元禄から享保年間（一六八八〜一七三五）頃を境にして、湊を通じての商業交易が一定の発達を遂げるようになったと考えられる。八戸湊では、宝暦年間（一七五一〜六三）に至ると江戸・大坂からの廻船が数多く入津《にゅうしん》（入港）するようになっているので（『八戸港史』第二章「八戸港の出入船」参照）、これらを勘案すると、宝暦以降、八戸藩の海運は商業ベースでの遠隔地交易がはっきりと確立するようになったものであろう。

第三節　江戸航路の発達

1　江戸航路の開設

八戸藩が初めて江戸へ物資を回漕したのは、八戸藩目付所日記によれば、寛文五年（一六六五）九月のことであったとみられる（八月とも推測される記事が「直房公御一代集」に掲載、『八戸市史』史料編近世一）。

寛文五年一〇月二日条八戸藩目付所日記には、九月二〇日付の「八戸御蔵米積為登申目録」が二通載せられており、これによると、閉伊宮古の船頭作十郎と甚四郎の船二艘を使い、八戸御蔵米八〇石余と一三七石余をそれぞれ積み立てて銚子着にて差し上らせている。この御蔵米は江戸藩邸の飯米に充てられる「江戸御台所入用」の米であったものとみられる。

八戸御蔵米積為登申目録

一御米八拾石六斗四升八俵ニして壱百九拾弐俵、壱俵付て四斗二升入、閉伊宮古舟頭作十郎舟ニ右之御米積立、
上乗津軽石村助左衛門ニ舛目改相渡銚子着ニ為指登申候、改為御請取可被成由申進候、以上

寛文五年九月廿日　七郎兵衛

左五右衛門
忠兵衛

湊市郎右衛門殿

（寛文五年一〇月二日条八戸藩目付所日記、『八戸市史』史料編近世一）

これは銚子着による江戸回漕の記録であるが、寛文七年（一六六七）八月一日には、藩有船が直接江戸湾へ入津した。

一鍛冶久作参宮江戸屋敷へ罷寄候処ニ、鳥屋部左内上乗之御船無事ニ去朔日早朝両国橋ニ着岸、殿様ニも御出御覧、先達御下被成候櫓楫悪劣付仮梶ニて罷上候由船頭助五郎申候、其之ニてせんさく候様ニと黒印下ル

（寛文七年八月二三日条八戸藩目付所日記、『八戸市史』史料編近世一）

八月一日の早朝に鳥屋部左内が上乗（積荷の監督者）として乗船した「御船」が無事両国橋に着岸し、藩主直房がその到着を喜んで出迎えをした。船頭は江戸に上る途中、櫓《ろ》や梶《かじ》の具合が悪くなり、仮梶を使って江戸へたどり着いたと申し上げたので、藩主はその原因を調査せよと指示したという。

藩有船の到着を藩主が出迎え、船体の装備不良までも改善の指示を直接下していることは、八戸藩にとっては、この航海は房総半島を迂回して直接江戸へ入ることに成功した初めての出来事であったからであろう。銚子に入津して川船で利根川をさかのぼって江戸へ入るのではなく、江戸へ直航したことがめでたい快挙であった。

その後、翌寛文八年九月には、「江戸へ御廻被成御手船へ御積物被成」（寛文八年九月一六日条八戸藩目付所日記）とあって、江戸回漕の「御手船」へ荷物が積み込まれ、さらに、同九年（一六六九）四月や六月には、「御舟」や「御

手船」が八戸湊を出船している（寛文九年四月七日・六月四日条同日記）。

このほか、寛文八年から九年にかけて、閉伊、または、江戸からの船が藩に雇われて、江戸へ荷物を回漕している記録が目付所日記にしばしば見えている。

このように寛文一〇年に河村瑞賢が江戸行きの東廻り航路を改修する以前にも、八戸藩では、利根川ルート、ないしは江戸直航ルートを使って江戸—八戸間の航路を開設し、物資の輸送を行っていたのである。

両国橋 大川ばた（歌川広重「名所江戸百景」）
隅田川にかかる両国橋付近は帆掛船や小舟が行き交う場所であった。両国橋の由来は武蔵国と下総国にかけられたからという。

2　江戸航路の「外海廻り」と「内川廻り」

八戸より太平洋を南下して江戸へ入るには、房総半島を迂回して入るルートと、ここを迂回せず、利根川をさかのぼって入る二つのルートがあった。前者の海上ルートは「外海《そとうみ》廻り」と呼ばれ、後者の河川ルートは「内川《うちかわ》廻り」と呼ばれた。

ここに二つのルートが所在した理由は、江戸時代の船舶構造や航海技術では、黒潮が北流する名うての鹿島灘を乗り切って房総半島を回ることは、非常に難しかったからである。たとえ房総半島を無事迂回しても、風向きの関係で直接江戸湾へ入ることはできず、いったん三崎か下田へ入津し、ここで西南の風を待って江戸へ向かうという二段構えの航路であったので、風しだいでは幾日も滞船を余儀なくされた。そこで、房総半島を経由しないで内陸水路を利用して江戸へ向かう「内川廻り」のルートが開設されたのである。

「内川廻り」には、開設の新旧によって、那珂湊から陸路と湖水路を乗り継いで利根川に入っていくコースと、銚子から直接利根川へ入るコースとがあった。前者の那珂湊「内川廻り」は古くから開設されていたものであり、これに対して後者の銚子「内川廻り」は、利根川本流が銚子口へ切り替えられた承応年間（一六五二～五四）以降からしだいに発達した新しいコースであった。

八戸藩が誕生した寛文四年は、銚子口から入る「内川廻り」がちょうど利用され始めた頃にあたる。しかし、八戸藩誕生時はもちろんのこと、藩政時代後期に至っても、八戸藩の江戸航路においては、房総半島経由の「外海廻り」が多く利用されたものか、あるいは、利根川経由の「内川廻り」が多かったものか、資料的には明確ではない。

一般的にいえば、航海技術が未熟であり、船舶も荒波に耐え得る堅牢で大型の廻船が就航していなかった藩政時代初期においては、銚子「内川廻り」が利用され、やがて航海の諸条件が整備されるに及んで、房総経由の江戸直航が増加したといえるであろう。

八戸藩誕生頃に江戸へ出帆した御雇船や御手船の規模を見ると、大きいもので三五〇石、小さいもので六〇石の廻船が使われている。従って、これらの小型廻船が江戸へ向かった場合には、房総半島を迂回して江戸へ直航することはなかなか難しいことであったので、そのほとんどが銚子へ入津し、ここから利根川経由されたものと推察される。

もちろん、藩政初期の頃の廻船はすべて銚子へ入津し、利根川経由を利用していたとはいえないのが当然である。八戸藩の船の難破の早い例として寛文七年八月のものがあるが、この時難破した御船の場所は、房州浦九十九里の沖と記されているから（寛文七年八月一四日条八戸藩目付所日記）、この御船は船の規模が不明だが、房総半島回りで江戸へ上った船であったろう。

３　江戸直航と銚子入津の割合

藩政時代初期は、江戸へ向かう場合には、銚子入津が多かったであろうことはすでに述べたが、藩政時代後期は、銚子「内川廻り」と房総経由「外海廻り」とではどちらが多かったのであろうか。

この問題については、はっきりと答えられる資料はないが、次のような史料などから判断して藩政時代後期は、房総半島経由の江戸直航ルートを想定して八戸を出帆していたようである。

文政九年（一八二六）三月の「銚

八戸藩成立期（寛文５～９年）の廻船規模

年　月　日	記　　事
寛文5年 9月20日	江戸台所用の荷物を船頭・水主共に7人乗りと9人乗りとの船へ積み上げる
寛文8年 9月 6日	閉伊より御雇船4艘雇う。内訳は250石積、200石積各1艘、130石積2艘
寛文9年 5月 1日	江戸より220石積の御雇船1艘下る予定
寛文9年 7月13日	江戸より新規御雇船3艘のうち、350石積の御座船八戸へ到着
寛文9年 7月18日	江戸御雇の船280石積八戸へ到着
寛文9年10月11日	御手船2艘、御雇水主16人にて江戸上りの予定。御吟味味噌御肴は60石積の御手船にて江戸上り

（八戸藩目付所日記）

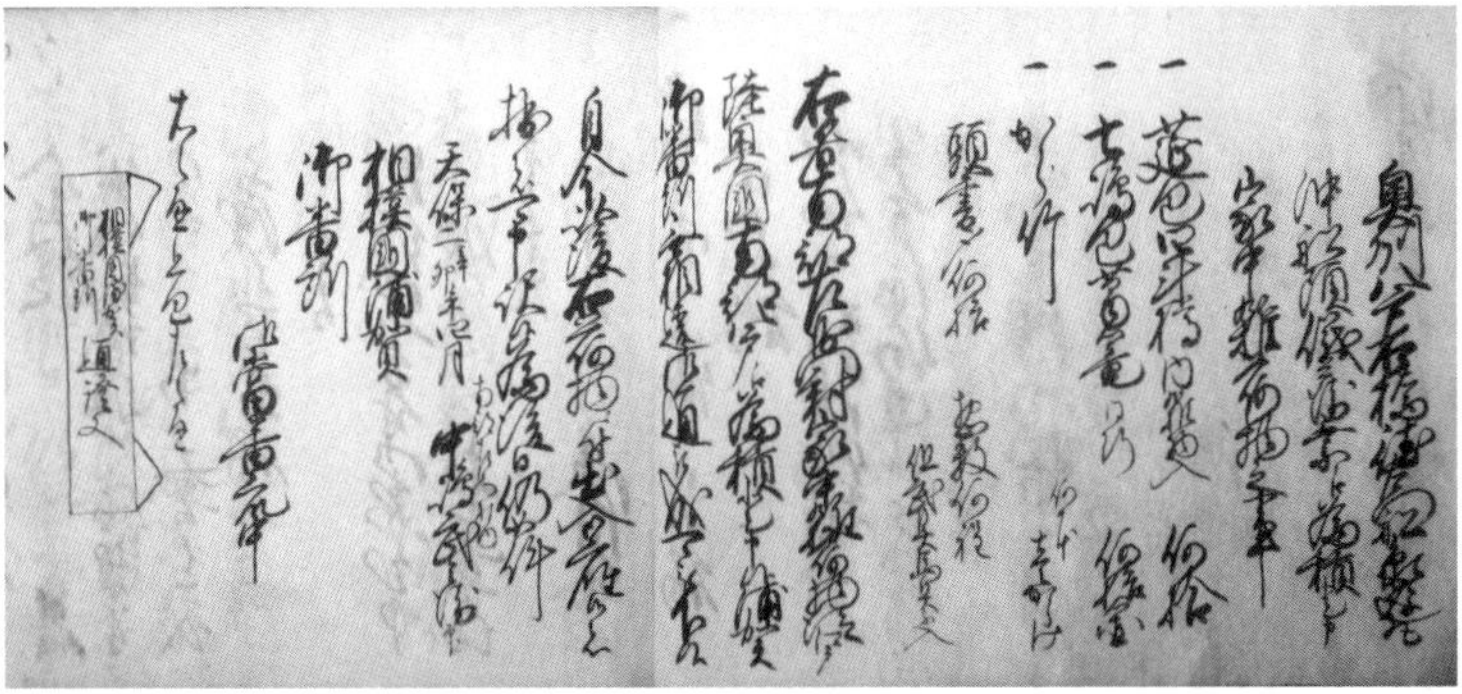

浦賀番所の通証文（御物書心得／旧蔵者不明文書）
江戸へ入るには浦賀番所に届けを出して積荷改めを受ける必要があった。

子入津御産物仕法窺書写」と「乍恐口上書を以奉申上候」（両史料とも文政六年五月「為御登御産物江戸浦賀銚子規定写」所載、小笠原家文書）によると、前者では「御産物御荷物積船風様無拠銚子入津之節」とあり、後者では「御産物積船風模様ニ寄江戸登相成兼万一銚子入津仕候ハヽ」とあって、いずれも「風様無拠《よんどころなく》」の場合や「風模様ニ寄」の場合は、銚子へ入津すると記されている。

これと同じように文政九年一二月の「銚子規定」（御産物方雑用手控）にも、「御産物御荷物積船風様無拠銚子入津之節」とあって、「風様無拠」銚子へ入津するとしている。また八戸藩のものではないが、寛政元年（一七八九）の弘前藩の青森湊における「東海廻御雇船御受負証文」には、「銚子入堅仕間鋪候、自然難風ニて江戸江難乗込銚子入仕候ハヽ」（『青森市史』第八巻資料編二）とあり、「自然難風」のときのみ銚子入津を認める条文がある。

従って、これらの史料からいえることは、海上の風模様によっては、江戸へ直接上らずに銚子へ入津することになり、ここで高瀬船《たかせぶね》に積み替えて江戸へ産物を運送する手筈となっていた。つまり、順風にさえ恵まれればそのまま江戸へ向かう予定であったのであり、藩政時代後期、少なくとも藩政改革が始まる文政年間（一八一八～二九）以降は、江戸航路に出帆する船は、江戸直航を目指して「外海廻り」のコース

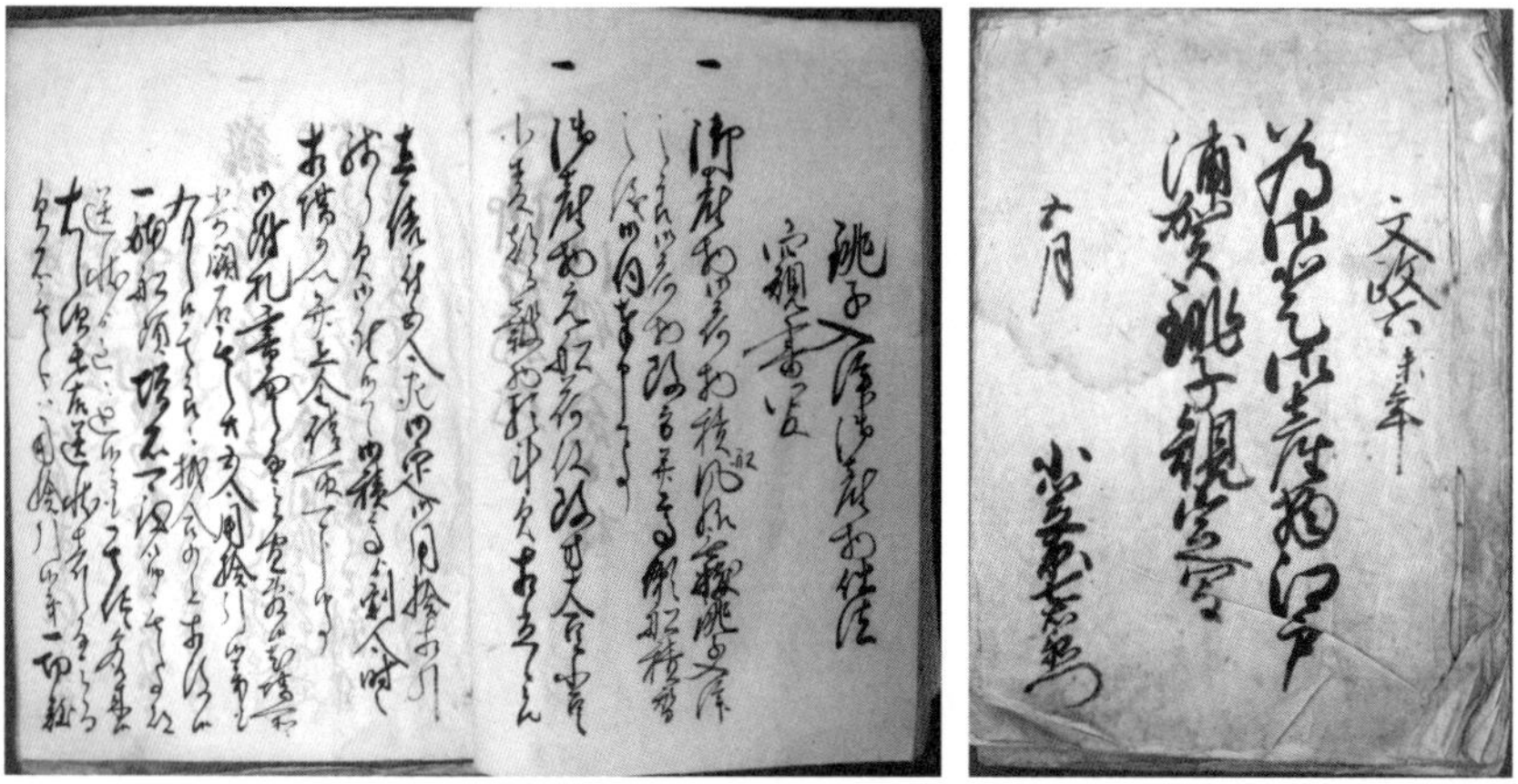

文政6年為御登御産物江戸浦賀銚子規定写（小笠原家文書）

をとって航行していたといえよう。

しかし、実際江戸上りの船がどれだけ江戸へ直航したかは、資料不足のため数量的に把握できない。

江戸―八戸間を頻繁に往復した船の船頭の褒賞規定から、江戸直航と銚子入津の割合を見ると、下の表のようになっている（御産物方雑用手控、御産物御用手控）。

この表から内訳の明確な例を見ると、亀遊丸は江戸二回、銚子三回、万寿丸は江戸一回、銚子三回となっており、亀遊丸は六〇％、万寿丸は七五％の割合で銚子へ入津している。

「御手船乗方」の褒賞規定は、

「一江戸登　三度
　一銚子登　四度
　右之通乗方致候得ハ其年御役相済其余乗廻り候得ハ運賃不残被成下御定」

となっており、江戸登三度、銚子登四度の規定そのものが、江戸よりも銚子入津が多いことを示唆していることになる。

もちろん、風具合が宜しからずして江戸へ直航せず、銚子湊へよんどころなく入津するのは、その年々の航海の気候条件によって左右されるはずであるが、年によっては、この表の如く入津割合が過半数となることも往々にしてあったといえよう。

銚子湊へ入津すると、ここから高瀬船に荷物が積み替えられて利根川をさかのぼり、江戸へ運ばれていくことになる。

江戸と銚子入津数

年　月　日	船名	船頭名	往復回数	往復の内訳	褒　　賞
天保３年２月	亀遊丸	百松	5	江戸２・銚子３	五番上りの運賃を給与
先　年（天保12年の）	〃	〃	3	江戸（ｶ）３	4回目の運賃80両を給与
先　年（天保12年の）	万寿丸	円治	4	江戸１・銚子３	銚子より江戸までの運賃を給与
先　年（天保12年の）	三社丸	忠八	2	不明	翌年の一番下り後、船頭御免

（天保 12 年御産物方雑用手控／小山田家文書、天保末年頃御産物御用手控／遠山家文書）

4　江戸―八戸間の航海日数

江戸―八戸間の航海においては、どれだけの日数がかかったのであろうか。

江戸時代の航法には、地乗り航法と沖乗り航法とがあった。地乗り航法は岸沿い、島づたいに船の位置を確認しながら航行していくものであり、沖乗り航法は海岸から離れた陸の見えない海上を航海するものであった。

江戸時代も進み、大型船が就航するようになると、沿岸を通る地乗り航法から、洋上を走る沖乗り航法に変化し、風にさえ恵まれれば一気に海上を走破して目的地に到着することができた。しかし、逆風となり、大時化《しけ》にあうとたちまち航行不能となり、最寄りの湊へ入津したり、湊がなければ島かげに船を寄せて順風が吹くのを待った。従って、同じ航路でも風しだいでは、航海日数に長短の差が出てくることはやむを得なかった。

江戸―八戸間の航海日数を寛政三年（一七九一）鮫御役所日記で見ると、一三人乗りの江戸船頭源次郎船が、六月一〇日に八戸に入津し、その船が再び江戸へ向かい、さらに、また八戸に戻ってきたのが七月三日となっている。六月の入津後、出帆した日は不明だが、荷物積み入れに最低で二～三日かかるとすれば、およそ一ヵ月、約三〇日で江戸―八戸間を往復したことになる。宝永四年（一七〇七）には、石巻―江戸間を三日間で走破している事例も目付所日記には見えているから（宝永四年五月九日条八戸藩目付所日記）、およそ三〇日としても順風に恵まれればもっと短期間に往復することも可能であった。

ところで、江戸―八戸間を一ヵ月で往復するということは、陸上輸送と比べるとどうであったろうか。

江戸―八戸間の長距離陸上輸送の事例はないが、参勤交代は片道およそ一六日間の行程であったので、往復では約一ヵ月余を要することとなり、これと比べるとあまり大差がない。

しかし、船舶の積載量と船舶輸送の効率性・経済性からいえば、圧倒的に海上輸送が有利であった。船であれば、わずか一〇数人で一，〇〇〇石の重量の荷物を運ぶことができるのに対して、これを陸上輸送で運ぶとすれば、馬は優に一，〇〇〇頭以上が必要となる。これに馬子、食料、飼料、さらには、宿泊場所などといった問題も付随するので、かなりの経費と手間がかかることになる。

従って、航海が日和に恵まれ、順風でありさえすれば、船舶輸送の持つ効率性や経済性は充分に発揮できたのである。

5　宝暦年間、大坂船頭好之助船の航海

江戸―八戸間の航路は、太平洋という外洋に面しており、波が荒く、風も強く、そして濃霧も発生しやすかったので海難事故が多かった。そもそも、江戸時代の和船は、すべて一本の帆柱を推力として航行したので、天候が悪化して逆風を受けると、重心が高いこともあって激しく動揺するのが常であった。

しかも、水の浸入を防ぐ水密甲板ではなかったので海水が入りやすかったし、航法もわずかに磁石を使って方位を知るだけであり、あとは経験や勘、あるいは、神仏に祈るというような非科学的なものに依存していた。従って、いったん海が荒れると外洋に押し流されて漂流したり、海岸に吹きつけられて難破することが多かった。

天保一二年（一八四一）御産物方雑用手控に記載された文政一二年（一八二九）から天保七年（一八三六）までの破船を掲げると、表の通りである（『八戸港史』の破船一覧を訂正）。

八年間に九艘の破船があり、ほぼ一年に一艘の割合で難破があった。難破があると、嘉永六年（一八五三）の木綿船宝珠丸の例のように、

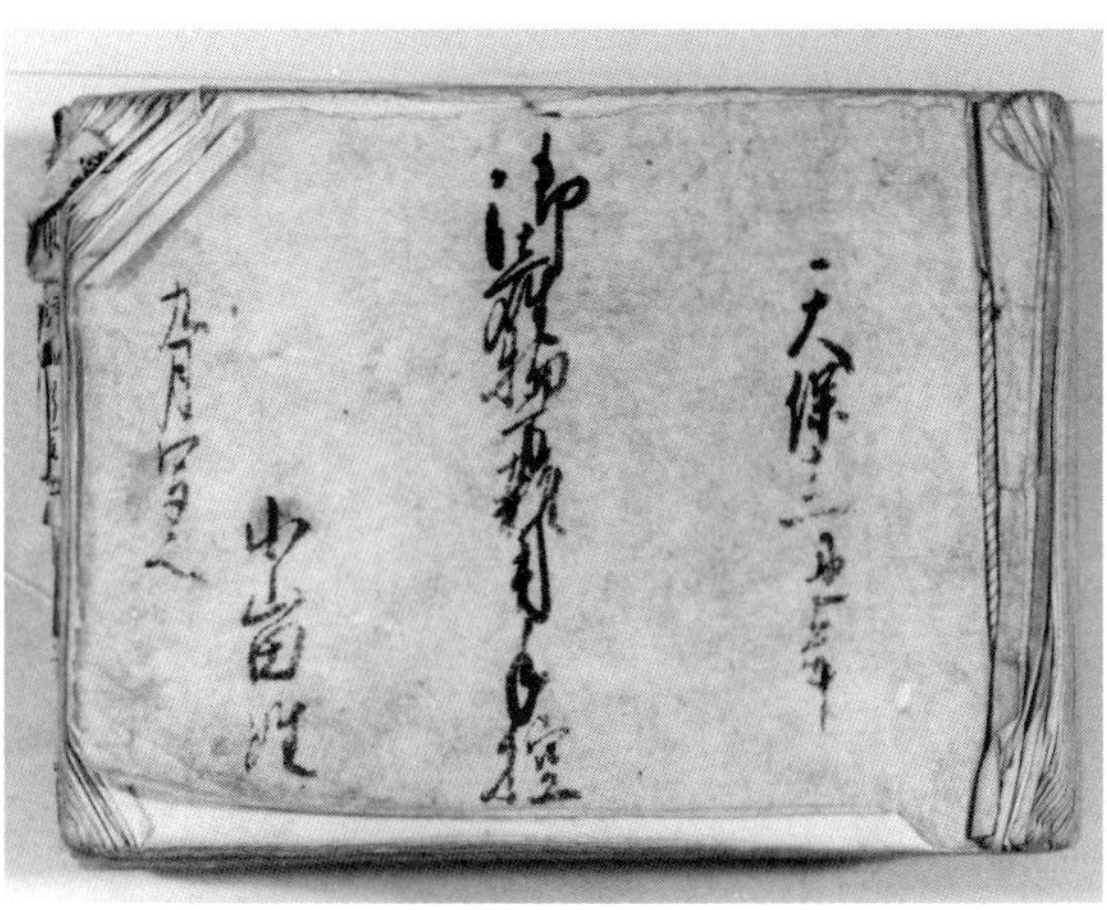

天保12年御産物方雑用手控（小山田家文書／青森県立郷土館所蔵）

八戸町の木綿屋が二軒潰れるほどの損害をもたらすのである（『多志南美草』第二巻）。

このように万事風まかせ、海まかせの航海が海難を引き起こしたのであるが、宝暦年間の大坂の船頭好之助船の事例によって当時の航海の様子を探ってみよう。

宝暦九年（一七五九）四月二〇日条八戸藩目付所日記には、同七年（一七五七）から九年にかけて、大坂の船頭好之助船が八戸鮫浦から出帆して江戸へ向かう様子が記されている。同船の石数は不明だが、一五人乗りであったから千石船クラスであったことは間違いない。好之助船が八戸から江戸へ向かった航海の様子を表化すると次の通りである。

まず、宝暦七年初冬八戸を出帆した。途中、日和に恵まれず、翌八年（一七五八）二月まで仙台領にて間掛《まが》かり（停泊）、越年。仙台出帆後、間もなく大風雨にあい、沖間を銚子沖まで漂流。荷物は打ち捨て、帆柱は切り折り、梶や伝間船は流れ捨てて、ようやく中ノ湊へ入津した。修理後、八戸へ帰帆。

宝暦八年一一月再び江戸へ出帆するが、やはり途中の仙台で三〇日間にわたり間掛かり。その後、一気に走航したが、銚子沖でまたもや大時化にあい、積荷の一部を打ち捨て、かろうじて銚子へ緊急入津。

かなり難儀しながら江戸へ入ったことが思い知らされる。

破船一覧

年　月　日	破船名	破船場所	備　　考
文政12年	幸寿丸	佐須浜	大坂雇い
〃 12年8月5日	住虎丸	戸賀浜	〃
天保３年5月	歓得丸	尻労村	〃
〃 ４年5月	巡徳丸	松前蝦夷地	江戸雇い、遠州掛塚船籍、1,050石
〃 ５年10月７日	千歳丸	相馬領蒲庭浦	
〃 ６年7月	万寿丸	房州九十九里浦	
〃 ６年8月	鶴栄丸	岩城小名浜	
〃 ７年5月	松栄丸	銚子川口	
〃 ７年9月６日	勢至丸	市川	
（天保４年10月）	飛龍丸		荷打により相州三崎町へ入津（「御産物御用手控」遠山家文書）

（天保 12 年御産物方雑用手控／小山田家文書）

ここで積荷の残りを高瀬船に積み替えて江戸積み廻しとし、本船は空船のまま、翌九年三月江戸に向けて出帆。しかし、逆風にあい、そのまま流されて平潟へ乗り落ち。平潟より房州奥津（興津《おきつ》、千葉県勝浦市）に入津。ここから房総半島を回って浦賀に出て、江戸へ入る予定であったが、出帆後、江戸湾からの北東の風である「ならい風」に吹き流されて漂流。帆柱が切り折れして遠州灘を西下し、三日後に志摩半島の鳥羽へ流れ着く。本来はここから江戸へ向かわなければならなかったが、船頭好之助は大坂へ向けて出帆し、四月二九日に大

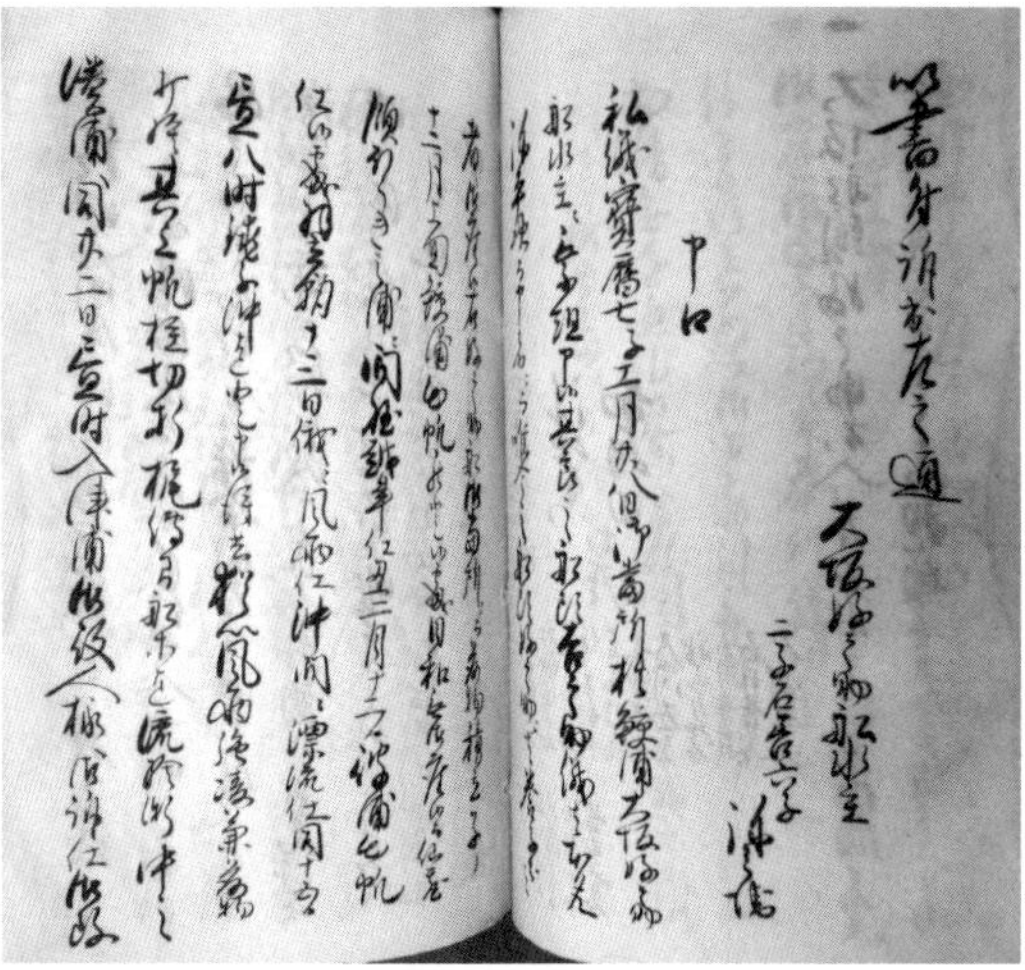

大坂好之助船水主の訴書（宝暦９年４月 20 日条八戸藩目付所日記）

大坂の船頭好之助船の航海

年　月　日	記　　　事
宝暦７年12月上旬	江戸に向けて鮫浦を出帆。途中、仙台ほうき浦にて間掛かり越年
宝暦８年２月22日	銚子沖にて時化のため中ノ湊へ入津
６月13日	鮫へ帰帆
11月 ９日	江戸に向けて再度出帆。途中、仙台とうなん浦にて30日間掛かり
12月 ８日	銚子沖にて大時化、銚子へ入津
宝暦９年３月 ７日	銚子より空船にて江戸へ出帆
３月17日	逆風にあい平潟へ乗り落ち
３月22日	平潟を出帆
３月23日	房州奥津へ入津
３月27日	浦賀経由により江戸直航の予定が大時化にあい漂流、鳥羽浦へ入津
４月29日	浦賀へ戻らず大坂へ向かい、木津川へ入津
５月 ６日	浦賀不寄港を咎められ、兵庫より江戸へ戻る
６月25日	50日ほど熊野浦・ささら浦で間掛かりし出帆
７月 ３日	沖合を流され、房州館山浦へ入津
７月 ７日	浦賀を経て最終目的地の江戸へ到着

（宝暦９年４月 20 日条八戸藩目付所日記）

坂へ入津した。

　大坂へ入ると、問屋共より番所のある浦賀に寄港しないで来ることは、法度破りであると咎められ、これより再び浦賀を目指して登上することとし、五月六日に兵庫を出帆。しかし、紀伊半島乗り廻し時に日和が悪く、熊野浦・ささら浦で五〇日間もの間掛かり。ここを六月二五日に出帆したが、遠州灘でまたもや時化にあい、沖合を七～八日流されて、房州館山（千葉県館山市）にたどり着く。そして、館山から対岸にある浦賀へ入津し、ここからようやく七月七日には、念願の江戸へ入津することができた。

　宝暦七年一二月に鮫浦を出帆してから一年六ヵ月以上経過して最終目的地の江戸へ到着したのである。しかし、江戸で船頭好之助を待ち受けていたのは入牢という厳しい処罰であった。その理由は浦賀番所の改めを受けずに大坂へ乗り廻したこと、改めを受けなかったことに対して虚偽の申告をしたことなどである。水主《かこ》は処罰されなかったが、乗組員一五人中、七人までは八戸出身であり（出稼ぎ先での就労者もあり）、このうちの二人は一六歳と一七歳の少年であった。

　この好之助船の航海の足取りを見て分かるのは、八戸から江戸へ上るときには、途中の仙台で間掛かりを余儀なく

されること、銚子沖合では遭難の危険にさらされているということである。

江戸までは最短でも一週間余の日数はかかったので、途中で天候がすぐれないときは必ずあったはずであり、そのために間掛かりの必要もあったが、那珂湊から銚子にかけての沖合は、黒潮の潮流や季節風の転変によって航行は難しく、これに天候悪化が加わると大時化になった。ここで時化にあうと、船は押し流され、あるいは、転覆する事態も生じた。特に、冬期間は陸地から吹く北西の風が峻烈で、船は沖へ沖へと流された。そして、ここを無事乗り切って房総半島の先に出ても、江戸湾から吹きつける強風があり、これがために一気に志摩半島まで持っていかれることさえもあったのである。

このようにこの時代の航海は天候によって大きく左右され、海難の危険もあったのであるが、廻船による海上輸送の効率性や経済性という大きなメリットのために、海上輸送は増加こそすれ、減少することはなく、営々として続けられたのである。

第四節　利根川水運の利用

1　利根川水運の成立と銚子湊

東北地方から東廻り海運を利用して江戸へ物資を運ぶルートには、前述したように「外海廻り」と「内川廻り」とがあった。房総半島を回る航海の危険性から「内川廻り」が発達したのであるが、江戸時代初期には、「内川廻り」のうちの那珂湊口コースが利用された。

那珂湊「内川廻り」は、那珂湊に着船すると、ここから陸路を通り、北浦か霞ケ浦の湖水路を経て潮来《いたこ》に至り、潮来にて川船に荷物を積み替えて、後年利根川の本流となる常陸川をさかのぼって江戸へ向かっていた。盛岡藩でも、初期にはこのコースを使っており（「邦内貢賦記」、『南部叢書』第五冊所載）、仙台藩をはじめとする東北諸藩も寛永年間（一六二四〜四三）にはこれを利用して江戸廻米を本格化させていた。

それが、元和七年（一六二一）から承応三年（一六五四）にかけて実施された利根川東遷工事の結果、従来江戸湾へ注いでいた利根川本流が常陸川へ流入し、銚子口から太平洋に流出するようになると、銚子から直接利根川に入るコースが利用されるようになった（川名登『河岸に生きる人々』・『近世日本水運史の研究』）。

しかし、当初は、利根川が潮来近辺を迂回して流れ、しかも水深があったことから、外洋の廻船がそのまま銚子口より潮来へ乗り入れ、ここで川船に荷物を積み替えることが行われていた。ところが、やがて土砂の堆積により廻船の遡行が不可能となり、また銚子でも川船の調達ができるようになると、銚子湊の「海運」と「川運」の中継地としての地位がしだいに確立されるようになった。

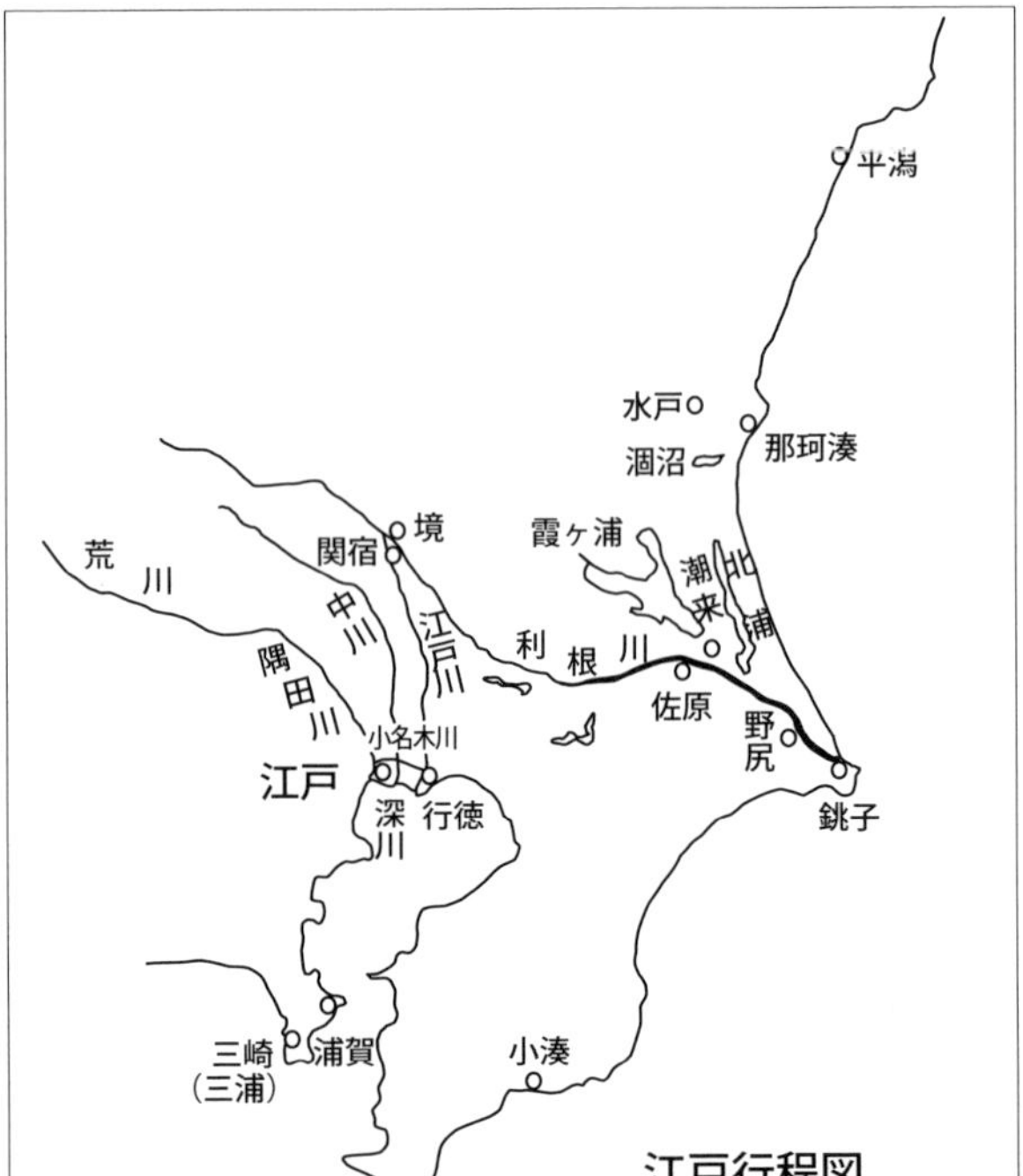

江戸行程図

この確立した時期は、利根川の改修工事がほぼ終了した承応から寛文年間（一六五二〜七二）にかけてであるとみられている（川名登前掲書）。仙台藩では、正保年間（一六四四〜四七）から銚子へ入津する廻米船が多くなり、承応年間には蔵屋敷が銚子へ開設されたといい、相馬藩では寛文八年に銚子へ米を回漕するようになり、同一〇年には河村瑞賢が銚子へ「務場」（役人出張所）を設置し、城米船《じょうまいぶね》の寄港地に指定した。

こうして江戸時代前期頃には、銚子湊の発達が促されたが、湊としての自然条件はそれほどよいものではなかった。天保一三年（一八四二）の「日本船路細見記」によれば、「銚子のみなと六ツケ敷所也。犬ぼへのはなよりみなと口迄磯おほし」とあって、川口には岩礁が多かった。加えて利根川の水勢が強かったので、どんな老練な船頭でも船の操舵は難しかったといわれる（川名登前掲書では、操舵の困難さを「銚子川口テンデンしのぎ」という言葉で紹介）。

従って、他国船が銚子川口で破船することが多く、八戸藩においても大ざっぱに拾っただけで、安永元年（一七七二）八月に御用材木を積んだ紀州船頭覚十郎船、天保七年五月に松栄丸が破船している記録がある（前者は安永元年八月一五日条八戸藩目付所日記、後者は御産物方雑用手控）。

しかし、入津が難しくても、房総半島を回って海難にあい、船が転覆することに比べると、はるかに危険の度合が少なかったので銚子への入津は盛んとなった。

なお那珂湊から銚子へ中継ルートが変わった時期については、安永から天明にかけてであるという指摘もあり（丹治健蔵「利根川水運と商品流通の動向」）、那珂湊から銚子へ一挙に変わったものではなかったことは事実であろう。

八戸藩では、元禄一一年（一六九八）までは、江戸屋敷向けの「御肴船」を那珂湊の白戸二郎左衛門まで送り、白戸の宰領によって江戸へ回漕していたが、同一二年（一六九九）からは、「川通之運賃」にて船頭に直接江戸まで輸送させている（元禄一二年一〇月二〇日条八戸藩勘定所日記）。これは、那珂湊経由利根川廻りで肴が江戸送りされていたと推測されるものであり、そうであればこの時期まで藩の肴は那珂湊ルートを使っていたことになる。

2　銚子湊の御穀宿

銚子における八戸藩の取引商人には、文政から天保にかけては信田《しだ》（太）清左衛門がいた。文政九年三月の藩への願書には、「銚子湊御産物御穀宿　ミのや庄左衛門　信田清左衛門」（為御登御産物江戸浦賀銚子規定写、御産物方雑用手控や御産物御用手控も同文）とあり、美濃屋と信田が連名で署名している。

美濃屋庄左《（右）》衛門については、盛岡藩の宮古の商人前川善兵衛と取引のあった商人であるが（『宮古市史』漁業・交易編）、八戸藩のその他の記録にはほとんど名前が見えていないので、直接的取引があったかどうか不詳である。

しかし、信田清左衛門は天保一三年九月の御産物方御役人中宛の願書（八戸南部家文書）にも、「銚子湊御穀宿　信太清左衛門」と記されている通り、八戸藩の産物を取り扱っていた御穀宿《おこくやど》商人であった。

御穀宿とは、川名登『近世日本水運史の研究』（千葉県船橋市立図書館所蔵「千葉県銚子港沿革誌」に依拠）によると、東北諸藩の廻米を取り扱う問屋であり、廻米の陸揚げや御蔵への出し入れ、あるいは、高瀬船への積み替えによる江戸への回漕など、一切の廻米業務を取り仕切った商人であった。

御穀宿は倉庫を持ち、倉庫を持たない藩の廻米を収納して蔵敷料を徴収したり、銚子湊までの回漕の途中で生じた濡米の売却を行い、米相場によっては銚子払いとなる米を藩の役人と相談し、仲買を呼び集めて入札して売却するという仕事なども担当していた。幕末時には、銚子では、荒野《こうや》村に信太清左衛門・

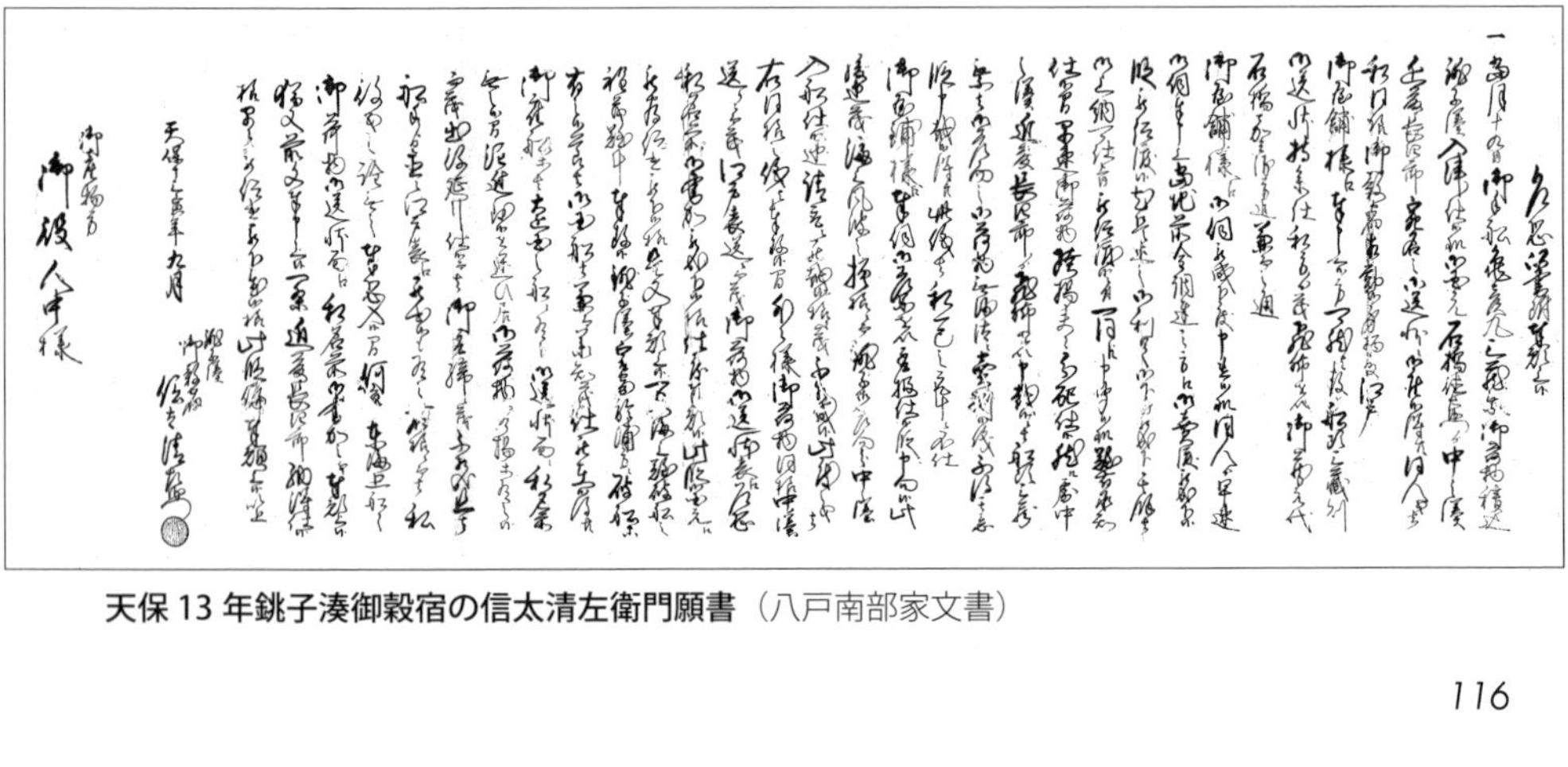

天保 13 年銚子湊御穀宿の信太清左衛門願書（八戸南部家文書）

信太権右衛門・鵜月庄蔵・大里庄次郎・寺井市郎兵衛、今宮《いまみや》村に宮内与惣左衛門の六軒の御穀宿があった。

八戸藩の御穀宿であった信田も、天保一三年九月の前掲願書によれば、八戸藩の御手船が銚子へ入津すると、江戸蔵元《くらもと》代の石橋嘉兵衛や那珂湊の近藤長四郎と連絡を取りながら、荷物の陸揚げとその仕分けにあたっていたことが記されている。

なお天保一三年九月の御産物方御役人衆中宛の信田清左衛門の願書のもう一本（古美術商所蔵文書）には、大時化によって銚子湊の荷物揚げ場が破損したので、野村軍記の前例にならい八戸藩で修築してほしい旨が記載されている。この揚げ場は、八戸藩をはじめ、上杉・仙台・相馬・牧野の諸大名も利用しているとあるから、各藩はそれぞれ専用、ないしは共同の河岸《かし》を持っており、ここで御穀宿が廻船からの荷物を陸揚げしていたとみられる。

3　利根川の川運

銚子へ廻船が入津すると、御穀宿の信田清左衛門は高瀬船を調達し、これに銚子払い以外の江戸送り荷を積み込んで、利根川経由で江戸へ運ばせることになる。

銚子で積み込まれた川船の高瀬船とは、赤松宗旦『利根川図志』（安政二年〈一八五五〉序文）によると、川を航行し得る底の浅い船で、米五〇〇～六〇〇俵（一俵＝四斗二升）を積んで舟子四人で操り、大

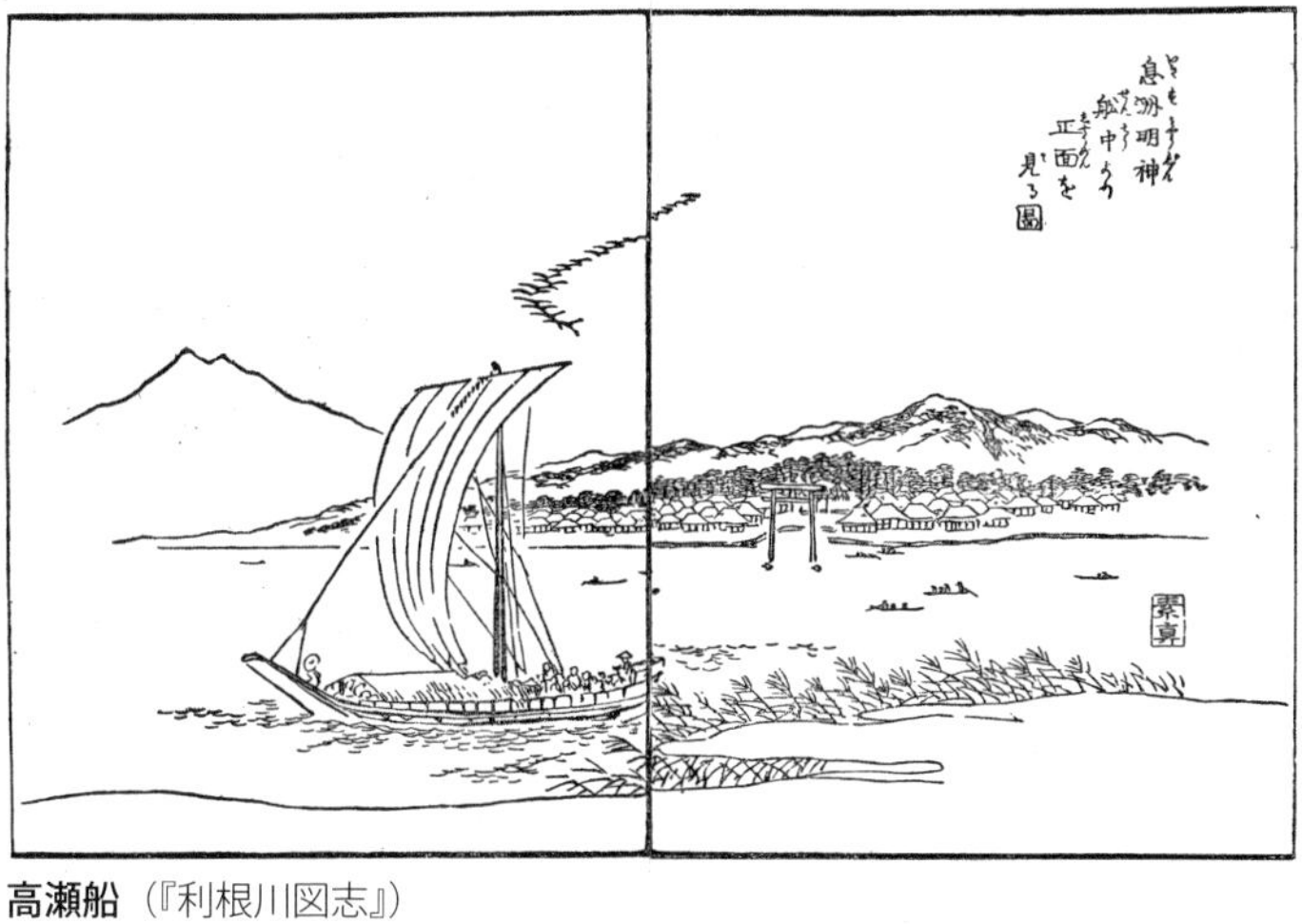

高瀬船（『利根川図志』）

きな船では舟子六人で八〇〇～九〇〇俵も積んだという。

利根川を航行していた川船については、天明二年（一七八二）の境河岸（利根川中流の河岸）には、高瀬船・似高瀬船・似艜船《ひらたぶね》・艜船・中艜船・艀船《はしけぶね》・房丁茶船の七種類があった。この中で最大規模の川船が高瀬船であり、最大積載量は約五五〇俵であったと指摘されている（川名登前掲書）。

高瀬船は、幕末から明治にかけては、大船が減少して相対的に小型化したというが、江戸時代中頃の利根川中流には、五〇〇俵前後も積載できる高瀬船が利根川を上り・下りしていたことになる。日中の風のあるときは、帆を張って走り、風がないときは櫓によって航行したし、夜は最寄りの河岸に寄港した。船中には乗組員が寝食できる「せいじ」と呼ばれる船室も造られていた。

高瀬船の江戸までの運航コースは、銚子から利根川を北西にさかのぼり、中利根川といわれる中流域の関宿《せきやど》（千葉県野田市）に至って、江戸湾に注ぐ江戸川に乗り入れ、ここから江戸川を南下して江戸湾に近い行徳《ぎようとく》（同県市川市）に着いた。

行徳からは、行徳塩を求めて家康が開削したという所伝を持つ人工河川の小名木《おなぎ》川を西へ航行し、途中で中川を横切って幕府や諸藩の蔵が立ち並ぶ隅田川へ出たのである。途中の関宿と中川には番所が開設されており、江戸へ出入りする人や荷物が改められた。

銚子から江戸までの里程は、銚子に近い野尻《のじり》までが四八里であったから（元禄三年廻米津出湊浦々河岸之道法、川名登前掲書所載）、優に五〇里を超える行程である。ここを早くて二日、普通三日程度で高瀬船は走り抜けた。

原則として荷物を積み込んだ高瀬船がそのまま江戸へ乗り入れたが、途中の取手《とりで》（茨城県取手市）―関宿―松戸《まつど》（千葉県松戸市）の区間では、浅瀬の障害にあうことがあり、このときには艀下船《はしけぶね》を雇って積荷の一部を分載して航行することもあった（渡辺英夫「利根川舟運の輸送機構」）。

4　高瀬船の運賃

銚子河口より関宿に上り、関宿から江戸へ下ってくる船は〝利根の直《じき》船〟と呼ばれたというが（『利根川図志』）、これらの船が積載した荷物の運賃はどうなっていただろうか。そして、これが廻船によって江戸へ直航した場合に比べてどうであったろうか。

『利根川図志』によれば、高瀬船の運賃は米一〇〇俵の重さを一〇〇匁とし、その他の荷物はこれに準じて一〇〇匁に銀若干という計算方法であったという。

文政九年三月「銚子入津御産物仕法窺書写」（文政六年為御登御産物江戸浦賀銚子規定写所載）によると、八戸から銚子へ向かう元船の運賃は、江戸表にて前金を支払い、残金は国元で渡す約定となっていたが、銚子から江戸までの高瀬船の運賃は、下の表の通りとなっていた。

この運賃体系を見ると、夏（春）冬二本立ての制度となっており、冬の運賃が割高である。一一月から一月までの冬の料金が高いのは、冬になると利根川の水量が減って利根川の中流域に浅瀬が生じ、高瀬船から小型の艀下船に一時的に荷物を分載して航行しなければならず、そのための費用が余分にかかるためである。

積荷の種類は、大豆・小豆《あずき》・鉏鉄《あらてつ》類と〆粕・魚油の例示しかないが、八戸の特産である干鰯がないのは〆粕に準じていたためらしい。大豆などの穀類や鉄製品の運賃が高いのは重量があったことによる。

この「仕法窺書写」は、問屋の運賃願に対して藩が回答し、これにさらに問屋が

文政９年の高瀬船の運賃

積　荷	問屋願の運賃			藩の回答運賃	問屋再願の運賃
大豆、小豆	2月～10月	100石につき	4両3歩	4両（繁忙期1歩増）	4両2歩
鉏　鉄　類	11月～ 1月	〃	4両4歩	4両2歩	4両3歩2朱
〆　　粕	2月～10月	100俵につき	105匁	100匁	100匁
	11月～ 1月	〃	110匁	105匁	105匁
魚　　油	2月～10月	100樽につき	180匁	150匁	180匁
	11月～ 1月	〃	180匁	少々増	180匁

（文政６年為御登御産物江戸浦賀銚子規定写／小笠原家文書。御産物方雑用手控や御産物御用手控も参考）

再願するという書式になっている。例えば、大豆などの穀物類については、問屋は、夏は一〇〇石につき四両三歩、冬は四両四歩と願い出たのに対して、藩は、夏は四両、冬は四両二歩と申し渡している。しかし、問屋は、従来は「元船持之持方」にて江戸納めしていたのに、今度は「高瀬船之持」となるのであるから、少なくとも夏は四両二歩、冬は四両三歩二朱は必要であると、再度願い出ている。藩の最終的な運賃額は記されていないが、恐らく再願通りに決まったものと思われる。

弘化四年（一八四七）八月銚子へ入津した明徳丸の例を見ると、明徳丸は、八戸から大豆（白黒合）一，四四〇俵、布海苔《ふのり》四九俵、〆粕九〇〇俵、魚油二〇〇樽、鉏《そ》一三四箇、相板二四箇、下駄木取一〇箇の、およそ一，二〇〇石目余を積んできた（御産物方雑用手控）。この船の積荷は銚子に下ろされ、ここから高瀬船で江戸廻りされた。

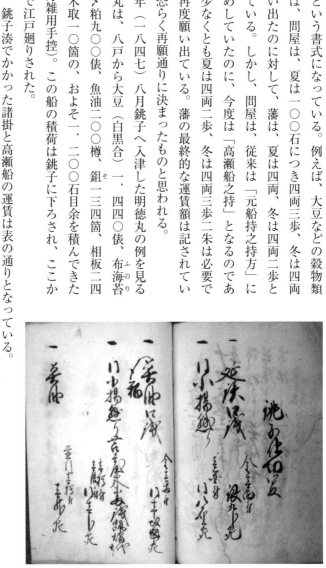

この時、銚子湊でかかった諸掛と高瀬船の運賃は表の通りとなっている。これによると、川岸揚げ苫台木《とまだいぎ》代、番銭、蝋燭《ろうそく》代、小揚げ掛代を含んだ問屋の総諸掛は二両、銚子より江戸までの高瀬船の総運賃は六六両余となっている。高瀬船の運賃は、文政九年時と比べると、穀物において一両余、〆粕において一〇匁ほど、魚油において三〇匁ほどそれぞれ単価が上がっていた。

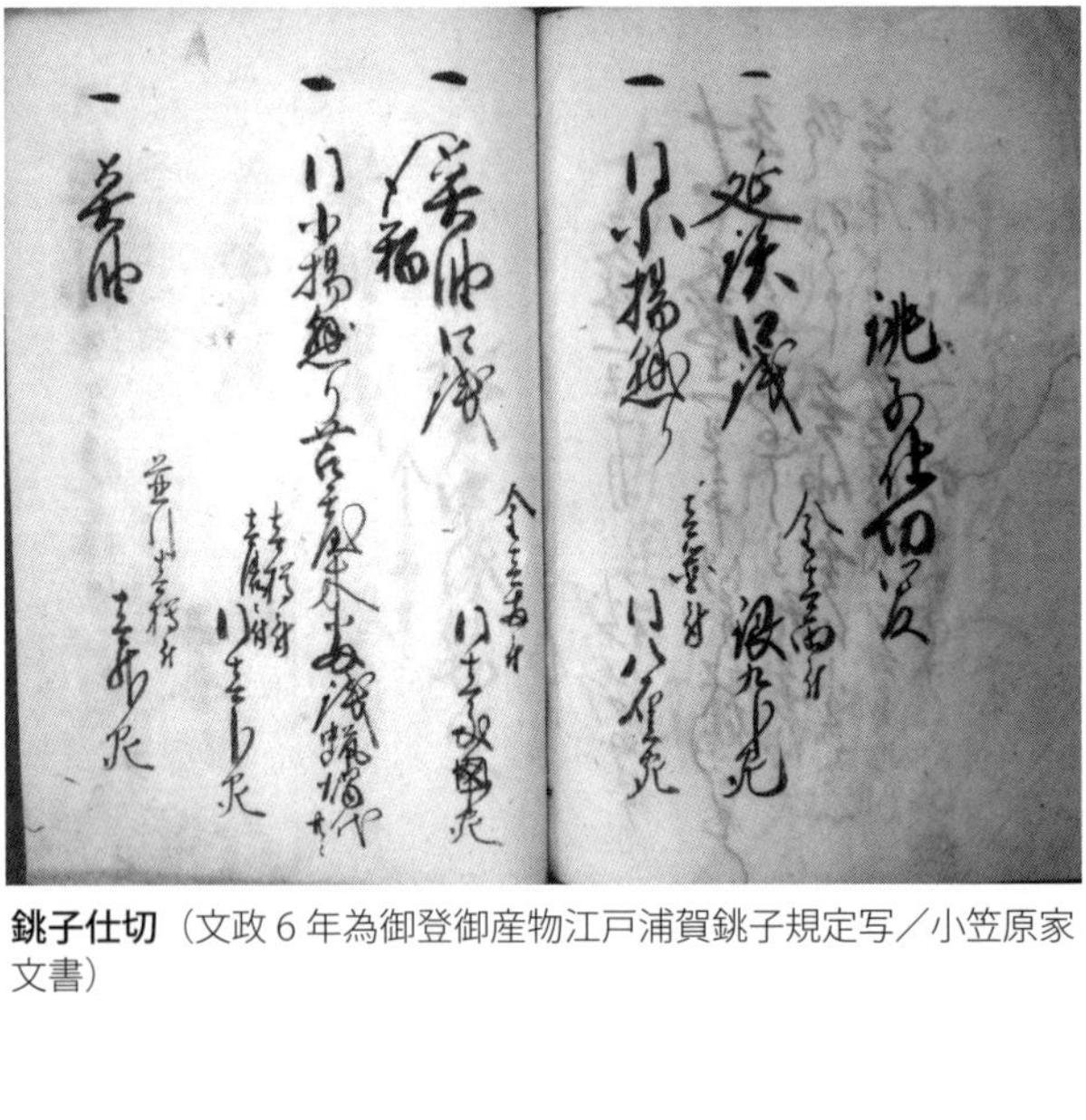
銚子仕切（文政６年為御登御産物江戸浦賀銚子規定写／小笠原家文書）

それでは、高瀬船で利根川経由で江戸へ荷物を送った場合と、廻船で江戸直航した場合とでは、どちらが運賃面で

弘化4年明徳丸積荷の銚子湊での諸掛

諸　掛	積　荷	積荷俵数	諸掛の単価	備　　考
238匁9分	大豆（白黒）	1,440俵	1俵につき銀1分	川岸揚げ苫台木代、番銭、蝋燭代、小揚げ掛代を含む
	布海苔	49俵	〃	
	〆粕	900俵	〃	
30匁	魚油	200樽	1樽につき銀1分5厘	
10匁7分2厘	鉏	134箇	1箇につき銀8分	
2匁7分2厘	相板	24箇	〃	
	下駄木取	10箇	〃	
計2両		石高 約1,200石		

（天保12年御産物方雑用手控／小山田家文書）

明徳丸積荷の高瀬船の運賃

運　賃	積　荷	積荷俵数	積荷石数	運賃の単価
38両3分ト9匁7分5厘	大豆	1,415俵 （1,440の誤りカ）	707石5斗	100石につき5両2分
1両1分ト11匁7分8厘	布海苔	49俵	17石1斗5升	100石につき5両1分
	相板	24箇	6石4斗	〃
	下駄木取	10箇	4石	〃
1歩	碇	2頭		
2両ト6匁3分1厘	鉏	134箇	40石1斗	100石につき5両1分
16両2分	〆粕	900俵		100俵につき110匁
7両	魚油	200樽		100樽につき210匁
計66両ト12匁8分4厘				

（同上）

八戸からの廻船の運賃

産物名	行き先	運　賃 （100石につき）	備　　考
穀物、諸材木、鉄類、その外	銚子、中ノ湊、平潟、相馬 江戸	14両 17両	
〆粕	銚子、中ノ湊、平潟、相馬 江戸	17両2分 21両	3俵1石積
魚油	銚子、中ノ湊、平潟、相馬 江戸	14両2分 19両	2挺1石積 （1挺＝1樽）
簀干鰯	江戸	21両	8俵1石
土干鰯　40石	江戸	21両	
干鯣 200箇	銚子	17両2分	400枚入6箇1石

（同上）

有利であったろうか。

　天保一二年御産物方雑用手控によって、八戸より銚子と江戸までの運賃を示すと前の表（「八戸からの廻船の運賃」）通りである。

　例えば、穀物・諸材木・鉄類は、一〇〇石につき銚子までは一四両、江戸までは一七両となっている。江戸直航運賃は銚子までと比べると二割増ぐらい高くなっていることになる。しかし、銚子より高瀬船を利用すると、銚子までの運賃に、夏では四両二歩を加えることとなり、結局は銚子発—高瀬船利用—江戸着は一八両余となり、江戸直航と比べて一両余も高くなる。しかも、高瀬船の場合は、銚子入津の際には、荷物の陸揚げ賃、蔵敷賃、蔵出入賃などという川船積み替え費用や問屋口銭《こうせん》の仲介手数料などがさらに必要となったので、実際はこれ以上に経費は高くなった。

　従って、運賃経費を見る限りでは、高瀬船利用よりは、江戸直航の海上輸送の方が有利であったといえよう。

　ちなみに奥州荒浜より「外海江戸廻り」と「銚子入り・内川江戸廻り」の運賃を比べてみると（元文五年「享保集成絲綸録」、『古事類苑』政治部所載）、米一〇〇石につき、春は前者が一五両、後者が一七両、冬は前者が一五両二分、後者が一七両三分となっており、「銚子入り・内川江戸廻り」の方がやはり二両余高くなっている。

　また先に見た寛政元年の青森湊の「東海廻御雇船御受負証文」にも銚子入

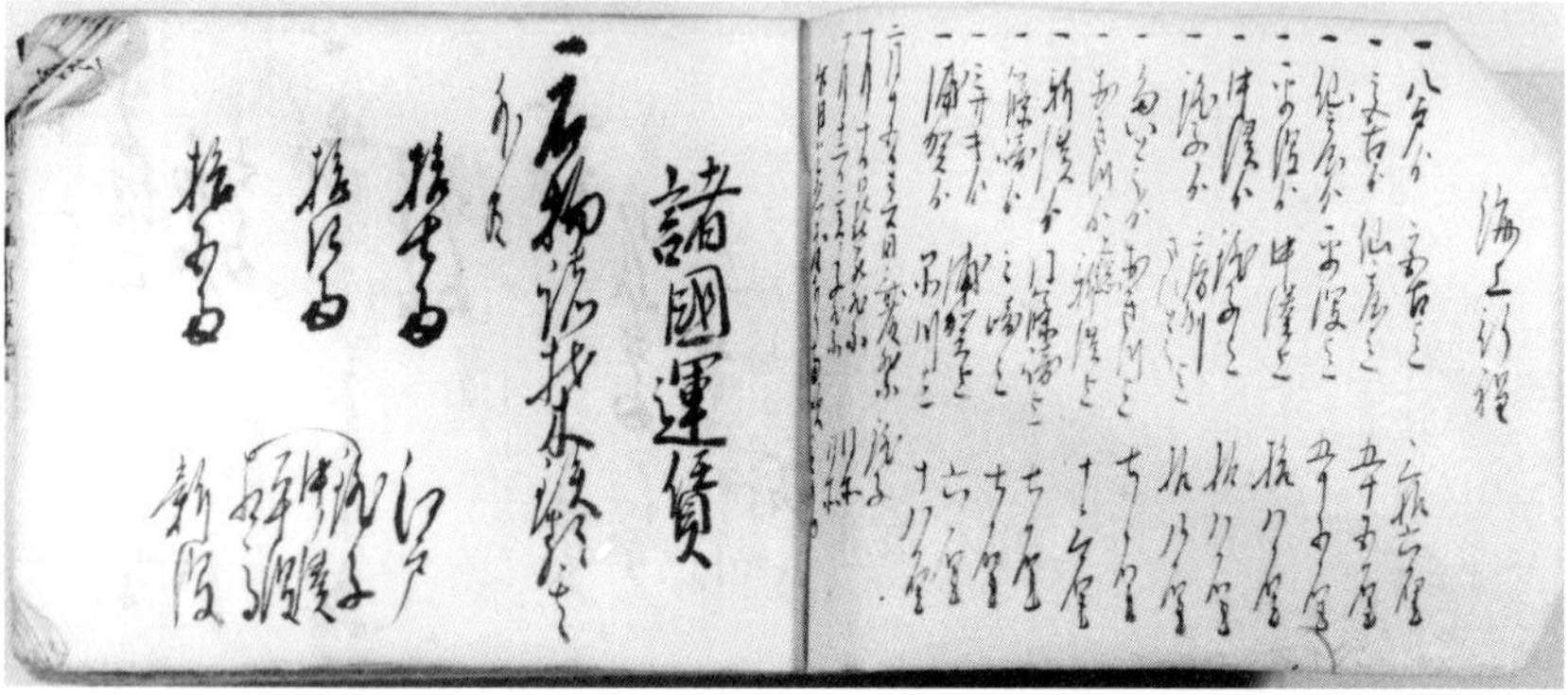

諸国運賃（天保 12 年御産物方雑用手控／小山田家文書）

りの運賃が高いことを示す条文がある。これには銚子から川船にて江戸へ米を上納しても「増運賃」は認めないとの一項があり、この証文が銚子入りを「自然難風」以外に認めない理由は川船利用による運賃経費の高騰をおさえるためであったと考えられる。

このように江戸直航が安く上がるのであるが、江戸直航の問題点は、確実に江戸へ入津する保証がないことである。房総沖の海上模様によっては、相当の日数がかかり、果ては遭難の事態を生じたので、期日に間に合わせなければならない荷物ほど不利にならざるを得なかった。

これに対して、利根川経由の「内川廻り」の場合には、運賃や経費が割高であり、荷物の積み替えの繁雑さはあったが、風待ちなどによる不安定要素がなく、短期間に確実に江戸へ荷物を運ぶことができたのである。

5　産物相場による利根川廻り

江戸航路の廻船が銚子入りの「内川廻り」をとるか、それとも江戸直航の「外海廻り」をとるかは、運賃経費の高低や運送日数の長短によって決められたのではない。先に見たように、少なくとも江戸時代後期の文政年間以降は、江戸直航を目指して八戸を出帆したのであり、風模様よんどころない場合に限って銚子へ入津し、ここから利根川経由の「内川廻り」ルートを利用したのであった。

しかし、銚子入り・利根川廻りは、このような風模様という自然条件だけによって決まったわけではなかった。輸送産物の販路先の相場によっては、銚子入りの方がよい場合もあったし、直接江戸へ向かった方がよい場合もあったはずである。

文政二年（一八一九）六月御産物御用掛勤方心得（御産物方雑用手控）に、次のようにある。

一米大豆黒豆小豆蕎麦小麦布海苔〆粕魚油簀干鰯鉄鉏水油其外御在所産物直段承知書付置、御便之度々御在所
御調役所江差下可申候事
一浦賀并関宿相場兼て致吟味置、浦賀揚銚子揚手筈御在所江可申遣事　但相場次第、其場所へ仕向宜品有之筋
候間、此品積入此場所江遣可申と申義可申遣置候事

これには御在所の産物はよく値段を調べておくこと、浦賀と関宿の相場はかねてより吟味し、相場しだいでは浦賀揚げか銚子揚げかを決めて産物を積み送りすること、と記されている。要するに、浦賀と関宿の相場によって浦賀揚げとするか、銚子揚げとするか決めるというものであった。

この史料には関連資料がなく、流通のメカニズムの細部までは分からないが、浦賀は、江戸へ入津する廻船が必ず寄港しなければならない浦番所の所在地であり、ここの相場が江戸相場と密接な関連を有していた。また関宿は利根川と江戸川との分岐点に位置する川運の要地であり、ここから江戸、ないしは北関東へ中継輸送されていたので、この相場も産物の販売には重要な目安となっていた。

従って、関宿の相場が高ければ、廻船は銚子へ入津してここで産物を売却することになり、利根川水運を利用して関東各地へ運んだのである。特に、関宿には、八戸藩の〆粕・干鰯などを取り扱っていた商人として喜多村藤蔵がおり、彼の手を経て産物が広く流通販売されていった。

天保一四年（一八四三）七月に銚子湊へ入津した金喜丸は、積荷のうちの大豆・〆粕・魚油を江戸相場より高いためとして銚子払いをしているのは、このことを例証するものである（天保一四年遠山家江戸勤番日記）。

このように産物相場の高低とそれが販売されていく販路先の需要によっては、銚子を起点とする利根川水運は大いに利用されていたのである。

第五節　江戸入津船の動向と産物の売却

1　天保の江戸入津船の動向

先に八戸湊の産物輸送の動向は、藩政改革を契機に、従来の他国船の御雇船依存体制から、地元船の御前金船《おまえきんぶね》へと大きく転換していったということを述べた。ここでは、この指摘を踏まえて上り廻船を迎える江戸側の史料から、八戸の産物輸送船の具体的活動を見てみよう。

次の二つの表は、天保一二年から一五年（弘化元年、一八四四）までの時期に、江戸へ入津した廻船の動向について、遠山家江戸勤番日記によって整理したものである。この時期は、ちょうど遠山屯が江戸屋敷において「御産物取締」に就いていた時期であったので、産物輸送の動きが克明に書き記されている。

次頁の表は天保一二年四月二七日から一三年五月二一日までの約一三ヵ月、その次の頁の表は同一四年七月八日から一五年四月三日の約一〇ヵ月（閏月あり）の記録である。

さらに天保一二年から一三年の廻船航海数の表を見ると、この期間の江戸への総入津数は二七艘で、このうち御雇船は一五艘、御手船は一二艘となっている（このほか途中破船の御雇船二艘あり）。ここで御手船というのは同四年（一八三三）や嘉永五年（一八五二）の鮫御役所日記などにある御前金船のことである。

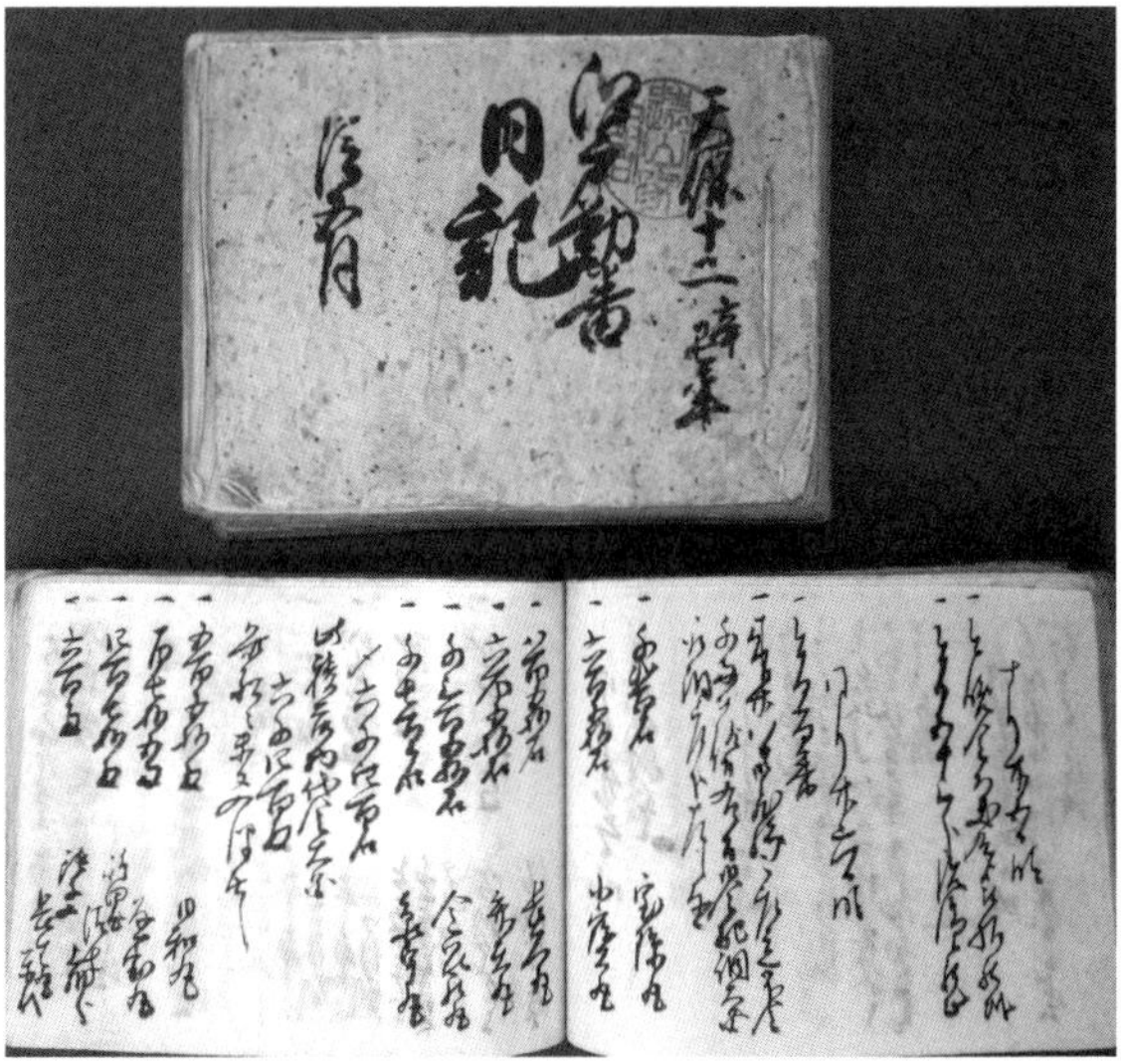

天保 12・14 年遠山家江戸勤番日記（遠山家文書）

天保 12〜13 年江戸入津船

入津月日	船の形態	船　名	積石数	出帆地	積　　　荷
天保12年 6月 7日	御手船	虎一丸	1,200	八　戸	大豆、黒大豆、鉏、海苔、大碇、御吟味所荷物
6月18日	御手船	長久丸	850	八　戸	大豆、黒大豆
6月21日	御手船	小宝丸	650	八　戸	大豆、黒大豆
6月23日	御雇船	勇勢丸	900	八　戸	大豆、〆粕、碇
6月27日	御雇船	明吉丸	―	八　戸	大豆、黒大豆、〆粕、魚油、碇
―	御手船	亀彦丸	250	八　戸	大豆、黒大豆、茶大豆、〆粕
6月 8日 銚子入津	御雇船	宝吉丸	―	久　慈	大豆、挽割物、細鉏
7月 9日	御雇船	盤久丸	900	石　巻	志和米
7月11日	在所御雇船	松徳丸	350	八　戸	〆粕、中細鉏、大豆
7月16日	御雇船	天龍丸	1,000	八　戸	大豆、黒大豆、〆粕、魚油、中細鉏、碇
― 銚子入津	御手船	寿永丸	250	久　慈	大豆
― 銚子入津	御手船	永徳丸	―	久　慈	大豆、鉏
8月20日	御雇船	勇勢丸	900	八　戸	大豆、〆粕、魚油、中細鉏、碇
8月22日	御雇船	長勢丸	800	八　戸	大豆、黒大豆、〆粕、魚油、中細鉏、布海苔、松板、碇
8月24日	御雇船	栄吉丸	1,050	八　戸	大豆、黒大豆、白黒交大豆、茶大豆、〆粕、魚油、中細鉏、 御吟味所御用味噌、松鋪居、同原木、同敷居、碇
8月25日	御雇船	豊栄丸	1,000	八　戸	大豆、黒大豆、白黒交大豆、〆粕、魚油、布海苔、中細鉏、碇、 松板、味噌
8月29日	御雇船	順風丸	1,000	八　戸	大豆、黒大豆、〆粕、魚油、中細鉏、碇
9月 9日	御手船	小宝丸	650	八　戸	八戸大豆、久慈大豆、八戸黒豆、八戸白黒交、叺大豆、 八戸〆粕、久慈〆粕、魚油、中細鉏、碇
9月10日	御手船	長久丸	850	八　戸	八戸大豆、久慈大豆、白黒交大豆、黒大豆、八戸鰯〆粕、 久慈魚油、碇
10月15日	御雇船	伊吹丸	950	八　戸	大豆、黒大豆、〆粕、魚油、中細鉏、荒鉏、松、叺大豆、松板、 和薬種、味噌、起炭、碇
10月20日	御雇船	明吉丸	―	八　戸	〆粕、白粕、魚油、中細鉏、松、御吟味所御用味噌、碇
11月12日	御手船	虎一丸	1,200	八　戸	大豆、黒大豆、白黒交大豆、〆粕、魚油、中細鉏、松、松板、 松敷居、くり玉、和薬種、碇、御吟味所御用松、起炭
11月19日	御手船	万歳丸	1,200	八　戸	〆粕、中細鉏、簀干鰯、御吟味所御用味噌、起炭、醽、和薬種
〃	御雇船	勇勢丸	900	八　戸	大豆、〆粕、中細鉏、簀干鰯、碇
12月25日	御手船	長久丸	850	八　戸	大豆、黒豆、〆粕、骨粕、中細鉏、小羽木
天保13年 1月 2日	御手船	小宝丸	650	八　戸	大豆、〆粕、中細鉏、土干鰯、鰈粕、蟹粕、骨粕、碇、 御吟味所起炭、筵包
4月14日	御手船	小宝丸	650	八　戸	大豆、黒大豆、〆粕、骨粕、中細鉏、御吟味所御用味噌、杉角、 杉、碇
〃	御雇船	勇勢丸	900	八　戸	大豆、中細鉏、桐、栗、碇
4月26日	御手船	万歳丸	1,200	八　戸	大豆、黒大豆、布海苔、御吟味所御用杉、中細鉏、骨粕、碇
〃	御雇船	明王丸	―	石　巻	志和米、中細鉏、荒鉏
5月10日	御雇船	長勢丸	800	石　巻	志和米

（天保 12 年遠山家江戸勤番日記／遠山家文書）

天保14〜15年江戸入津船

入津月日	船の形態	船　名	積石数	出帆地	積　　　荷
天保14年 —	御手船	亀甲丸	—	八　戸	大豆
〃	御手船	長久丸	—	八　戸	大豆
— 銚子入津	御雇船	金喜丸	—	八　戸	大豆、〆粕、魚油、鉏
7月29日	御雇船	栄徳丸 (徳栄)	—	石　巻	志和米
—	御雇船	千歳丸	—	八　戸	〆粕
8月 1日	御手船	宝珠丸	—	八　戸	大豆、黒大豆、白黒交大豆、〆粕、布海苔、中細鉏
〃	御雇船	幸栄丸	—	石　巻	志和米
8月 2日	御雇船	清徳丸	—	八　戸	大豆、黒大豆、〆粕、中細鉏、御吟味所御用起炭
〃	御雇船	住栄丸	—	八　戸	大豆、黒大豆、白黒交大豆、〆粕、中細鉏、布海苔、 御吟味所御用井戸網、栗角
〃	御雇船	栄寿丸	—	八　戸	大豆、〆粕、中細鉏、布海苔、魚油、御吟味所御用起炭
〃	御雇船	歓世丸	—	久　慈	大豆、布海苔、中細鉏
8月18日	御雇船	金毘羅丸	—	八　戸	大豆、黒大豆、〆粕、魚油、中細鉏、布海苔、御吟味所御用栗、 同丸太、同松貫、杉芝、起炭
8月26日	御手船	長久丸	—	八　戸	大〆粕、魚油、中細鉏、松敷居、御吟味所御用松芝
8月30日 銚子入津	御手船	亀甲丸	—	八　戸	〆粕、魚油、中細鉏、味噌、楷角
9月 3日	御雇船	長生(勢)丸	—	八　戸	〆粕、魚油、中細鉏、御吟味所御用起炭
9月10日	御雇船	金喜丸	—	久　慈	大豆、〆粕、魚油
閏9月26日	御雇船	住栄丸	—	八　戸	〆粕、魚油、中細鉏、御吟味所御用起炭
10月 7日	御雇船	正一丸	—	石　巻	志和米
10月11日	御手船	万歳丸	—	八　戸	大豆、黒大豆、〆粕、魚油、簀干鰯、中細鉏、 御吟味所御用志和表、樽物、起炭
10月27日	御手船	宝珠丸	—	八　戸	大豆、〆粕、黒大豆、魚油、味噌、菰苞、志和表無縁、 筵包釘箱入、同椀入箱、同樽物
11月 6日	御手船	小宝丸	—	八　戸	大豆、黒大豆、〆粕、魚油、簀干鰯、御吟味所御用起炭
— 銚子入津	御雇船	長生丸	—	石　巻	志和米
11月17日	御雇船	弁天丸	—	八　戸	〆粕、魚油、中細鉏、御吟味所御用起炭
12月 2日	御手船	長久丸	—	八　戸	〆粕、魚油、大豆
12月 4日	御雇船	金毘羅丸	—	八　戸	大豆、黒大豆、〆粕、魚油、土干鰯、骨粕、御吟味所御用起炭、 井戸網、筵包物、桐丸
天保15年 1月22日	御手船	亀甲丸	—	八　戸	大豆、黒豆、〆粕、魚油、中細鉏
3月 6日	御手船	万歳丸	—	八　戸	大豆、黒大豆、〆粕、中細鉏
3月24日	御手船	小宝丸	—	八　戸	大豆、黒大豆、〆粕、中細鉏、御吟味所御用筵包箱物、味噌
4月 1日	御手船	長久丸	—	八　戸	大豆、〆粕、魚油、御吟味所御用味噌、同筵包、松敷居
〃	御手船	宝珠丸	—	八　戸	大豆、黒大豆、〆粕、魚油、松敷居、御用筵包箱物、 同七島包箱物
〃	御雇船	勇勢丸	—	八　戸	大豆、黒大豆、〆粕、御吟味所御用味噌、同起炭

（天保14年遠山家江戸勤番日記／遠山家文書）

記載のある入津船に限って、その積石数と船籍を見れば、御雇船の積石数は、平均八八三石積、在所雇いの御雇船の三五〇石を除くと、九五〇石積となり、一，〇〇〇石クラスの廻船規模である。一方、御手船の積石数は、多少ばらつきがあるが、江戸入津船の五艘平均で八三〇石積、銚子入津船二艘のうち、一艘が二五〇石となっている。御手船に比して御雇船の規模は若干大きかった。

試みに、この廻船規模を幕府の米を輸送している城米船と比較してみると、天保六年（一八三五）から弘化四年までの酒田から江戸への城米船の積石数は、平均一，四〇〇石余となっており（上村雅洋『近世日本海運史の研究』）、江戸入津船はこれをかなり下回る積石数となっている。米を運ぶ城米船が大型の廻船が求められているのに対して、八戸の廻船が小規模な理由は、米でない産物を輸送しているという積荷形態の違いによるものであった。

天保 12～13 年廻船の航海数

船の形態	航路	航海数	江戸入津数	合計航海数	破船数
御雇船	八戸 ～ 江戸	12	15	16	2
	石巻 ～ 江戸	3			
	久慈 ～ 銚子	1			
御手船	八戸 ～ 江戸	12	12	14	
	久慈 ～ 銚子	2			
計			27	30	2

（天保 12 年遠山家江戸勤番日記／遠山家文書）

天保 14～15 年廻船の航海数

船の形態	航路	航海数	江戸入津数	合計航海数	破船数
御雇船	八戸 ～ 江戸	10	15	17	
	久慈 ～ 江戸	2			
	石巻 ～ 江戸	3			
	八戸 ～ 銚子	1			
	石巻 ～ 銚子	1			
御手船	八戸 ～ 江戸	13	13	14	
	八戸 ～ 銚子	1			
計			28	31	

（天保 14 年遠山家江戸勤番日記／遠山家文書）

船籍では、御手船はすべて八戸船籍であるのに対して、御雇船は江戸三艘、遠州四艘（このうち掛塚二艘）となっている。御雇船の船籍は記載のない廻船を含めても、恐らく江戸、ないしは遠州廻りの船が多かったと推測される。

次に、天保一四年から一五年の廻船航海数の表を見よう。

この年は前表に比べて記録月数が少ないが、廻船の江戸入津数は二八艘、御雇船と御手船の割合は御雇船一五艘、御手船一三艘となっており、入津数とその割合はほぼ前表と同一となっている。積石数と船籍は、記載がないことが多いためはっきりはしないが、天保一二～一三年時とあまり変化がないと思われる。

要するに、天保一二～一三年と一四～一五年における江戸入津船の動向は、同四年の八戸湊入津船（第二章第一節1の「天保四年の大型入津船」参照）と同様に、御雇船と御手船＝御前金船の二つの廻船形態が主力を占め、産物輸送の骨格を形成していたことになる。

2　御雇船と御手船の運航の特徴

（1）御雇船の航海

天保一二年と一四年の遠山家江戸勤番日記によれば、御雇船の就航回数は、一二～一三年は一八艘（破船含む）、一四～一五年は一七艘であった。同一廻船の航海数は、前者では、勇勢丸四回、明吉丸・長勢（生）丸二回を除くと、残り一〇艘はすべて江戸―八戸間を一航海だけ就航している。後者では、金喜丸・住栄丸・金毘羅丸・長生丸の各二回を除外すると、残り九艘は一航海となっている。

勇勢丸の四回は際立っているが、これは船主の丸屋重蔵が天保一一年（一八四〇）まで八戸藩の江戸蔵元を務めた関係から、「御手船同様」船（天保一五年三月一三日条遠山家江戸勤番日記）として就航していたことによる。その他二回航海している廻船は、江戸―八戸間は一航海限りであり、ほかは石巻までの比較的短距離航路に従事していることとが多い。従って、二航海以上の廻船があったとしても、御雇船の江戸―八戸間の航海は、一航海雇用が原則とされていたとみなされる。

御雇船の調達にあたっては、天保一二年七月一一日入津船の松徳丸のように在所八戸で雇い上げられることもあったが、普通には、江戸の廻船問屋によって差配調達された。同年の遠山家江戸勤番日記では、房州屋が七艘、名前不明問屋が三艘、尼屋忠兵衛が一艘、板倉伊三郎が一艘（ほかに不明一艘）周旋している。

廻船問屋より廻船見分《みわけ》の連絡があると、御産物取締方の遠山が廻船問屋や蔵元を引き連れて船体の見分を行い、雇い付けを決めることになる（見分の手順は文政二年六月「御産物御用掛勤方心得」に掲載、御産物方雑用手控所載）。雇い付けにおいては、「遠州掛塚船之義ハ年々相雇、手船も等敷《ひとしき》事故・・・何時も荷物有之節相雇候事故、脇方雇付相断候ても、此方江雇付相成候様可致候事」（天保一四年七月二一日条遠山家江戸勤番日記）として、積極的に遠州掛塚（静岡県磐田市）船を雇い上げることを奨励している。

御雇船の運賃については、前金制度があり、文政二年六月の「御産物御用掛勤方心得」に、「前運賃之義ハ四ヶ一・三ヶ一之割ヲ以相渡可申候」とあって、分割払いが原則とされていた。

天保末年（〜一八四三）頃の御産物御用手控によれば、「御雇船前金渡後、破船致候得は御損払ニ相成候」、「御雇船前金千石積五拾五両仮渡候事、御在所ニて八弐拾五両渡候事」とあることから、江戸三分の二、国元八戸三分の一払いであった。一般に運賃は遠隔地輸送であればあるほど、難破の危険もあり、高くなるのが普通である。

八戸の御雇船においては、前金として江戸で三分の二支払うことになっており、盛岡藩や仙台藩の二分の一払い（『大槌町史』上巻、『塩釜市史』Ⅴ資料篇）と比べて船主は有利であったし、破船の場合は藩の損払いという特約もあったから、雇用条件としては御雇船主側に断然有利であった。

実際、国吉丸（一，二〇〇石積、天屋忠兵衛持船）の雇い付けにあたっては、前金一二一〇両のうち、三分の二の八

○両は江戸渡し、残り三分の一の四〇両は在所渡しという約束が取り交わされていた（天保一四年一二月二六日条遠山家江戸勤番日記）。

（２）御手船の航海と御前金船

御手船の航海数は、銚子入津を除くと、遠山家江戸勤番日記では、天保一二年には、小宝丸四回、長久丸三回、虎一丸・万歳丸各二回、小規模船の亀彦丸一回、計一二回となっており、同一四年には、長久丸四回、宝珠丸三回、亀甲丸・万歳丸・小宝丸各二回、計一三回となっている。つまり、御手船は年間を通して運航しているのが特徴で、御雇船のように一航海限りの雇用運航とは基本的に異なっていた。

この御手船は、天保四年や嘉永四年（一八五一）の鮫御役所日記によれば、御前金船と称している船であり、御手船と御前金船はほぼ同一義に使われる船であった。

御前金船が御手船と呼ばれる理由については先に述べたが、領内の小規

天保５年頃の八戸藩所有の御手船一覧

船　名	積石数	船　頭	備　考
鶴栄丸	１，２００	万　吉	天保２年
万寿丸	１，０００	仁兵衛	天保５年
勢至丸	８００	松五郎	天保２年
巡徳丸	７５０	千　松	天保２年
松盛丸	７００	徳　蔵	天保２年
小宝丸	４００	―	文政13年
亀甲丸	３５０	吉十郎	文政13年
雛鶴丸	２５０	徳　松	文政13年

（天保末年頃御産物御用手控／遠山家文書）

御産物御用手控（遠山家文書）

模船が藩から船の購入費や修理建造費を給与されて、「御手船同様船」となっていることから、江戸航路に就航していた大規模船もこのような補助金給与の形で藩の廻船組織に編成されたものであったろう。

しかし、御前金船の成立事情はどうであれ、藩の船手支配に組み込まれて、御手船と同様に年間を通じて航海し、江戸―八戸間を往復して八戸の産物を輸送している点は、地元廻船の成長として注目されるものである。

天保五年（一八三四）頃の八戸藩の御手船の所有状況は、前表のように八艘あった（御産物御用手控）。ただ「天保11年3月改め八戸藩所有船一覧」（第二章、69頁）の御手船と船名が相違しているので、注意が必要である。

御手船は航海数に応じて褒賞制度があり、年間「江戸登三度、銚子登四度」すれば、その後の航海の運賃は船頭に給与されることになっており、御手船の乗員の給金も目的地によって異なり、遠距離ほど高く支払われていた。船頭は水主の倍、三役・船頭は給金のほかに御手当金が別途支給された。従って、御手船の給与制度は、航海数が多いほど、出帆先が遠距離であればあるほど、高待遇される仕組みとなっており、産物輸送の回転率を高める施策が取られていたといえる。

ちなみに御手船の積荷の送状を参考のために掲げると、次のようになる。

　　勢至丸　沖船頭松五郎乗送状之事

一大豆　　四百七拾八俵

　内　上井印四拾六俵　廻し方五斗弐升弐合入

　此石　弐拾四石壱升弐合

　　石〆何程

一黒大豆　弐拾弐俵

内　上卜印拾俵　廻し方五斗弐升七合
此石　五石弐斗七升
石〆何程
一〆拍　千三百四拾俵　廻し方四盃五合入
貫匁平均　拾四貫匁
一鰈粕　上印　十俵　同升入
貫匁平均　十壱貫五百匁　例石
一家釘　三拾箱
但壱箱　弐百本入
一中細鉏　弐百六拾七箇
但壱箇正味　拾弐貫匁入
御吟味所御用
一味噌　六拾樽
一碇　四頭
内　弐拾八貫五百匁　弐十六貫五百匁　弐十五貫五百匁　弐十五貫匁
〆
右之通当地御台所荷物積送候条其御地無事上着之砌濡沢手乱俵御改御受取候、上ニて運ちん金御渡可被成候、以上都て海上之儀は可為廻船御法候、仍て送状如件
天保六未年十月　奥州八戸荷物支配人

石橋徳右衛門
福田庄次右衛門
伴　久助
小笠原七右衛門
高崎延太夫

（天保末年頃御産物御用手控、遠山家文書）

高橋多助殿
正部家式右衛門殿

これは天保六年一〇月に勢至丸（八〇〇石積）が江戸へ出帆した際のもので、奥州八戸荷物支配人石橋徳右衛門が江戸役人宛に送状を送り、江戸到着後、運賃を支払うように依頼している。

3　江戸送りの産物と売却

（1）江戸送りの産物と取り扱い商人

江戸へ送られた産物は、天保一二年と一四年の遠山家江戸勤番日記を見ると、大豆、〆粕、簀干鰯《すほしか》、土干鰯《つちほしか》、魚油、海苔、鉏鉄、和薬種、材木、碇《いかり》、志和《しわ》米などから構成されていた。

この年の江戸移出の総量は分からないが、天保一五年正月の「壱番船御下方積り」でそのおおよそを知ることができる。

これによれば、大豆一万一，八三八石余（五六％）、漁物五，一一五石余（二四％）、鉏鉄一，七二七石余（八％）、志和米二，五九〇石余（一二％）、総石二万一，二七〇石となっている（天保一五年正月一七日条遠山家江戸勤番日記）。ここで漁物というのは干鰯・〆粕・魚油類のことである。産物の生産時期にもよろうが、大豆の占める割合が約六割と高い。次いで漁物、志和米、鉏鉄の順となる。

これらの産物のうち、志和米は八戸藩の飛地の志和郡四ヵ村（岩手県紫波町）から産出する米であった。北上川を下って石巻から積み出され、江戸藩邸の台所米と扶持米に充てられたので、これを除いた産物が八戸を代表する市場向け商品ということになる。

大豆は畑作地の多い八戸の特産として醤油の原料となって都市の消費需要を満たしたし、海に恵まれた八戸は魚物の生産を促した。特に、〆粕と魚油は生鰯《なまいわし》から一挙に二つの商品を生み出す効率的なものであり、〆粕そのものは農業用肥料として干鰯よりも施肥効果が高く、かつ、利潤率も高かった（『農稼肥培論』、『古事類苑』産業部所載）。また魚油も都市生活者の灯油としての需要が旺盛であった。このほか、一番船の積み出し量こそ少ないが、出雲産の鉄と並んで東西の双璧といわれた〝南部鉄〟の八戸産の鉏鉄もこの時期に江戸へ進出していた。

それでは、これらの産物を地域ごとに取り扱い問屋別に見てみよう。

鯨洲神社に奉納された千石船の碇＊＊（洋野町種市角浜）
和船の碇は四本爪であり、千石船はこの碇を５〜８頭も積載した。

天保一二年御産物方雑用手控と天保末年頃御産物御用手控によると、次の表のように整理できる。

江戸へは〆粕・干鰯・魚油・布海苔といった海産物、角材などの材木類、鉏鉄などの鉄材や釘・家釘・鎌・碇といった鉄製品、薬種、紫根《しこん》などが送られている。

江戸以外では、大体は八戸の特産である〆粕・干鰯などと鉄製品とが共通して送られていた。とりわけ浦賀では大消費地の江戸の後背地として家釘、銚子では江戸、ないし江戸近郊に発達した醤油の醸造業の原料としての大豆と御国酒（銚子からは江戸廻り行き）、中湊・相馬では鉏鉄などの鉄製品が目立っている。中でも相馬へは鉄製品のみの移出であり、この地域が関東北部の農

天保前期頃の江戸周辺の問屋商人と取り扱い産物

湊	問屋商人	産物名	備考
江戸	—	家釘、細鉏、中細銑(鉏)、水坐鉄、布苔、釘中大、巻頭延釘、鎌、碇	
	美濃屋　惣三郎	諸穀物類、延鉄類、布苔・外物、紫根	江戸蔵元
	湯浅屋与右衛門 栖原屋　久治郎	〆粕、干鰯、魚油、土干	銚子場の問屋
	秋田　富之助	〆粕、干鰯、魚油	元場(小松場)の問屋
	近江屋　茂兵衛	薬種	
	鹿島　源蔵	角類、材木類	
	大野屋五郎左衛門	角叉、笹波釘、荒鉏	
	石橋　嘉兵衛	鉄鉏類、家釘	
	田端屋治郎左衛門	木綿類	移入品
	槌屋四郎左衛門	絹布類	移入品
浦賀	宮原屋　清兵衛	家釘、鯣、銑、干鰯、〆粕、魚油、米、大豆、雑穀類、荒物	畑斧三郎、近藤改蔵の問屋あり
銚子	信太　清左衛門	御国酒、大豆、布苔、〆粕、板寸甫、鉏、魚油、簀干、干鯣、鮪片前、生丸鮪	
中湊	近藤　長四郎	中細、延鉄、荒鉏、〆粕、魚油、干鯣、生鮪、簀干鰯、塩出鰯	
相馬	渡辺　利八	鉏、鉄、荒鉏、中細	
平潟	武士(竹子)藤右衛門 鈴木　忠三郎		武士は中湊の近藤長四郎の出店
内浦(房州)	穀宿　鈴木金三郎		
下田	穀宿　草川治兵衛		

（天保 12 年御産物方雑用手控／小山田家文書、天保末年頃御産物御用手控／遠山家文書、文政 6 年為御登御産物江戸浦賀銚子規定写／小笠原家文書）

業用鉄製品の加工地としての地位を占めていたことが知られる。

江戸と周辺の各湊へ送られた産物を比べると、〆粕・干鰯などの海産物は共通するが、釘・家釘・材木類（銚子には材木あり）といったものは大都市江戸に特有なものであった。これらは江戸の町家などの建築に充てられた資材とみられ、年々膨張する大江戸の拡大に八戸の産物も一役買っていたことになる。

問屋ごとの産物の流通の仕方では、周辺の各湊の場合にはあらゆる産物を一手に引き受ける問屋がいたのに対して、江戸ではそれぞれの産物ごとに専業問屋がおり、ここを通して産物が流通していた。問屋商人と取り扱い産物との関係は、諸穀物類・延鉄《のべてつ》類・「布苔《ふのり》并外物」・紫根は藩の蔵元である美濃屋が取り扱い、干鰯・〆粕・魚油は湯浅屋与右衛門・栖原《すはら》屋久治郎と秋田富之助、材木類は鹿島源蔵、薬種類は近江屋茂兵衛、鉄鉏《てつそ》類・家釘は石橋嘉兵衛、碇は大野屋五郎左衛門、大豆は丸屋重蔵が取り扱っていた（御産物方雑用手控、御産物御用手控、および為御登御産物江戸浦賀銚子規定写）。

ちなみに浦賀以南では、大坂へも産物が移出されていた。文政一二年春より美濃屋安兵衛によって大豆・〆粕合わ

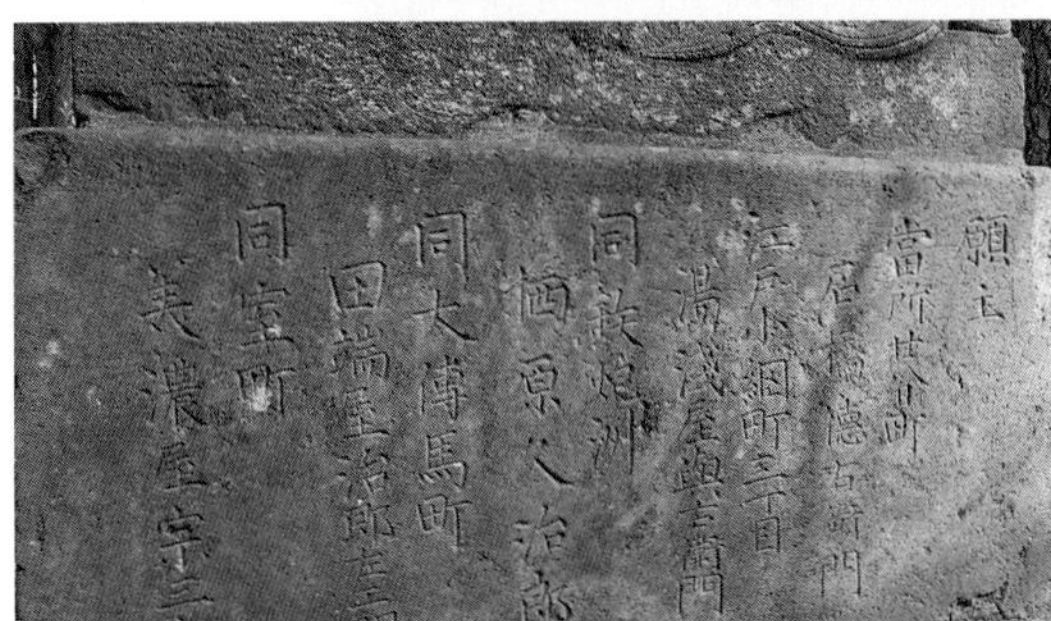

海上安全祈願の狛犬＊＊＊（八戸市長者山新羅神社）
文政11年6月に当所廿八日町石橋徳右衛門、江戸小網町湯浅屋與（与）右衛門・鉄砲洲栖原（屋）久治郎・大伝馬町田端屋治郎左衛門・室町美濃屋宗三郎が寄進したもの。同一の狛犬は龗神社にも所在する。

せて一万石に上る数量が大坂の問屋柳屋又八へ送られる約定となっていた（文政一一年一一月付大坂規定、御産物方雑用手控所載。後述「大坂への産物輸送」の項参照）。

（2）江戸での産物の売却

江戸での産物販売の拠点として、深川富岡町《とみおかちょう》に八戸藩の蔵屋敷が開設されたのは文政三年（一八二〇）のことである。同二年から藩政改革が始まったが、その産物輸送の増強に対処するために開設されたものであった。

一方、蔵物の販売を担当したのは江戸蔵元である。江戸蔵元は、藩政改革初期は不詳だが、天保初年（一八三〇～）には、江戸室町の美濃屋惣三郎、同五年には、同じく霊岸島《れいがんじま》の丸屋重蔵が就任していた。ところが、同一一年八月には、八戸の西町屋こと、石橋徳右衛門が任命された。実際の業務は、江戸在住の美濃屋嘉兵衛や石橋嘉兵衛などが代行したが、西町屋はすでに「御国産為御登御用支配人」で、かつ、「御船手支配人」であり、これに江戸蔵元が付け加わったことは、その業務が名目上であれ、生産―輸送―販売という全流通過程を掌握する

〆粕をつくっている光景（湊川口風景図／八戸南部家文書）
新井田川河口でイワシを釜で煮て、石を上げて絞り、〆粕を生産している様子が描かれている。

ことを意味した。この天保末年に至って八戸の産物販売は、一貫した流通体制を確立したことになる。

この時期、八戸の江戸販売網は、〆粕・干鰯・魚油の湯浅屋与右衛門・栖原屋久治郎・秋田富之助、鉄鉏類と家釘の石橋嘉兵衛・大野屋五郎左衛門、薬種の近江屋茂兵衛、材木類の鹿島源蔵、その他諸穀物類・布苔・紫根などは蔵元であったことは前項で述べた通りである。

産物の江戸での売却の様子は、天保一二年遠山家江戸勤番日記によれば、江戸品川沖に八戸からの廻船が入津すると、蔵元の石橋嘉兵衛は送状を持参して藩の御産物取締方である遠山へ報告することになっていた。積荷は蔵元の指図に従って蔵屋敷、または、取り組み先の問屋へ運ばれ、そこで荷揚げされて減石・濡沢手《ぬれさわて》（濡れ損じ）・乱俵などの検査が行われた（御産物御用掛勤方心得、御産物方雑用手控所載）。

天保一二年八月二〇日に入津した御雇船勇勢丸の積荷の動きを江戸勤番日記によって見ると、次の通りとなっている。

八月廿一日

一勇勢丸昨夜着船之旨嘉兵衛申出有之

右送状左之通

一大豆　　六百俵

内　三百九拾俵　五斗弐升壱合五夕

跡不残　　五斗弐升　廻方

此石　三百拾弐石五斗八升五合

一〆粕　　千三百五拾俵

貫目平均　拾三貫四百五拾目　廻方四盃四合入
一魚油　　弐百挺
一中細鉏　百六拾七箇
　此目形　弐千四貫目　壱箇正味拾弐貫目入
一碇　　弐頭
　内四拾九貫目　四拾六貫目
　八月廿三日
一勇勢丸大豆六百俵今日入札、嘉兵衛持参之処壱石弐斗壱升、佐た屋宇八実ハ嶋田屋之由、高札ニ付落札被仰付
一長勢丸昨夜入津之旨申出有之
　八月廿六日
一勇勢丸積〆粕千三百五拾俵魚油弐百挺今夕小松本場ニおひて市ニ付罷越候所、〆粕両ニ弐俵五分仕切魚油ハ拾挺ニ付拾三両掫引取右之段相伺候処、少々下値ニ相成候間明日銚子場市直段承候所ニて御払可被成旨、嘉兵衛江申達置候様御沙汰ニ付、右之通申付置候事
　八月廿七日
一長勢丸積〆粕千五俵魚油三百六拾挺銚子場ニて市〻ニ付相詰候処、〆粕弐俵五分仕切魚油拾挺ニ付拾三両直段是又引取相伺右之通御払被仰出、尤粕魚油共ニ三分一は田多屋江約定之通相渡候筈、昨日之本場掫之〆粕魚油共ニ御払被仰出申達

これによれば、勇勢丸は大豆六〇〇俵、〆粕一，三五〇俵、魚油二〇〇挺《ちょう》（樽）、中細鉏《こまそ》一六七箇、碇二頭を積んで江戸へ来た。積荷のうち大豆は、入津の三日後には、深川蔵屋敷において蔵元立ち会いの下で入札・開封されて佐た屋に落札された。〆粕・魚油は六日後の小松元場《もとば》の市立《いちだて》において振《せり》（競り）にかけられ、〆粕は一両につき二俵五分仕切、魚油は一〇挺につき一三両の振値がついた。しかし、少々下値のため、翌日の銚子場《ちょうしば》の相場を見ることにした。だが、銚子場の長勢丸の振値も元場と同じであったため、前日の値段で売却が決められた。恐らく元場の問屋関係から秋田富之助に落札されたものであろう。

このように蔵屋敷や干鰯場《ほしかば》において、蔵元の仲介を得ながら江戸での産物の販売・売却が行われていたのである。産物の種類ごとの売却の違いは、大豆と〆粕類は入札によって落札が決まるのに対して、鉏鉄と碇は入札が実施されていない。入札の行われていない鉏鉄などは問屋との直取引、つまり相対《あいたい》売りの方法で売却されていたものであろう。大豆や米と〆粕類の入札の違いは、前者は入札者不在のまま蔵屋敷で落札が決まったが、後者の場合は、干鰯場と称される市場で、仲買人が集まって振売りされた。

江戸の干鰯場は江川場《えがわば》、銚子場、元場（小松場《こまつば》）、永代場《えいたいば》の四場所からなり、それぞれ得意先や取引地域が決められていた。八戸藩の干鰯場は、永代場を除く、江川場、銚子場、元場の三場所であったが（為御登御産物江戸浦賀銚子規定写）、江戸勤番日記から見ると、銚子場と小松元（本）場の二場所であった。

どの入札でも落札者が大体固定する傾向があり、問屋そのものが落札者になることも珍しくなかった。天保一二年の〆粕の落札者は、銚子場では湯浅屋与右衛門、元場では秋田富之助が多く、魚油も同様であった。大豆の場合は、山屋喜八、湯浅屋、嶋田屋、久住庄助が多く、米は遠野屋儀兵衛、近江屋茂兵衛などであった。

いずれの取引でも、藩に借用金がある場合は貸主へ相対売りを行って相殺することがあり、入札しても借用金分は産物代金をもって充当されることがあった（天保一二年七月九日・天保一四年九月三日条遠山家江戸勤番日記）。

また先に見た勇勢丸の〆粕のように、相場が下値の場合は次の市立まで様子見が行われたり、場合によっては蔵入りして囲われる（貯蔵）こともあった。

なお米の売却については、江戸へ回漕されたものをすべて売り払うのではなく、台所米と扶持米は除かれて売却されていた。

次に天保一二年江戸勤番日記から主力商品である大豆、〆粕、魚油の売却値段について見よう。

天保一二年から一三年の平均売却値段は、一両につき、大豆は一石二斗二升一合、〆粕は二俵三分一厘、一〇挺につき、魚油は一五両一分となっている（三浦忠司「東廻り海運と八戸藩の産物輸送」参照）。

時期的な相場の変動を見ると、大豆は一一月から一月にかけて、魚油は一〇月から一一月にかけて高くなる傾向を持つ。〆粕は大体安定しているが、一一月に一時的に急騰をみたときがある。

普通、「鰯粕八二月より三月迄売所、赤魚粕は三月より四月迄」といわれ、「赤魚油八十一月より三月迄売物也。鱒油八三月より七月迄売物也」といわれているが（中南部より関東筋江為登方荷物売捌并諸割合覚書、前川家文書『大槌町史』上巻所載）、これと特に関連する値動きはないようである。わけても〆粕は、春先に需要が高まるはずであるが、これも変化はなく、天保一五年の一月から四月の相場を見ても目立った動きはない。

他国産の江戸売却値段については、史料の持ち合わせがないので判断できないが、他国産よりは八戸産のこれらの産物の値段は幾分安かったろうと思われる。遠隔地産というハンディを超えて、江戸で市場競争力を強めるためには、まず市場価格を安くせざるを得なかったはずである（八戸藩の鉄は出雲鉄や盛岡鉄より一割方安く販売）。

江戸での販売価格を低くし、しかも利潤を確保するためには、運送費を一定におさえ、地元での産物の買い上げ値段を思い切って切り下げる必要がある。

地元八戸での買い上げ値段を見ると、天保一一年九月では、大豆は一両につき二石一斗、同一二年では、〆粕・骨粕は一両につき七俵、魚粕は同一〇俵、土干鰯同一六俵、魚油は一挺につき一分二朱、布海苔は一〇貫匁につき一貫文などとなっていた（大豆は御調御用頭書、〆粕以下は御調御用頭書と御産物方雑用手控が典拠）。

これを八戸における払い（売却）値段で見ると、天保一一年九月では、大豆は一両につき一石六斗、同七年では、〆粕は一両につき二俵八分、魚油は一〇挺につき九両から九両二分となっている（御調御用頭書、御産物方雑用手控）。

下の表は八戸買い上げ値段、八戸払い値段、江戸払い値段の動きを見たものである。いずれも年月が異なるため単純比較は困難であるが、それにしても、八戸買い上げ値段に対して、大豆は約二倍、〆粕は三倍、魚油は四・六倍も高く江戸では売却されている。従って、〆粕・魚油についてはきわめて利潤率の高い産物であったことが理解されよう。

このような江戸での高価格販売を裏付けるものに「野沢螢」の記述がある。これには、「さても国産も既に五ヶ年も為登けるに、魚油粕も江戸仕切格段直《（値）》増にて、安買高売なれば御利潤も沢山有之」とあり、さらに、八戸では、粕は一両につき九俵、魚油は一丁につき一分（四分＝一両、一分＝四分の一両）で買い上げながら、江戸では、粕は三斗より三俵、魚油は一両二分より三両で売り、暴利をむさぼっていると記述されている。しかも、これに塩の専売利益を含めると、格別の利潤が上がったので、「御益金」と名付けたという。これは、産物の地元での安価買い上げ、中央での高価販売を如実に物語るものである。

天保後期、大豆・〆粕・魚油価格の動向

産物名	八戸買い上げ値段A	八戸払い値段B	江戸払い値段C	B上昇率	C上昇率
大　豆	2石1斗	1石6斗	1石1斗2升1合	1.3　A/B	1.9　A/C
〆　粕	7　俵	2俵8分	2俵3分1厘	2.5　A/B	3.0　A/C
魚　油	3両3分	9両2分	15両1分	2.8　B/A	4.6　C/A

（天保 12 年御産物方雑用手控／小山田家文書、天保 12 年御調御用頭書・天保 12 年遠山家江戸勤番日記／遠山家文書）
＊大豆・〆粕は 1 両につきの量、魚油は 10 挺につきの値段

またこれに加えて御益金を増幅したのは、預切手《あずかりきって》（藩札）による買い上げの強行である。預切手は天保一二年三月に回収されたが、これ以前には下落した預切手をもって産物を買い上げ（御産物方雑用手控に、同一一年まで一両につき切手三三貫文相場で買い上げたとある）、江戸で売却して正金を得たので利潤の創出は大きかった。いってみれば、このような地元での低価格買い上げという収奪の上に、江戸の販売価格体系が成立していたということができる。

ちなみにこのような産物輸送・産物販売仕法は八戸藩の財政をどのように潤したのであろうか。

天保一四年一〇月二六日条遠

天保 14 年御益金の金配調

	項　　目	内　訳	金　額（両）	備　　考
収入	積荷代金	宝珠丸	1,200	
		小宝丸	650	
		長久丸	850	
		弁天丸	650	
		金毘羅丸	1,350	
		亀甲丸	1,700	
		日和丸	550	未　納
		通宝丸	175	〃
	島田屋清七上納金		470	〃
	銚子入りの長生丸米代		600	〃
	御有合金		2,734 両 2 分 2 朱	
計			10,929 両 2 分 2 朱	
支出	11 月中日割		300	
	12 月中日割		2,500	
	近藤長四郎への返金		200	
	同利金		238	
	湯浅屋への返金		300	
	同利金		195	
	船の後渡し		670	
	来春の雇船前金		1,600	15,000 石分
	田端屋への木綿代		300	
	来春の日割		1,200	正月より 4 月まで
計			7,503 両	
差引			3,426 両 2 分 2 朱	うち 1,000 両囲金 1,000 両下金

（天保 14 年遠山家江戸勤番日記／遠山家文書）

山家江戸勤番日記によれば、その御益金の内容は表の通りとなっている。

収入は積荷代金などで一万九二九両余、支出は日割や御雇船前金など七，五〇三両、差し引き三，四二六両余が御益金であった。このうち一，〇〇〇両は「御囲金《おかこいきん》」として備蓄され、残りのうち一，〇〇〇両は国元へ「御下金」として送金された。御益金収入のうち、廻船の積荷代金が七割を占めており、これが御益金をつくっていたといってよい。

この結果、天保一四年一一月には、一万両の御囲金が生まれ、弘化二年（一八四五）六月には三万両、同四年一〇月には五万両の備蓄金が達成されている（天保一四年一一月二三日条遠山家江戸勤番日記、弘化二年六月一九日・弘化四年一〇月七日条八戸藩目付所日記）。この御囲金のすべては、産物仕法だけによったものではなかったろうが、藩政改革に伴う産物輸送と販売仕法の成果の一つとみなすことができよう。

（3）干鰯場における売買仕法

深川では、銚子方面で生産された干鰯を荷揚げして売買していたので、この場所を干鰯場と呼んでいた。深川の干鰯場は、江川場（旧和倉町《わぐらちょう》）、元場（旧小松町《こまつちょう》）、銚子場（旧深川海辺新田《うみべしんでん》）、永代場（旧西永代町《にしえいたいちょう》）の四場所があったが、八戸藩では、江川場、元場（小松場）、銚子場の三場所を売り払い場所と定めていた。これについて、為御登御産物江

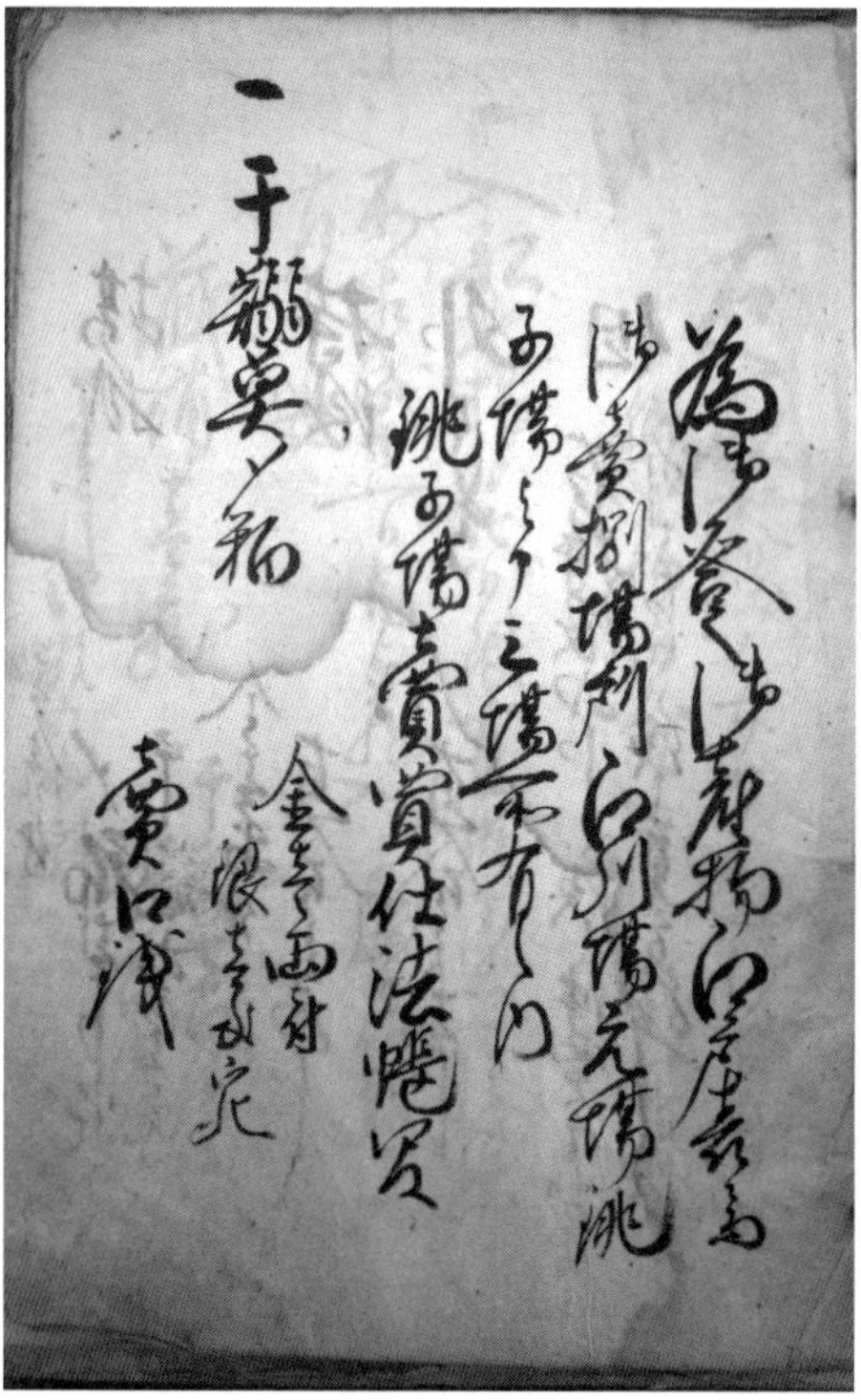

銚子場の売買仕法（文政６年為御登御産物江戸浦賀銚子規定写／小笠原家文書）
江戸深川における八戸産の干鰯類の売り捌き場所は、江川場、元場、銚子場の三場所があった。

戸浦賀銚子規定写は「為御登御産物江戸表ニて御売捌場所、江川場・元場・銚子場と申す三場所有之」と書き記しているが、遠山家江戸勤番日記では銚子場と小松元（本）場の二場所で売却することが多かった。

　これらの干鰯場は江戸時代は深川地内の水路に面した場所に所在し、干鰯の荷揚げにも、売却後の運送にも便利であった。八戸藩の蔵屋敷が所在する油堀《あぶらぼり》沿いの和倉町には江川場（現深川二丁目）があり、油堀の分水路沿いの旧小松町には元場（現佐賀一丁目・永代一丁目）、小名木川沿いの旧深川海辺新田には銚子場（現白河一丁目）、仙台堀の分水路沿いの西永代町には永代場（現佐賀二丁目）があった。

　干鰯場の成立は元禄八年（一六九五）といわれ、同一三年（一七〇〇）に銚子場が開設されて以来、取引量の増加に伴って翌年永代場、享保一五年（一七三〇）には江川場が誕生した（『江東区史』中巻）。

　天保一四年の遠山家江戸勤番日記によると、江戸へ八戸からの廻船が入津すると、早いと翌日、遅くとも四～五日ぐらいの間には、これらの干鰯場の市立において〆粕、魚油、干鰯が掫にかけられ、売却されている。

　例えば、閏九月二六日に入津した住栄丸は、〆粕・魚油・中細鉏・御吟味御用の起炭を積んできたが、このうち〆粕一，〇〇〇俵は三〇日に本（元）場の市立にて売却。一〇月三日には、残りの〆粕一，三二〇俵と魚油一四二挺は銚子場の市立で売り払っている。

文政９年銚子場の売買仕法

産物名	諸掛			
	売口銭	場掛	持銀	備考
干鰯	1両につき銀1匁	1俵につき6厘	1両につき値合にて2分	20日以内の払いの場合
〆粕	〃　銀1匁	〃　1分	〃　〃　2分	〃
魚油	〃　銀1匁5分	1樽につき1分	1樽につき5合	30日以内の払いの場合

産物名	諸掛			
	蔵敷	詰合	蔵出入	備考
干鰯	700俵詰(1ヵ月45匁)	1日100俵につき3分	1俵につき6厘	21日以降の払いの場合
〆粕	500俵詰（〃）	〃　4分	〃　8厘	〃
魚油	300樽詰（〃）	1日100樽につき7分	1樽につき1分	31日以降の払いの場合

（文政６年為御登御産物江戸浦賀銚子規定写／小笠原家文書）

干鰯場における売買仕法を見ると、文政九年二月の「銚子場売買仕法帳写」（文政六年為御登御産物江戸浦賀銚子規定写所載）によると、銚子場では表のような手数料（諸掛）が必要とされた。いずれも仲買人一同が干鰯場に集まり、「口号《こうごう》」（振のかけ声の意、銚子場売買仕法帳写所載）をもって売り捌《さば》き、高値段買い取りの者へ売り渡すことになっていた。銚子場の名称は、その名が示す通り銚子専用の荷揚げ場からきているといわれるが（『銚子市史』）、ここで八戸藩と取引していた「干鰯魚〆粕魚油問屋」は、湯浅屋

富岡八幡宮境内の永昌五社稲荷神社（旧和倉稲荷神社）の狛犬
宝暦 13 年に江川場売手中の湯浅屋、栖原屋、久住、水戸屋、橋本などの干鰯問屋が寄進したものである。

東京深川の富岡八幡宮

与右衛門と栖原屋久次郎の二軒であった。

湯浅屋や栖原屋は江戸でも有名な干鰯問屋であるが、文政二年の御主法替《おしゅほうがえ》の際には、橋本小四郎と水戸屋清右衛門も加わった四軒問屋であり、同九年から湯浅屋と栖原屋の二軒となった（銚子場売買仕法帳写）。また小松場の取引問屋は、北新堀町の秋田富之助であった（御産物方雑用手控）。

ところで、干鰯場で荷揚げされた〆粕や干鰯などは、問屋商人の手を介して関東一円、尾張などの東海方面、さらには、菱垣廻船や樽廻船に積み込まれて東海や大坂方面へと売り捌かれることになる。

北関東方面への売却については、関宿にいる八戸藩の取引商人たる喜多村藤蔵の手を経て流通販売されていた。江戸における喜多村への売却では、銚子場の相場が基準となって取引されており、天保七年四月には、〆粕は銚子場値段より一分高の仕切であり（御産物方雑用手控）、同一四年一二月の長久丸の積荷の場合は、〆粕は一分高、魚油は同一値段でそれぞれ売り渡されている（天保一四年一二月八日条遠山家江戸勤番日記）。この長久丸積荷の「関宿御払売仕切」の明細は、〆粕一，四七八俵は一両につき二俵三分什切、口銭金一両につき一匁五分、船賃一〇〇俵につき銀四〇匁、魚油一七一樽は一〇樽につき一二両二分仕切、口銭金一両につき一匁五分であった。

尾張名古屋や知多郡（愛知県）などの東海地方への販売は、尾州廻船（内海船《うつみぶね》）に積み込まれて伊勢津や名古屋方面に輸送されて売却されていた。名古屋の内田家の文久元年（一八六一）売買仕切帳によれば、内田は浦賀の宮原屋から「南部八戸〆粕」四八俵を代金四三両余、また江戸の栖原久三郎《（ママ）》からは「八戸粕」一〇〇俵を代金八四両で購入して、これを伊勢の津の住田屋に前者は四四両余で、後者は八六両余で売却している（『青森県史』資料編近世五）。

ほかにも内田は八戸大豆を江戸遠州屋から購入して伊勢白子（三重県鈴鹿市）や四日市に運んで売却していた（同書）。また名古屋肥物問屋の師崎屋（高松家）も、「八戸鰯〆粕」を江戸で買い付けているほか、「南部八戸建大豆」などを書き留めている事例が見えている（師崎屋諸事記、同書所載）。

これらの売却は八戸藩が直接関与したのではなく、江戸の問屋などが買い入れた後、名古屋などの問屋がそれを買い付け、東海の各地方に輸送して売却したものであった。

関東や尾張方面への〆粕の販売については、江戸時代末期頃の「奥州魚粕当時見詰直段覚」（『銚子市史』所載）には、南部産の赤腰長の〆粕は、主に野州方面の麻綿の肥料として売り払われたといい、これより質の落ちる赤魚の〆粕は、主に尾州三州その他の関東筋の水田の肥料として売却されたことが記されている。

奥州南部産の〆粕とは、盛岡と八戸の両藩産出品の総称であり、この中にどれだけ八戸産のものが入っていたかは定かではない。しかし、江戸時代末期には、下野周辺の麻綿の肥料として、あるいは、水田の肥料として、南部〆粕は広く使用されていたことが知られる。

第六節　江戸蔵屋敷と産物販売

1　江戸の産物荷揚げと蔵屋敷

利根川経由の「内川廻り」、ないしは房総半島経由の「外海廻り」によって、八戸からの産物が江戸へ到着すると、廻船問屋の指図によって藩の蔵前、または、取り組み先の商人の指定場所へ荷物が揚げられた（文政二年六月御産物御用掛勤方心得、御産物方雑用手控所載）。小名木川から高瀬船で江戸へ入った場合には、途中の中川番所から隅田川入口までの間に高瀬船から小型の艀船《はしけぶね》に荷物の積み替えが行われ、品川沖に廻船が入津した場合には、洋上の本船から艀船に積荷が下ろされ、それぞれの荷揚げ地の河岸へ運ばれた。

御産物御用掛勤方心得によって、荷揚げの手続きを見ると、河岸で荷揚げが始まると、荷役の際中に小揚げによって桝廻《ますまわし》、すなわち、荷数や量目の抜き取り検査が実施され、送状との照合が行われた。このとき、御用捨《ごようしゃ》（免除）以外の減石・濡俵・乱俵があると船頭の責任となり、弁金が請求されることになっていた。
荷揚げ時の産物ごとの検査の大要（文政三年九月一七日「被仰渡候勤方」、御産物方雑用手控所載）については、大豆雑穀は、濡沢手や軽乱俵の改めの上、振鬮《くじ》にて廻し俵をして抜き取り、入目の実量を量った。〆粕・土干・簀干は、大豆などと同様であったが、貫目付の分は重量を量り、魚油は樽の焼印や封を改め、減石割合を念入りに検査した。

この検査が終了すると、蔵入りが行われ、やがて日限が決められて「売捌《うりさばき》」が行われた。産物の売却は、相対売りの民間の納屋物《なやもの》と違って入札を原則としており、代金の納入は五日限りとし、これに遅れると遅延金が請求された。ただし、干物・塩物類の場合は落札と同時に納金となっている。

掫による落札者を天保一四年の遠山家江戸勤番日記によって見ると、〆粕・魚油などは湯浅屋、田多屋、秋田富之助などと決まっていたようであるが、大豆や志和米などは落札者がその都度異なっていた。大豆

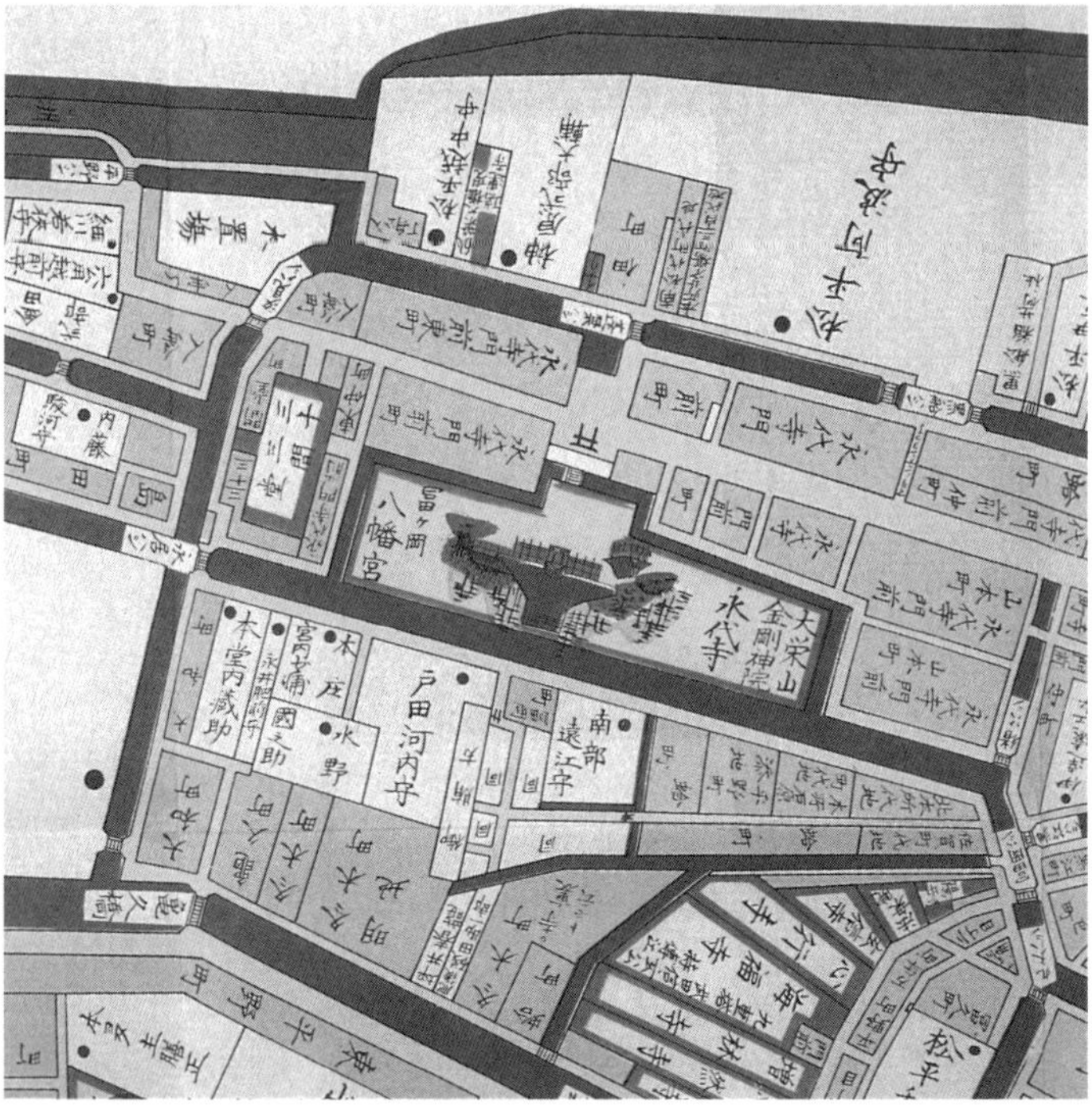

蔵屋敷の所在地＊（文久２年深川絵図）
八戸藩の蔵屋敷は富岡八幡宮の裏手に位置していた（絵図の南部遠江守）。
蔵屋敷の前には隅田川から入る油堀と呼ばれた水路が走っていた。

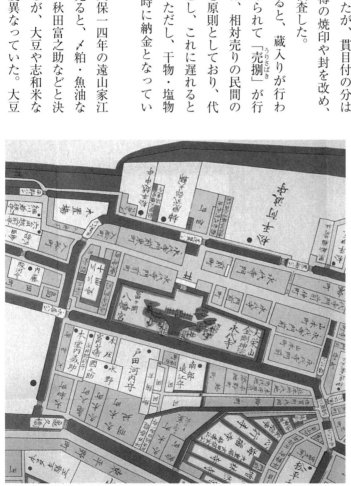

では湯浅屋、丸屋、久住など、志和米は伊勢屋が目立っている。

ところで、これらの産物の多くが荷揚げされた八戸藩の蔵屋敷は、江戸深川の富岡町に所在した。ここは隅田川から入る油堀の水路に面した場所であり、蔵屋敷前には道路を隔てて荷揚げ用の河岸を持っていた。

深川という場所は、江戸の南東部にあたり、西は隅田川を隔てて商業中心地の日本橋界隈と隣接し、東と北は中川・江戸川を介して関東北部とつながり、南は廻船の入津する江戸湾に面していた。従って、江戸中心部に近接した商業基地としての役割が与えられ、諸藩や諸大名の倉庫地をはじめ、干鰯場や木置場の開設に見られるように江戸のみならず、全国的な商品流通の拠点として位置付けられる地域であった（吉原健一郎「水の都・深川成立史」）。

八戸藩の蔵屋敷が全国の諸藩と同様、深川に置かれたのはいつ頃からであろうか。

その詳細な経緯は不明だが、少なくとも文政三年四月には富岡町の町屋敷地一三七坪余を町人名義で所有しており、その後、天保六年八月から七年正月にかけて、藩の蔵元たる丸屋重蔵名義で藩の蔵屋敷として購入し、同年八月には幕府から藩の蔵屋敷としての使用許可を得た（天保七年八月二日付「口上覚」、八戸南部家文書の天保七

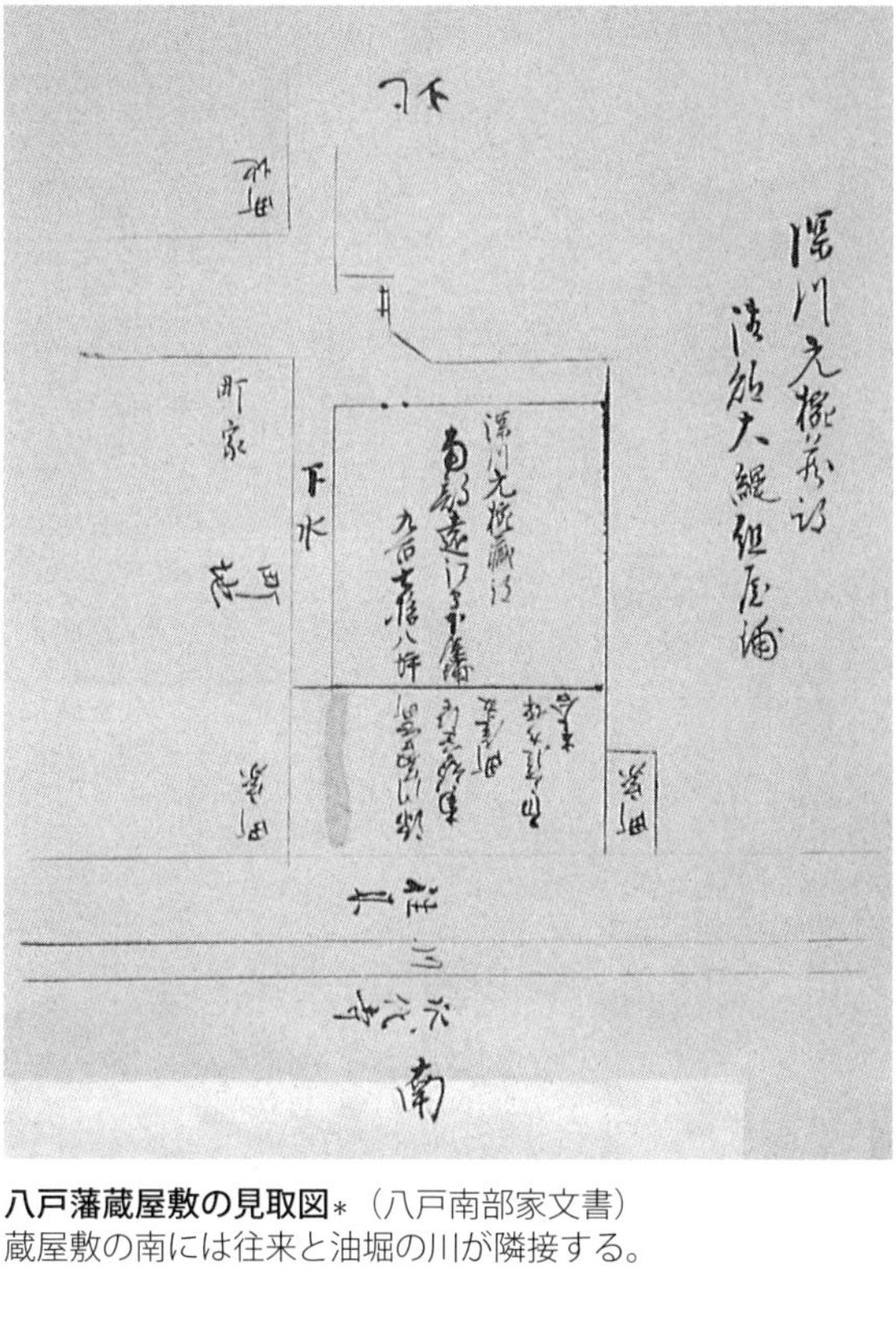

八戸藩蔵屋敷の見取図＊（八戸南部家文書）
蔵屋敷の南には往来と油堀の川が隣接する。

年八月深川町屋鋪御買入御真名替始末一件帳所載）。

これと並行して天保六年九月には、町屋敷の北に隣接する深川元椀蔵《わんぐら》屋敷跡（天野甚左衛門所有地）九七八坪を八戸藩の麻布下屋敷内の土地と相対替の名目で購入し（天保六〜一二年御下屋鋪御相対替一件、八戸南部家文書）、蔵屋敷地を拡張するとともに、さらに、同一一年には、東の隣接地にある椀倉《蔵》大縄組屋敷の地所（金田太十郎、岡野久四郎所有地）を三〇年間の約定で借り受けた（天保一一年七月深川椀倉大縄組屋敷御借受一件、同家文書）。

そのため藩の蔵屋敷の敷地は、天保一二年四月の改めでは、一，一四一坪半という広大なものになった（天保一二年四月深川御屋鋪絵図面、同家文書）。

このような蔵屋敷の開設と拡張は、文政二年から始まる藩政改革を契機にしたものであり、藩の国産販売政策が拡大するにつれて蔵屋敷が順次拡張されていったものである。

八戸藩の蔵屋敷絵図を見ると、蔵屋敷の前には油蔵があったことにちなむ油堀が流れており、この水路に面して川岸揚げ場があったほか、土蔵が三棟建っていた。深川は隅田川河口に位置していたから、油堀に見られるように大小の水路が縦横に走り、物資の輸送にはきわめて便利な水運の町であったのである。

現在の蔵屋敷跡（江東区深川２丁目2-25辺り）

現在の油堀跡
油堀跡には首都高速道路の橋脚が立ち並んでいる。

現在、蔵屋敷の跡地については、日通商事深川工場敷地となっており（江東区深川二丁目二一―二五辺り）、油堀は埋め立てられて首都高速9号の高架用地に転用されている。蔵屋敷跡地から南方向を望むと、道路を隔てて油堀跡に建造された高速道路が走り、その向こう側には深川不動堂（成田山新勝寺の東京別院）の真後ろを見ることができる。深川不動堂は富岡八幡宮の西隣に位置しており、江戸時代は永代寺があった場所である。

なお深川富岡町以外に、明治三年（一八七〇）には、深川富吉町《とみよしちょう》に新たに土地を購入して蔵屋敷として利用している。安政五年（一八五八）三月に幕府寄合小堀銈太郎所有の深川富吉町下屋敷五四六坪余を借り受けて使用したのが始まりのようであるが（安政五年三月二三日条八戸藩目付所日記江戸便り）、どのように利用されたのかはよく分かっていない。「柏崎記」に「潮入り屋敷と唱い、潮入りの池あり、夏日の別荘なり」と見えているのがこれであろうか。

2　八戸藩の江戸屋敷

深川にあった蔵屋敷は前述の通りであるが、それでは江戸にあった八戸藩の屋敷はどのようになっていたのであろうか。

天保一二年七月当時、江戸の八戸藩の上屋敷と下屋敷は下の一覧の如くに整理される（天保一二年七月一四日御屋敷書付、天保六～一二年御下屋鋪御相対替一件所載）。

一覧中の麻布市兵衛町にある下屋敷は中屋敷と呼ばれる屋敷であり、深川富岡町の下屋敷は蔵屋敷のことである。蔵屋敷には、下屋敷以外に隣接地に町屋敷の借り入れ地もあったことは前に述べた通りである。

天保12年7月改めの八戸藩江戸屋敷一覧

名称	拝領有無	町名	坪数
上屋敷	拝領	麻布市兵衛町	4,508坪
下屋敷	拝領	麻布市兵衛町	1,000坪余
下屋敷	拝領	麻布新町	2,394坪余
下屋敷	拝領	深川富岡町 (深川元椀蔵屋敷跡)	978坪
町屋敷		深川富岡町	139坪1合9尺4才

（天保6～12年御下屋鋪御相対替一件／八戸南部家文書）

そうすると、八戸藩の江戸屋敷は、天保年間（一八三〇～四三）には、麻布市兵衛町に上屋敷と中屋敷があり、麻布新町に下屋敷、深川富岡町には町屋敷を含めて蔵屋敷があったことになる。

上屋敷は藩主が住む本邸であり、これに対して中屋敷は隠居した藩主や嗣子などの家族が住む屋敷、下屋敷は火事などの危急に備えて郊外に置かれた屋敷で、藩主の家族などの休息用の別荘などに使われていた。

八戸藩の江戸屋敷の由来については、上屋敷が麻布市兵衛町に建てられたのは、元禄二年（一六八九）のことである（港区六本木一丁目九―九）。二代藩主南部直政が将軍綱吉の側用人を辞任して江戸城西の丸下から移ってきてからである。以来、約一八〇年間、明治維新を迎えるまで八戸藩の本拠地となった。

寛文四年の藩成立当初は、上屋敷は隅田川を隔てた新開地の本所馬場にあり、その後、浅草田中に移り、直政が詰衆に任じられると芝愛宕下、側衆・側用人に登用されると江戸城郭内の西の丸下馬場先に移転した。

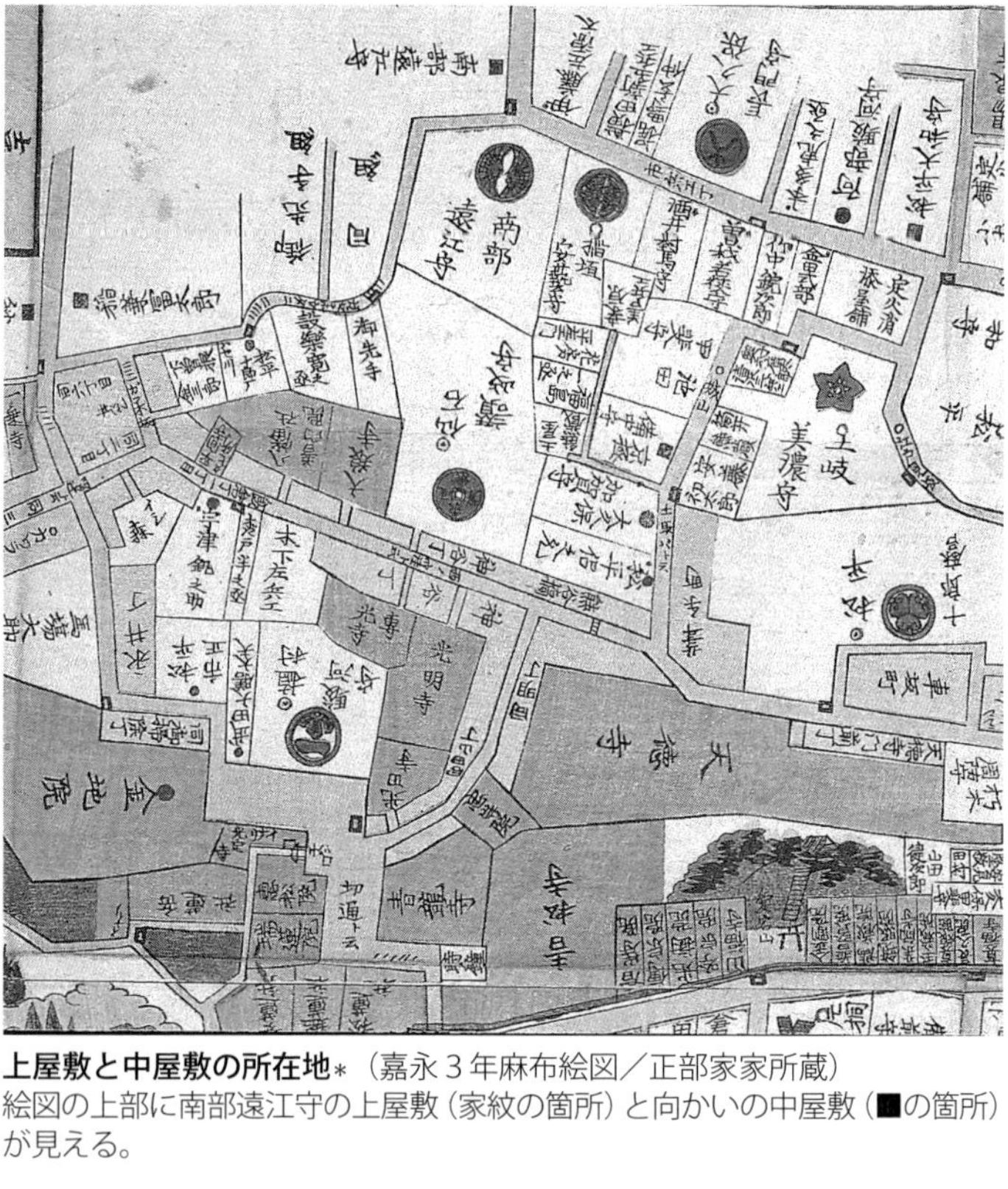

上屋敷と中屋敷の所在地＊（嘉永３年麻布絵図／正部家家所蔵）
絵図の上部に南部遠江守の上屋敷（家紋の箇所）と向かいの中屋敷（■の箇所）が見える。

その後、長らく上屋敷しか所持していなかったが、火災によって上屋敷が焼失する恐れがあるため寛延元年（一七四八）に下屋敷拝領を幕府に願い出た。それから五〇年経った寛政四年（一七九二）にようやく麻布新町に下屋敷を拝領した（港区南麻布三丁目五―四四辺り）。この屋敷は盛岡藩下屋敷の向かいにあたり、現在の盛岡藩下屋敷跡は有栖川宮《ありすがわのみや》記念公園となっている。

上屋敷と同じ麻布市兵衛町にある中屋敷は、天保六年の拝領である。屋敷地は一，〇〇〇坪と狭めであるが、上屋敷の向かいに拝領したので一体的に利用できる利便性があった（港区六本木一丁目八―七）。

一覧にはないが、このほかに幕末には江戸郊外の白金《しろがね》と今里《いまさと》の入会地に抱《かかえ》屋敷があった。抱屋敷は屋敷地の不足を補うために大名が独自で郊外の村々から土地を買い入れて屋敷地にしたものである。

八戸藩の抱屋敷は、文政二年までは下渋谷・下豊沢村入会地にあったが、天保一四年からは白金・今里村入会地に持つことになった。屋敷の広さは、下渋谷は五，五四六坪、白金・今里は三，九四九坪であった。

白金の抱屋敷の隣接地には薩摩藩の下屋敷があり、薩摩藩との関係では、九代藩主南部信順《のぶゆき》が薩摩藩島津家から養子に迎えられたという縁故があった。そのた

八戸藩上屋敷跡（港区六本木１丁目9‐9）
元禄２年に八戸藩が拝領して以来、明治まで藩邸が置かれた。敷地の奥部分は傾斜地となっていた。現在ラフォーレミュージアム六本木などのビルが建つ。上屋敷の向かいには八戸藩中屋敷があり、現在アーク八木ヒルズが建っている（六本木１丁目8‐7）。

めか、「柏崎記」は薩摩藩主島津斉彬《なりあきら》から大叔父にあたる八戸藩主信順に寄贈されたものと伝える。

ちなみに信順は八戸藩に天保九年（一八三八）に婿養子に来たのであるが、小藩の八戸藩になぜ大藩の薩摩藩が縁組みをしたのか、その理由は分かっていない。しかし、薩摩藩が八戸藩に目を付けた背景には、昆布などの北方の海産資源を手に入れたいという経済的要求があったのではなかろうか。

漁業が盛んで、海産物などの産物を自前の廻船で全国輸送する八戸藩であれば、北方交易の拠点として活用することができ、琉球を通じて清国貿易につなげたい思惑があったかもしれない。

3 江戸蔵元と国産売捌方商人

⑴ 江戸蔵元

江戸にいて国元から回漕されてきた米やその他の産物を取り扱った商人は、普通には蔵元といわれる。八戸藩の蔵元の創始については不詳である。しかし、大豆や干鰯などといった一般的産物を取り扱った蔵元以外に、志和米のみを取り扱った蔵元が八戸藩にはいた。

志和米とは八戸藩飛地の志和郡から産出した米で、志和四ヵ村から日詰（岩手県紫波町）に陸送され、日詰からは北上川を船で下り、石巻から廻船に積み込まれて江戸へ回漕されていた。その主たる用途は「江戸台所米」であり、江戸藩邸台所の飯米と藩邸費用に充てられた。

その志和米を取り扱う蔵元としては、八戸藩目付所日記には、文化元年（一八〇四）には、春上り米二，二〇〇石のうち二，一〇〇石宛は伊勢屋喜左衛門・石橋弥兵衛、一〇〇石宛は美濃屋惣三郎（文化元年四月一〇日条八戸藩勘定所日記）、同六年（一八〇九）には、冬上り米一，四〇〇石宛は伊勢屋喜左衛門（文化六年一〇月九日条同日記）、文政六年（一八二三）には、春上り米二，五五〇石宛は美濃屋惣三郎などとその名前が見えている。その年々において志和米の輸送と販売を請け負った商人がその年々の志和米の蔵元であった。

特に文化年間（一八〇四～一七）には伊勢屋喜左衛門が毎年の如く蔵元の任に就いており、八戸にも出店を開いて産物輸送にあたっていた（竹口家家譜、上野利三・高倉一紀『伊勢商人竹口家の研究』所載）。

国産奨励の行われた文政二年の藩政改革以後の蔵元については、志和米以外の蔵元では、就任した時期は分からないが、天保五年一二月までは、江戸室町二丁目美濃屋本店の美濃屋宗《惣》三郎が任命されている。その後、美濃屋から江戸霊岸島の丸屋重蔵（御産物方雑用手控）、同一一年八月には丸屋から西町屋石橋徳右衛門へと任命替えされている（天保一〇年御調御用頭書）。

西町屋は、これ以後、藩政末期まで蔵元に就任していたようであるが、国元の八戸に居住していたので、実際の業務は江戸にいる御用取扱が代行していた。天保一一年当初は江戸の美濃屋嘉兵衛が代行し（同頭書）、後年の弘化二年には別

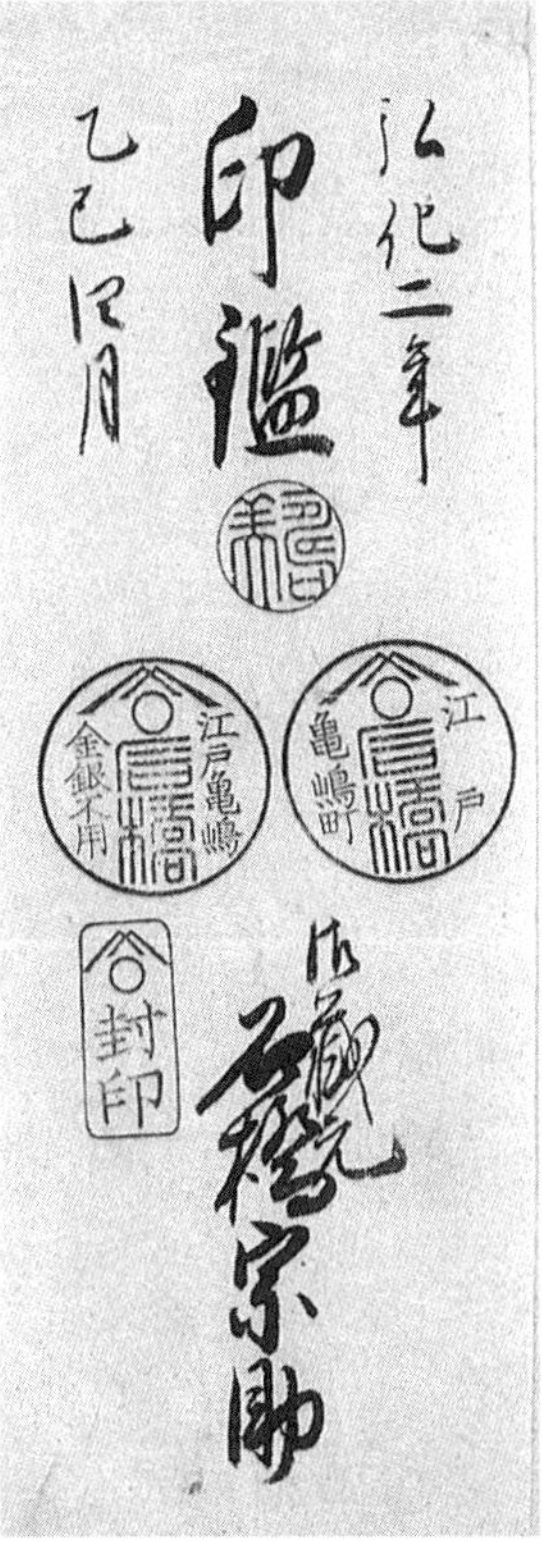

御蔵元石橋宗助の印＊（弘化2年5月条永歳覚日記、西町屋文書／八戸市博物館所蔵）

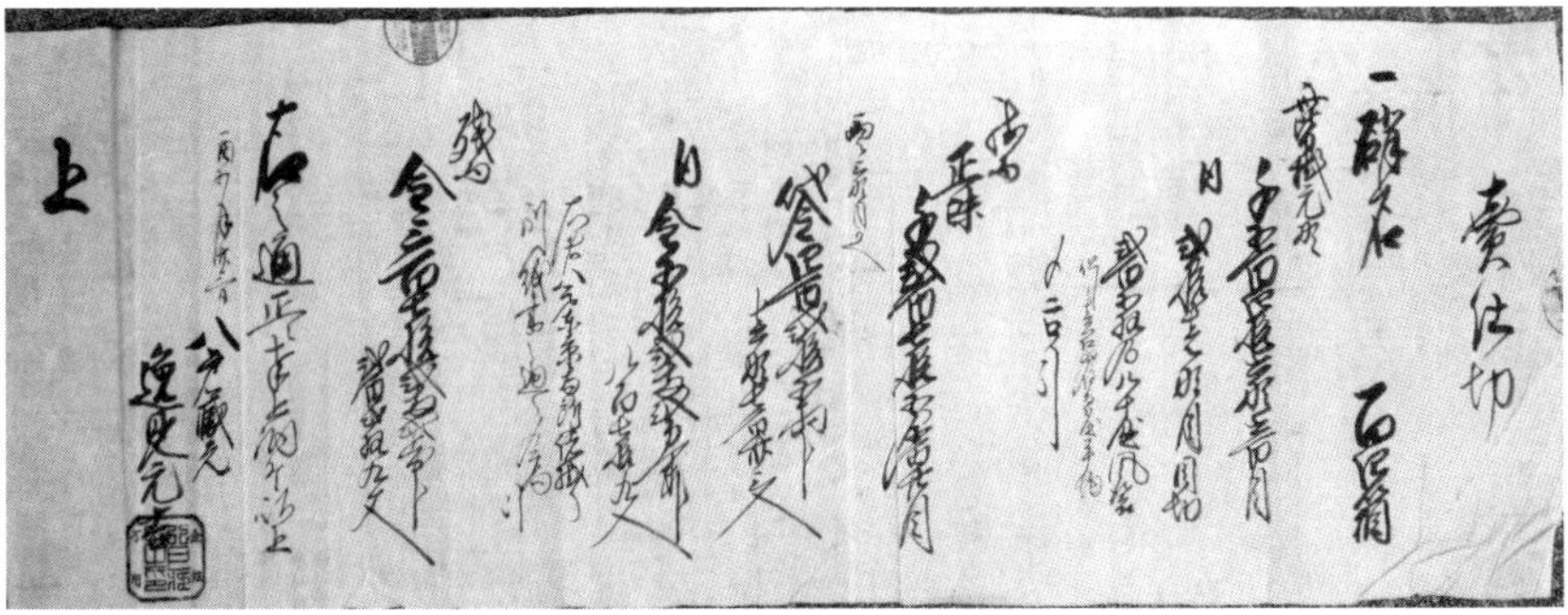

明治初年の蔵元の名前が見える売仕切（八戸南部家文書）

家の石橋宗助が代行した。その後、石橋万平が就いたらしく、安政二年七月には一時八戸の村井小右衛門が就いたものの、同年九月に江戸亀島丁米問屋石橋三右衛門がその職に就いた（嘉永七年船手幷諸御用留）。さらに万延二年（一八六一）には、石橋嘉兵衛が江戸御蔵元の御用取扱に就任している（万延二年江戸諸国津々浦々御調向手附面付帳）。

江戸蔵元は、普通諸藩の蔵物の出納・販売を管掌していたといわれるが、八戸藩の蔵元は実際どのような業務を行っていたのであろうか。

資料不足からその全体については明らかにできないが、天保一二年御産物方雑用手控から推測すると、当時江戸の蔵元であった美濃屋は、志和の蔵米を除くと、諸穀物類・延鉄類・「布苔幷外物」・紫根といった産物からは手数料たる口銭を徴収している反面、藩の重要産物たる干鰯・〆粕・魚油からは徴収せず、その他材木類も徴収していない。口銭が徴収されている産物は蔵元経由で流通販売され、徴収のないものは蔵元を経由せず、別ルートで流通販売されているということになる。

産物ごとの具体的な流通機構の仕組みは、資料上の制約からいまだ解明はできないが、万延二年の前掲面付帳（第二章、95頁）によれば、江戸蔵元御用取扱、同手代、同産物方手付のほかに、〆粕には〆粕問屋、鉄には鉏鉄問屋がいたので、これらのことを考えると、蔵元の産物ごとの口銭の徴収の有無は、江戸における産物流通の仕組みの違いに起因するものであろう。

なおまた、蔵元に対して産物の売却代金の受け払いや保管、国元への送金などをしたものに掛屋《かけや》がいる。この掛屋については八戸藩では全く分からない。掛屋に近い仕事は後述する国産売捌取扱方商人が担当しているし、蔵元も兼任する形で行っていたのではないかと考えられる。

（2）国産売捌方商人

藩政改革以後の江戸の産物取扱方の職制ははっきりしないが、天保一一～一五年遠山家江戸勤番日記によると、江戸には、「御産物取締」役がおり、その下にそれを補佐する添役がいた。天保一五年四月には遠山庄太夫（屯の改名）が御産物取締方に就いており、小山田源内が添役として御産物売払方を務めていた。そして産物の販売業務の実務を担っていたのは蔵元などの御用商人である。

蔵元とともに、江戸にいて国産物の販売を担当した商人には、「御国産売捌取扱」と呼ばれる役職があったようである。年代は不詳だが、辰三月の日付のある林金三郎の願書が伝えられており（八戸南部家文書）、これによれば、林は八戸藩に対して「御国産物御売捌取扱方」に就任したい旨を述べている。

「野沢蛍」や「柏崎記」にも、「国産売捌方世話方」として江戸商人の益田甚助が就任していたと記述されているので、蔵元以外に国産物の売り捌きを担当していた商人がいたことは確認してよいようである（『概説八戸の歴史』中巻二はこの益田をもって八戸藩の初代蔵元と考える）。

ところが、この国産売捌方商人は、蔵元とどんな関係にあり、どのような業務を具体的に担当していたかはよく分かっていない。だが、売捌方商人の業務の一斑については、林金三郎の願書によって知ることができる。

国産売捌方の業務は、林の願書によると、

①御国元の産物の仕入れ、廻船の手配、江戸表での産物売却にあたっての入札者の募集、売り払い代金の徴収
②河岸への産物の荷揚げ、入札者の召集・手配、販路先の拡大、産物の蔵への収納・保管、相場高騰時の産物の売却
③産物の陸揚げ時の河岸の場掛料の徴収、荷物俵の選別と仕分け、苫台木などの取り扱い人足の手配と手間賃の徴収
④大豆俵の量目検査、濡穀の処置と弁償金の手続き
⑤御手船の運賃支払いと御雇船の調達
⑥産物購入者の代金不納時の立て替えなど

となっている。

これから考えると、国産売捌方商人は、「地元八戸からの産物の仕入れ」→「廻船での輸送」→「江戸での産物の売却」といった、すべての産物の流通販売過程を掌握していることが理解される。恐らく蔵元とともに国産売り払いの実質的担当者であったといえるであろう。

そして、林は国産売捌方への就任要請の中で、次のような点を挙げて自己が最適であることを力説している。これは当時の商人がいかに藩の業務に食い込むかを知る上で興味深いものである。

まず、藩の蔵屋敷のある油堀は「諸荷物水揚咽喉之場所」（諸荷物を水揚げする際には必ず通らなければならない要路たる「のど」の場所）であり、自宅はこの油堀にあること。そして、そこには自己の専用の河岸を持っており、荷揚げの際には場掛料が徴収されないこと。また蔵を所有しており、相場が上がるまでその蔵に産物を保管することができること。自分は「勢尾三」国の廻船一〇〇艘余と旧来から取引があり、産物の販売業務に精通していること。

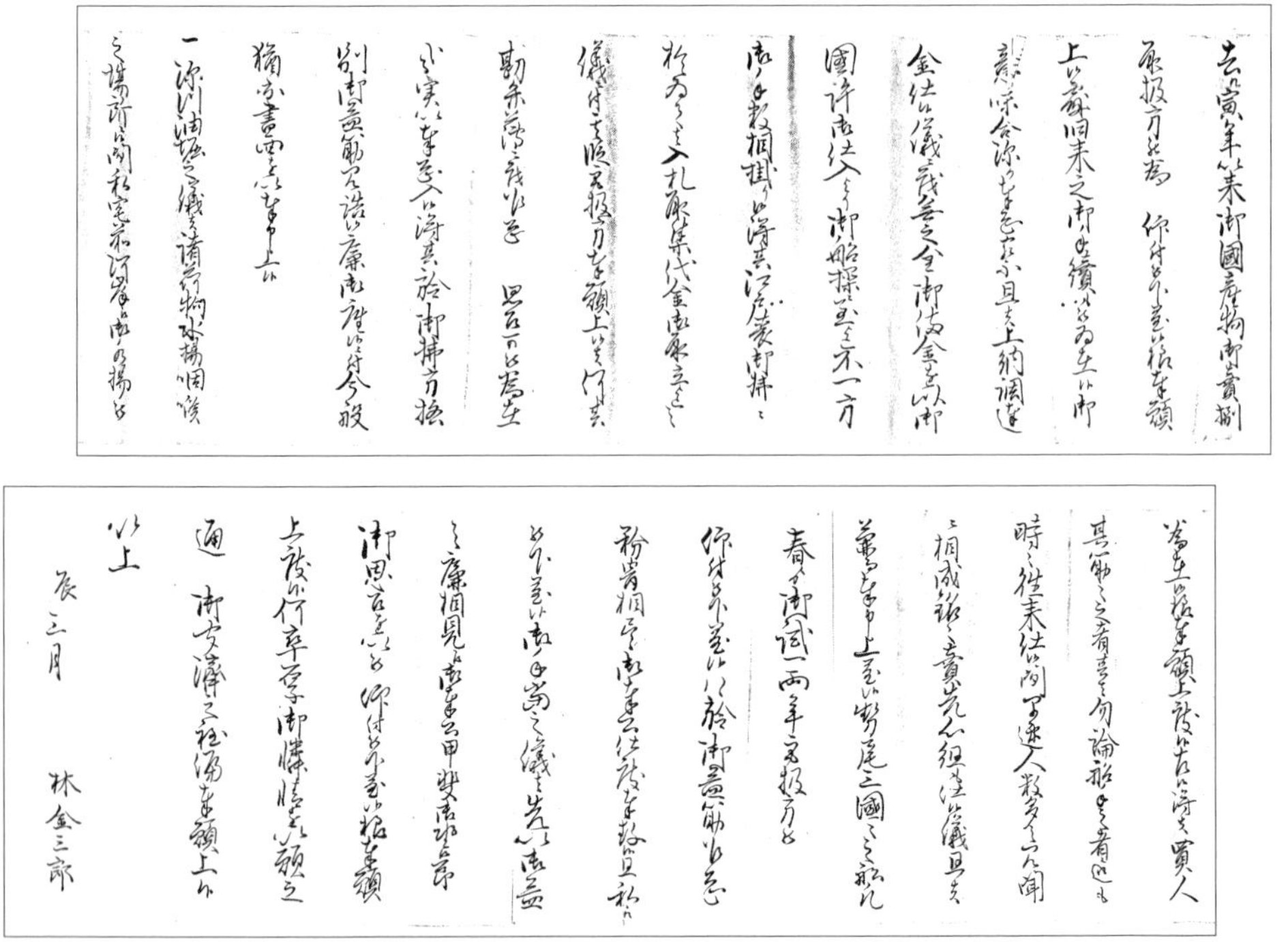

林金三郎の国産物売り捌き取り扱いの願書（八戸南部家文書）

これらを優れた点としてアピールし、まずは「当春より御試に一両年取扱方を命じて下されば御益筋」になると申し述べている。

林の江戸での商取引活動や八戸藩との結びつき、この願書に対する藩の対応については、今のところ藩日記などでは確認することができない。しかし、林のような国産売捌方商人が江戸にいて、彼らを通じて八戸の国産物は中央に流通販売されていったのである。

ところで、この願書は辰年三月とあるばかりで年代の特定は難しい。しかし、江戸での産物販売に優れていることを強調する内容から考えると、藩政改革が始まったばかりの文政三年が辰年であるので、同年のものではなかろうか。

第七節　大坂への産物輸送

1　八戸湊への大坂船の入津

大坂と八戸の直接交易の起源については不明であるが、鮫御役所日記から八戸湊へ入津した大坂船籍の船を拾ってみると、天明四年（一七八四）に二艘、寛政三年六艘、文化元年〇艘、同三年（一八〇六）二艘、文政三年一艘、天保四年二艘（兵庫船籍の大坂雇い含む）、嘉永五年一艘となっている。

このうち、大坂から直接八戸入津を目的として物資を輸送してきたのは、文化三年の大坂雇船大坂船頭善十郎船（一二人乗り、八〇〇石積）一艘、天保四年の大坂御雇船明神丸（大坂南新堀大和屋源吉船、一六人乗り、一，五〇〇石積）と同御雇船大宝丸（兵庫水屋嘉兵衛船、一六人乗り、一，三〇〇石積）の二艘、嘉永五年の大坂間掛船《まがかりぶね》太寿丸（大坂日高屋半兵衛船、一三人乗り、一，〇〇〇石積。隣接地の市川へ向かう間掛船だが八戸宛の積荷積載）の一艘、計四艘である。

これ以外の入津船は大坂船籍であっても、江戸航路の雇船として、就航したり、あるいは、通船《とおりぶね》、間掛船として一時的に寄港したのであって、大坂―八戸間の物資輸送を目的として入津した船ではなかった。

大坂船の積荷は、天保四年四月に入津した明神丸では、夜着・布段、玉砂糖、稲扱《いねこき》、木香（漢方薬）、白木綿・花色木綿、生姜《しょうが》など、五月の大宝丸では、御用御船道具、古手《ふるて》・綿、小間物・荒物、酒などであり、衣料を中心とした日常生活品が多かった。

これらの廻船の下り航路は、天保五年一二月「大坂小橋屋四郎左衛門江古手綿類御取組ニ付同人手代重兵衛江掛合一件答書写」と同八年（一八三七）八月「木綿方留」によれば、江戸経由・太平洋ルートの「江戸廻し」航路と西廻り経由・日本海ルートの「野辺地廻し」航路の二つが併用されていた。江戸と野辺地の運賃徴収制度の違いから、積荷の種類によって両航路が使い分けられていたようであるが、一般的には江戸廻しで八戸へ直接入津するコースが普通であった。

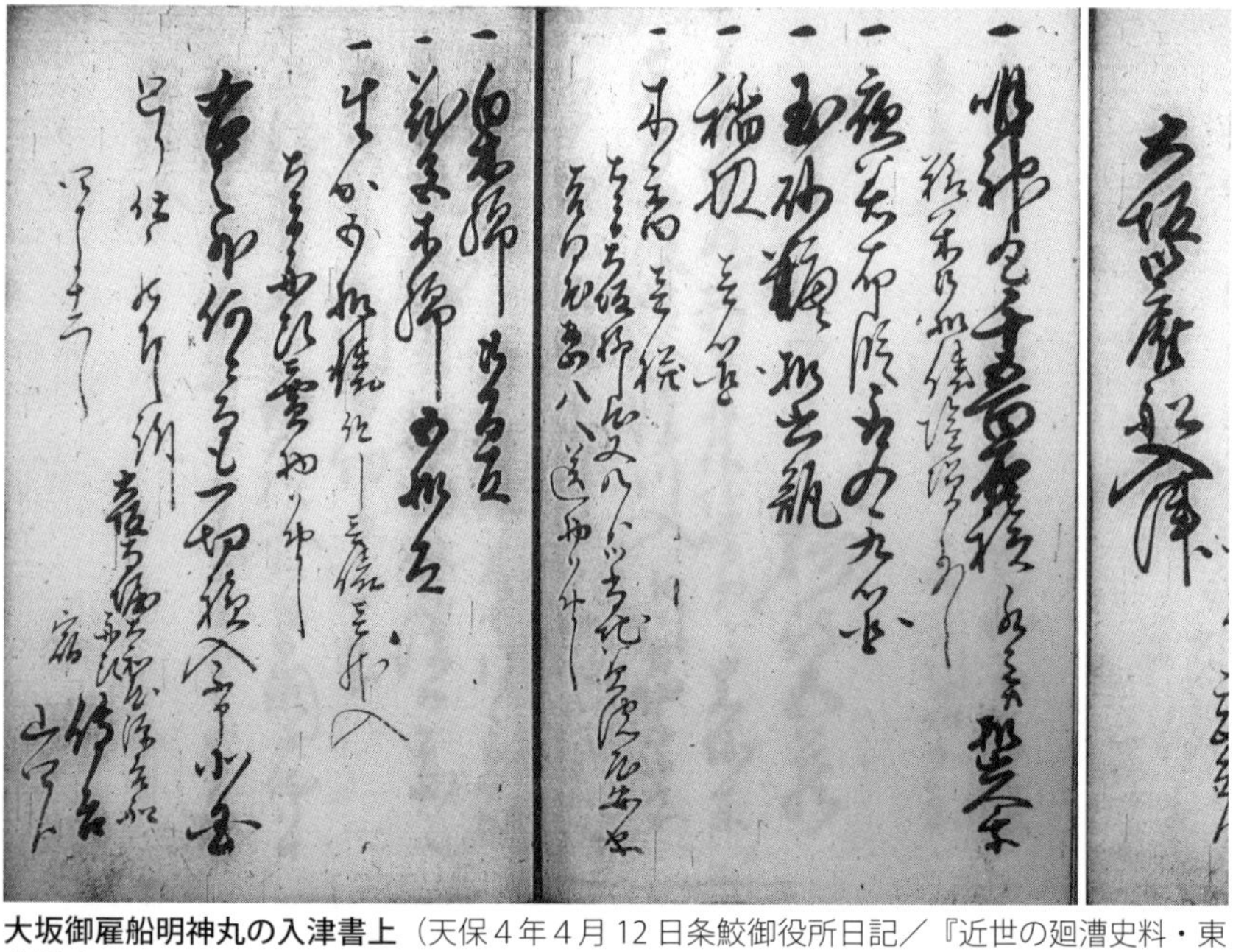

大坂御雇船明神丸の入津書上（天保４年４月 12 日条鮫御役所日記／『近世の廻漕史料・東北編』）

このように下り航路においては、鮫御役所日記からいえば、文化年間頃から大坂御雇船によって大坂と八戸の直接の商取引が開始されていたことになる。

２　大坂への産物輸送

八戸の産物が大坂へ移出された事例の早いものとして、文化一〇年（一八一三）六月の〆粕の移出がある（文化一〇年六月一二日条八戸藩勘定所日記）。これは江戸の〆粕相場が下落したため、一，五〇〇石の〆粕を大坂へ回すというものであるが、この事例は廻船を藩が雇用して大坂へ直送したものではなく、八戸の荷主代美濃屋三右衛門が廻船へ委託して大坂へ回漕したものである。

八戸藩の〆粕などの産物が本格的に大坂を目指して移出されるのは、やはり藩政改革を端緒とするとみられる。

文政一一年（一八二八）一一月、八戸藩は大坂の荷受問屋柳屋又八と次のような「大坂規定」の約定を取り交わしている。

大　坂

一今般領内産物類来春より運送之上於大坂近浦捌方之儀及御来談、右支配并雇船差配方共御引受御勤可被下候

申合之事

一大豆〆粕積合壱万石目為登方之事

右之通御談申候、雇船右高より相減候ハ、早便御案内御頼申候、且後ノ為登穀類之儀ハ其節々向石高取調可

申入事

一為御登穀払代金之儀ハ爰元納之事

但爰元美濃屋八郎兵衛店ニて立入取計候申合候事
一払代金子分之儀ハ船入後売仕切差出候、月分ハ用捨翌月朔日より受取候定之事
但右ハ入津早速捌方ニ相成候節之儀、若直段不引合ニて蔵入等ニ被致候ハ、売払ニ相成候内より五ツ用捨之事
尤船分は並合之通五分申合候事
一雇船前金之儀ハ三ヶ一於爰元相渡残り三ヶ弐ハ大坂表入津之節立替被相渡、産物売捌ニ相成候砌子分相加引取被申定之事
一同海上故障筋有之節、羽州坂田迄ハ爰元江注進夫より上方江戸表江近場所ハ江戸屋敷へ注進大坂表へ向寄之場ハ支配元江注進と相極其表より出役御頼申、其節入用筋此方持之事
但船手不正之筋等有之、其表出役限難相除義ハ無用捨被取調、江戸屋敷江被相届候て被得差図候様致度候事
一雇船鮫浦入津之節晴天十日限積立可申候事
但雨天風相等不宜無拠延引之節ハ船手ニても勘弁頼入候
尤追々入津ニ候へハ無間積立候事ニ候得共、込入候事も有之事故大図日間認候事
一同鮫浦入津荷物受取之節改廻方之儀、舟頭改成候存寄茂承届何方無依慎取扱可為致候事
一大坂入津之節船手減石有之砌、大豆壱俵ニ付五合〆粕壱俵ニ付五百目用捨可致事
右余減石ハ本俵相庭ヲ以弁金可為致事
但爰元より渡方ニ相成候通之有穀貫目ニ候ハ、不残相納可申候、万一減石有之節之ため用捨申合置候事
右之通致約定候処実正也、後来異論為無之一札仍如件
文政十一戊子年十一月
宗三郎代　安兵衛　印

高崎――
菊地――

大坂　柳屋又八殿

（大坂規定、天保一一年御産物方雑用手控、天保末年頃御産物御用手控）

これによると、
①八戸藩領内の産物は、文政一二年春より大坂へ回漕すること
②回漕産物は大豆と〆粕で、合わせて一万石とすること
③雇船の前金は八戸払い三分の一、大坂到着払い三分の二とすること
④廻船運航時の故障筋（難破など）の注進は坂田（酒田）までは八戸、それより上方・江戸表へ近い場所は江戸屋敷、大坂表向き寄りの場所は大坂の柳屋へすること
などが取り決められた。

大豆・〆粕合わせて一万石という新規需要を獲得した八戸藩は、雇船の雇用にあたっては、大坂到着払い三分の二という有利な条件を結んでいる。長距離輸送による海難の危険性のためとはみられるが、従来の江戸航路では、到着払いが三分の一であったから、有利な立場に立ったといえる。大坂―八戸間の輸送航路については、日本海廻りの西廻り航路をとったか、太平洋廻りの東廻り航路をとったか、判然としない点があるが、両航路は併用されて使われていたようである。

それでは、果たして文政一二年にこの約定が実行されたのであろうか。

文政一〇年（一八二七）船手御用留（『八戸藩の海運資料』上巻）の同一二年三月二三日条には、柳屋が雇い付けた

大坂御雇船明寿丸が約束通り春に入津したことが見えている。

積荷は大坂御国産支配蔵元柳屋又八から御調役所支配人の石橋徳右衛門・美濃屋安兵衛に宛て御用物算盤《そろばん》・瀬戸物・銅延板などが進上松茸とともに送られてきた。

大坂向けには約定に沿って大豆と〆粕が八戸湊で積み込まれた。約定の大豆・〆粕合計一万石が運送されたかは不明だが、その後四月に入ると、柳屋雇いの御雇船が次々と入津して大豆・〆粕を積み込むようになった。

讃州粟島岡田屋平五郎船　明寿丸沖船頭　嘉次郎
水主共　拾人乗

大坂雇船下り三月廿三日入津
奥州八戸鮫浦積　四月三日出帆

一粕大豆　六百五拾石積
内訳ケ　大豆弐百石　〆粕四百五捨石
一御掛札　壱枚　一御船印　壱本　相渡　御極印 印
船道具
一揖　一羽　一加賀苧綱　四房　一櫓杉　一布皮綱　四房　一桁杉
一桧綱　五房　一鉄碇　七頭　一橋船　一艘
〆
運賃　大豆百石ニ付壱貫弐百五拾目定　〆粕同　壱貫三百目定
於大坂前銀壱貫五百目相渡ス

右は廻船問屋宝屋彦四郎雇附差下し候条此事着之砌於其御地空船御改之上前書之石高無相違御積入可被下候、
万一海上之儀者大坂廻船可為御法候、依て送り状如件

文政十二年丑二月六日

大坂御国産支配元(蔵)　柳屋又八　印

菊池林大夫殿
高崎延大夫殿
石橋徳右衛門殿
美濃屋安兵衛殿

奥州八戸行　御雇船明寿丸嘉次郎船積入送状

一荷物　拾弐箇　内

千壱番　柳合利入　壱箇
千弐番千三番千四番　久(ママ)年入　三樽
千五番　算盤入　壱揃
千六番千九番千拾三番千拾六番千拾九番　瀬戸物入　五箇
千弐拾番千廿一番　銅延板入　弐箇

一進上御松茸　六樽

野村武一様行　大関兵右衛門様行
菊池林大夫様行　高崎延大夫様行

石橋徳右衛門様行　　美濃屋安兵衛様行

右之通積入申候条参着之砌御改御受取可被下候、万一海上之義は大坂廻船可為御法候、依て送状如件

〆拾八品也

文政十二年丑二月

大坂御国産支配蔵元　柳屋又八　◯

奥州八戸　石橋徳右衛門殿

美濃屋安兵衛殿

（文政一二年三月二三日条文政一〇年船手御用留、『八戸藩の海運資料』上巻）

大坂から御雇船が下ってくると、八戸からもこの時期に大坂へ向かって廻船が上るようになった。大坂方面への廻船の進出では、文政一二年に御手船鶴栄丸が〆粕・魚油を積載して直接大坂へ入津しており、その売却代金で兵庫で赤穂塩を購入して江戸へ帰帆し、ここで再び赤穂塩を売却した（為御登御産物江戸浦賀銚子規定写）。また天保四年九月には、御前金船巡徳丸が鉏や魚油を積み込んで下関へ出帆している（天保四年九月一五日条鮫御役所日記）。

柳屋との約定を契機にして大坂蔵元に柳屋を任命し、ここを足場にして関西方面への産物輸送が活発化するようになっていたのである。従って、大坂との諸廻船の運航状況から考えると、文政末年（一八二九～）から天保初年にかけて八戸藩領内の産物の大坂回漕の流通ルートが成立したとみてよいだろう。この時期に至って、従来の下り航路だけの、一方的な木綿類の移入だけの流通体制から、需要の高い〆粕を梃子《てこ》にして、上り航路においても、販路拡大を積極的に打って出たとみることができる。

この時期、八戸藩が〆粕をもって大坂へ進出した背景には、近世中期以降、大坂や近畿地方において干鰯集荷量の

減少によって慢性的な魚肥不足が起きており、この解決のため北海道産の鰊《にしん》魚肥の導入をはかったが、なお魚肥不足が深刻になっていたのである（荒居英次『近世日本漁村史の研究』・『近世海産物経済史の研究』）。

このような魚肥不足を背景にして八戸藩の〆粕は、遠隔地輸送というハンディを負いながらも大坂へ進出したのであった。これはまた江戸問屋を経由せず、これを排除して直接需要先の大坂市場と直結しようとする動きであり、八戸藩における新たな流通機構の構築ともいえるものであった。

さらに、以上のような藩政改革期の積極的な販路開拓を受けて、万延元年（一八六〇）八月、大坂の炭屋安兵衛と次のような約定が結ばれた（成田太次右衛門記録の万延元年九月「大坂御用小手筈牒」所載）。

これは領内の産物を「大坂用場」（出張所）にて「手払」（直売）するために、廻船の手配、荷物の保管、鋪金と運賃の立て替え、為替取り組みなどについて、炭屋と取り決めたものである。取り決めの内容項目については、「炭屋安兵衛より請書」（大坂御用小手筈牒所載）に、「御産物代銀請払并着船荷物御蔵入之上、鋪金并運賃運賃《（マヽ）》等御立替金御別紙御規定書之通、聊無相違御請奉申上候」と見えているところである。

約定の条文は多少長いが引用してみる。

約定一札之事

一八戸領産物当所江為差登方ニ付、昨未年其段公辺達済相成追々積廻申度候処、近年江戸蔵元儀ニ付迷惑之廉相重り依之向後当所江も積廻之上荷物払代金慥成店江相頼申度、今般貴殿御本店江御頼談仕候処御承知被下置御座候、尤手船を以為積登之分ハ無為替ニ候へ共、津波後手船不足相成候ニ付当所ニて雇船仕候節ハ、船請合被下廻着之砌送状之荷物蔵納相済候上、鋪金運賃御立替置払代金より元利決算過金御願置被下、案内次第江戸為替御取計可被下候

一売捌方之儀ハ名代桔梗屋孝兵衛相心得罷在候間、同人為立合其筋仲買共為呼寄入札直段を以落札御取計可被下候
一売代金之儀ハ直合壱割方御受取廿日限皆代金懸出荷物引替御渡可被下候
一御支配料之儀ハ直合銀高より壱分之定御座候
一利足之儀ハ銀壱貫匁ニ付一日限三分之日歩之定御座候
一廻勤往来之節万ヶ一難破等御座候節ハ、向寄次第江戸当所之内致注進候様申付置候間模様次第当所江注進可有之候、其砌ハ名代孝兵衛出役為致貴殿江御苦労相懸申間敷候、尤江戸屋敷産物掛迄早速為御知可被下候
一蔵敷之儀ハ此方ニて相弁可申事
一金銀出入通之儀ハ役所名目ニ被成置、出役有之節ハ名代孝兵衛両名ニて手形御取引被下候、若出役無之節ハ孝兵衛一名ニて御取引可被下候、但前ヶ条ニ有之候通多分ハ江戸為替御頼可申候、尤其節ニ可及御案内候間御取計被致候御定之事
右之通及御約定候処実正御座候、然上ハ双方実意を以永続御取組肝要之儀御座候、為後日約定一札仍如件
万延元庚申年八月
八戸産物方用達　村井小右衛門　判
炭屋安兵衛殿
御店支配人
炭屋　正輔殿
（万延元年九月大坂御用小手箚牒、八戸南部家文書）

これによると、領内の産物は炭屋へ送られ、炭屋の差配の下に桔硬屋孝兵衛が売り捌く取り決めになっていた。運送に使用される廻船は、御手船を充てる予定であったが、津波の被害（安政三年〈一八五六〉の大地震か）のために御手船が不足がちであるとして雇船にしたいとしている。

この約定には「八戸領産物」とあるのみで産物名は記されていない。しかし、「炭正より船手江差出候規定覚」（大坂御用小手筈牒所載）によれば、次のように「貫目物」・「枡物」、「鮫浦・市川浦両所之内にて積入」などとあることから、〆粕と大豆の輸送であったものと思われる。

炭正より船手江差出候規定覚

一八戸様御雇船百石ニ付、此鋪金五拾両定　無利足　則運賃金弐拾六両定

但船宿下借肩金并此元御見分料、運賃之内ニて船手より相弁可申事

一御用捨之儀ハ貫目物拾貫匁ニ付五百匁、枡物壱石ニ付五升、尤出目ハ船手被下欠目ハ弁銀両様共代銀ヲ以受渡可申事

一模様ニ寄、鮫浦市川浦両所之内ニて積入可申事

一貫目物御積入相成候得ハ例石御渡相成候、枡物御積入若不落着之儀も有之候ハ、枡持登右料ニて計立蔵納可致事

一積所台乗定并爰元上荷ちん水上蔵入共此方持、其他臨時入用船手持之事

一同所江下着日限より廿日之内ニ積立可申定

右定日限通積入出来不申候節ハ、彼地より其次第書付申受持登候ハ、為空船運賃定半金於爰元無相違相渡可申事

一万一難風ニ逢多少荷打等仕候節ハ、最寄近き方江御注進申上御出役待受御定法御差配可受、若其侭登候ハヽ、不足之分并濡沢手欠乱俵鼠喰切等時々相場を以船手より弁納可致候定、自然皆無等之儀出来候砌ハ荷主荷損船之船鋪金運賃損たるべし、其外都て大坂廻船可為御法事

一下り日限六十日定之事

一兵庫江入船之砌、早速御僋（送）状并御添状船中ヲ以当所御用場届之上任御差図川入可致事

一浦賀入着之砌ハ、同所問屋宮原清兵衛より江戸御産物掛まで書状差出可申事

右ハ此度貴殿廻船奥州八戸より御積取荷物割石高、前書之通敷金運賃積取組規定致候処実正也、尤荷物船乗済次第彼地御役所江鋪金前段割合を以相納可申候、着岸之砌蔵納より五日目ニ鋪金運賃共拙店より無相違相渡可申候、為後日雇船規定仍て如件

月　日

名代　桔梗屋孝兵衛

請合人　炭や　正輔

（万延元年九月大坂御用小手筈牒、八戸南部家文書）

こうして、八戸藩では、約定締結に先立つ万延元年六月に大坂へ成田太次右衛門を派遣して、産物「手払」のための「用場」を開設させた。成田は九月末まで駐在して売り捌きの準備を整えた（大坂御用小手筈牒）。成田不在の際には、大坂北堀江五丁目桔梗屋孝兵衛が名代として取り仕切ることになっていた。

かくして、八戸藩は中央市場への進出にあたって、江戸を拠点とする一方、万延元年には、西の一大市場の大坂においても産物売却の足がかりをしっかり固めていたのである。

第四章　八戸湊入津船の年代的特徴

第一節　享和元年・天保四年・安政六年の入津船の推移

八戸へ入津《にゅうしん》（入港）した廻船の動向については、第二章第一節1「文化三年からの八戸湊入津船の動向」において述べたところである。このことについては、すでに『八戸港史』においても、宝暦四年（一七五四）から寛政三年（一七九一）、安政六年（一八五九）に至るまでの年代にわたって、その船籍地や船舶の積載規模について論述している。

本章では、これらの分析を踏まえながら、享和元年（一八〇一）八戸藩勘定所浦奉行日記（八戸南部家文書）と天保四年（一八三三）鮫御役所日記、さらに安政六年廻船出入帳を使って、八戸湊入津船の形態変化と船籍、積石数の年代的な特徴を明らかにしてみよう。

ところで、享和元年八戸藩勘定所浦奉行日記について触れると、同日記はその表題に「御勘定所」とあることから、従来までは勘定所日記として取り扱われてきたものである。しかし、日記の記載内容、書式などから見て、前著（三浦忠司『八戸湊と八戸藩の海運』）で指摘したように、城中における勘定所の浦奉行の日記であると判断されるものであり、鮫奉行所で記録した鮫御役所日記と比べて遜色のない内容のものである。

八戸湊入津船の廻船形態（計Ａは大型廻船・計Ｂは小型廻船）

形態／年代	入船	御雇船	御前金船	御手船	通船	間掛船	幕府船	不明船その他	計Ａ
享和元年(1801)	15	−	−	−	13	6	6	0	40
天保4年(1833)	−	10	16	0	16	24	0	−	66
安政6年(1859)	−	0	4	11	22	16	2	3	58

形態／年代	伍大力船	与板船	小廻船	漁船	艀下船	不明船	その他	計Ｂ	総計A+B
享和元年(1801)	9	4	2	1	1	1	0	18	58
天保4年(1833)	5	1	9	2	0	0	8	25	91
安政6年(1859)	0	0	1	12	0	7	3	23	81

（享和元年八戸藩勘定所浦奉行日記・八戸南部家文書、天保４年鮫御役所日記・『天保四年嘉永五年慶応三年鮫御役所日記』、安政６年廻船出入帳・『新編八戸市史』近世資料編Ⅱ）
＊船数の数値が前著『八戸湊と八戸藩の海運』や拙稿論文と若干異なる

試みに寛政三年鮫御役所日記で内容を比較してみると、享和元年は船頭の願書や荷物の送状、浦奉行の職務などの記事がより豊富であり、寛政三年よりも詳細なものである。

八戸湊へ入津した廻船を享和元年、天保四年、安政六年ごとに形態別に整理すると前表の通りとなる（数字は延べ数、同一船が二回入津すると二と計算）。

図表化するにあたり、長距離輸送を担った大型廻船と近距離輸送を担った小型廻船とに大別した。大型廻船は史料の記載に従うと、入船《いりぶね》、御雇船《おやといぶね》、御前金船《おまえきんぶね》、御手船《おてふね》、通船《とおりぶね》、間掛船《まがかりぶね》とに分けられ、小型廻船は伍大力《ごだいりき》（伍太力、五大力、五太力）船《ぶね》、与板船《よいたぶね》、小廻船《こまわしぶね》、漁船、艀《はしけ》（艀下、艀）船《ぶね》、その他に分けられる。

注意すべきは、享和元年の入津船は、入船、通船、間掛船などと記載されており、天保四年や安政六年と違って、御雇船、御前金船、御手船などの廻船形態では記されていない。先の章で述べたように入船と記されていても、積荷内容は藩の御用荷物や八戸商人宛の荷物を積んできており、それと同時に八戸で買い積みをする江戸切手（積切手）を持参しているので、天保四年以降記載されるような藩雇いの御雇船と同一視される船であったことは間違いない（第二章第一節1の「文化三年の大型入津船」参照）。

また史料によっては、同一船を指して御雇船と呼んだり、御前金船と呼び、さらに御手船を御前金船と呼んでいることもあるが、ここでは、これらの問題を考慮せず、引用史料に記されている通

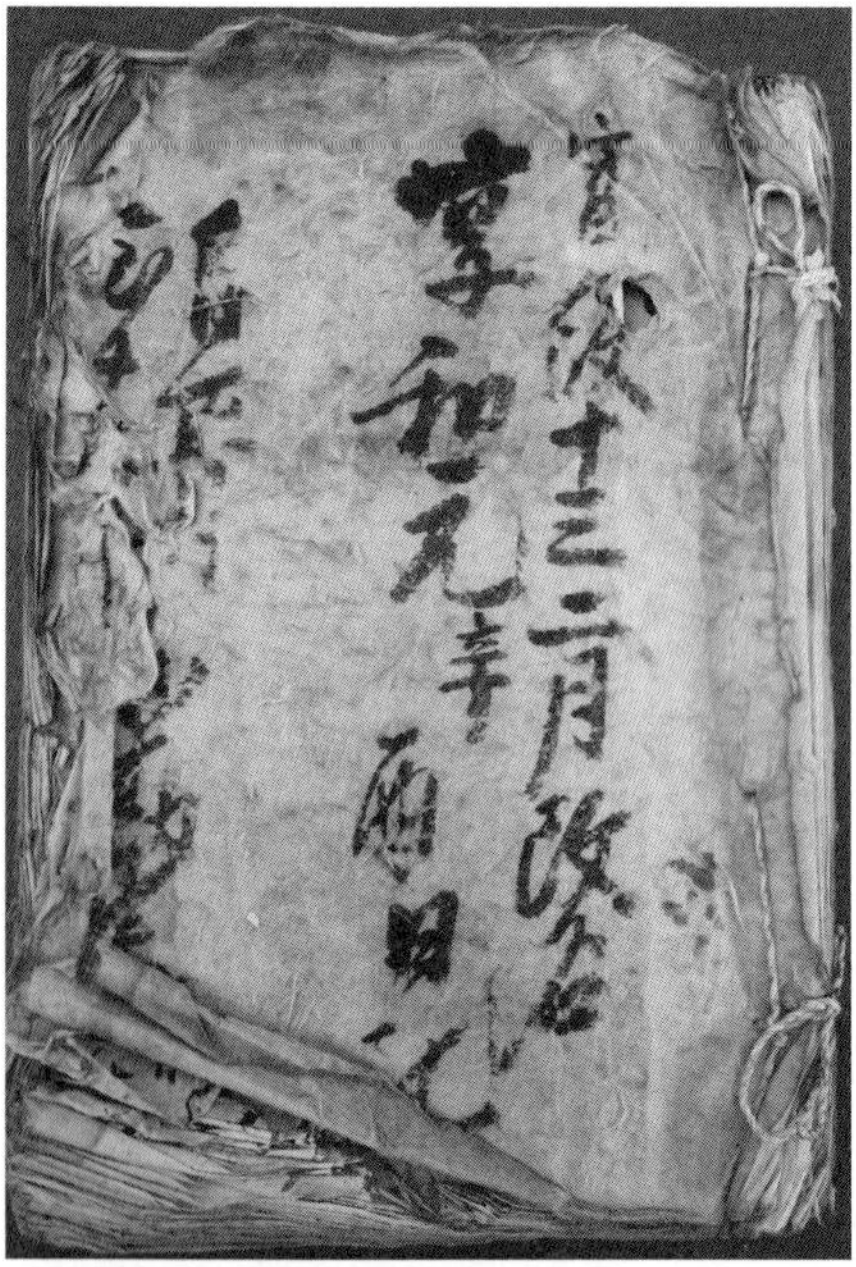

享和元年八戸藩勘定所浦奉行日記（享和元年八戸藩勘定所日記／八戸南部家文書）

りの名称で表は区分した。

1　大型廻船

まず、大型廻船、すなわち、江戸―八戸間といった長距離輸送に従事した一，〇〇〇石積クラスの廻船の動向について見てみよう。

通船や間掛船については八戸宛の荷物輸送があったとしても一時的に八戸に寄港した船とみられるから、これらを除外して考える。そうすると、享和元年は、入船のみであったものから、天保四年には、御雇船と御前金船が登場する。安政六年には、御雇船が姿を消し、御前金船も減少する一方、藩有船（藩船）たる御手船がそのほとんどを占めてくる。享和元年の入船はそのすべてが御雇船であったと推測されるから（一五艘の入船のうち、御雇船と特記されている船は七艘存在）、このような形態の変化は第二章の入津船の動向で述べたものと同じような特徴を有していた。

つまり、八戸湊の領内産物輸送の主力は、享和元年の御雇船方式から、天保四年以後は御雇船と御前金船へ、さらには御手船へと大きく変化しているということになる。時代を経るにつれて藩が直接、ないしは間接に関与した運送形態に転換しているのである。

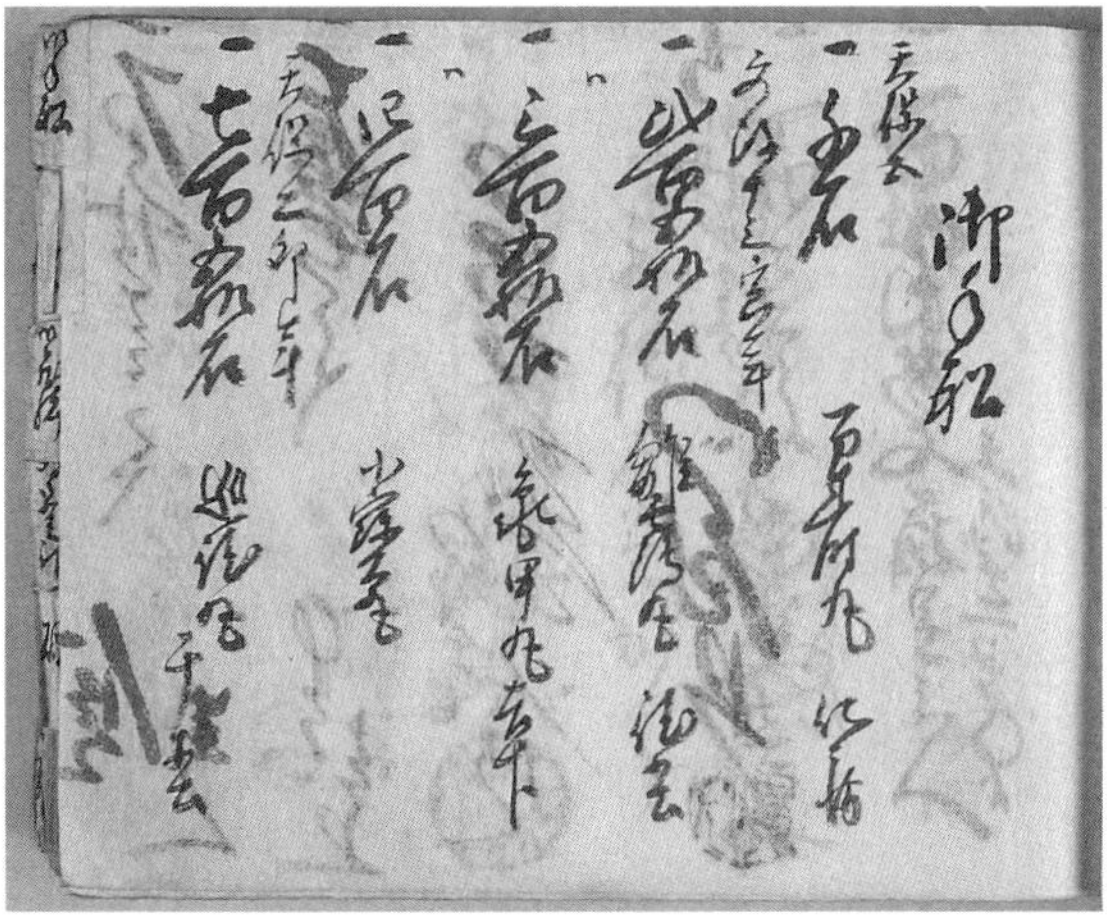

天保５年頃の御手船書上（御産物御用手控／遠山家文書）

このような転換の契機は、享和から天保にかけての時期、すなわち、文政初年（一八一八〜）から始まる藩政改革に求められる。八戸藩の藩政改革は、同二年（一八一九）から始まり、天保五年（一八三四）に一応終結をみるが、藩政改革によって採用された領内産物の輸送や販売方法、それに伴う廻船の就航の有様は、藩政改革後も踏襲されており、その就航の典型的姿が安政六年の廻船形態と考えられる。

次に大型廻船の船籍と積石数はどうなっていたのであろうか。

（1）船籍

船籍では、享和元年は、八戸の地元船が皆無であるのに対して、江戸・浦賀・伊豆・遠江といった関東・東海地方にかけての船籍地が多い。天保四年には、江戸を中心とする御雇船がその大半を占めるとともに、八戸の船籍たる御前金船が登場して輸送の中核を占めるようになる。安政六年には、他領を船籍とする入津船は全く見えず、すべて地元八戸を船籍とする御前金船と御手船が独占し、それが長距離海運を担っていた。

享和元年大型入津船の船籍

船籍	入船	御前金船	御手船	通船	間掛船	幕府御用船	不明船	計
江刺								0
箱館								0
青森								0
大畑								0
川内				1				1
牛瀧				1				1
泊								0
八戸								0
久慈								0
釜石								0
盛岡								0
石巻	2							2
仙台								0
相馬								0
中湊								0
江戸	2			1		1		4
浦賀	3							3
相模								0
伊豆	2				1			3
駿河								0
遠江	5				2			7
三河				1				1
尾張				2				2
紀伊					1			1
大坂	1			3	2			6
摂津				1				1
酒田								0
越中								0
越後								0
筑前				3				3
折笠								0
不明						5		5
計	15	0	0	13	6	6	0	40

（享和元年八戸藩勘定所浦奉行日記／八戸南部家文書）

安政６年大型入津船の船籍

船籍	入船	御前金船	御手船	通船	間掛船	幕府御用船	不明船	計
江刺				1	3			4
箱館				1	5		2	8
青森				1	1			2
大畑								0
川内								0
牛瀧								0
泊								0
八戸		4	11					15
久慈					1			1
釜石								0
盛岡								0
石巻								0
仙台				2	1			3
相馬				1				1
中湊				1			1	2
江戸				2				2
浦賀					1			1
相模								0
伊豆								0
駿河								0
遠江				4	1			5
三河								0
尾張								0
紀伊				1				1
大坂				1		1		2
摂津				2		1		3
酒田								0
越中				1				1
越後				2	1			3
筑前				2	1			3
折笠								0
不明					1			1
計	0	4	11	22	16	2	3	58

天保４年大型入津船の船籍

船籍	入船	御前金船	御手船	通船	間掛船	幕府御用船	不明船	計
松前					1			1
箱館					3			3
青森								0
野辺地								0
泊								0
五戸					4			4
湊								0
八戸		19						19
宮古								0
石巻				1				1
相馬								0
平潟					1			1
中湊	1			1				2
下総				1	1			2
安房					1			1
江戸	2			4	2			8
浦賀								0
相模	1							1
伊豆	1				1			2
駿河								0
遠江	3			6	4			13
三河								0
尾張								0
紀伊								0
大坂	1							1
摂津	1							1
酒田								0
越中								0
越後				1				1
筑前				1	1			2
能登					1			1
不明				1	1			2
計	10	19	0	16	21	0	0	66

（天保４年鮫御役所日記・『天保四年嘉永五年慶応三年鮫御役所日記』、安政６年廻船出入帳・『新編八戸市史』近世資料編Ⅱ）

ところで、通船や間掛船の船籍を見ると、享和元年は両船とも、比較的大坂の比重が高かったのが、安政六年に至ると、全国各地に船籍が拡散され、それと同時に江刺（江差）や仙台、相馬、中ノ湊（那珂湊）といった北海道・東北地方を船籍とする廻船が増えているのが注目される。

(2) 積石数

廻船の規模を示す積石数を見ると、享和元年・天保四年・安政六年の三年とも、どの廻船形態においても、いずれも一，〇〇〇石規模が多くを占めている。最高は、享和元年では、御雇船・通船・幕府御用船の一，五〇〇石、天保四年では、間掛船の二，〇〇〇石、安政六年では、通船の一，

天保4年大型入津船の積石数

積石数	入船	御前金船	御手船	通船	間掛船	幕府御用船	不明船	計
1,500以上					1			1
1,500	1			2	3			6
1,400		1		2				3
1,300	2			2				4
1,200	1	1		1	2			5
1,100	2	5		1	1			9
1,000	3	2		4	1			10
900								0
800				2	2			4
700	1	2		1	2			6
600				1	1			2
500					2			2
400		3			3			6
300		2						2
200		3			3			6
100								0
80								0
不明								0
計	10	19	0	16	21	0	0	66

享和元年大型入津船の積石数

積石数	入船	御前金船	御手船	通船	間掛船	幕府御用船	不明船	計
1,500以上								0
1,500	1			3		1		5
1,400	1				2			3
1,300	1			3	2	1		7
1,200	1			4	1			6
1,100	1							1
1,000	3			1		1		5
900					1	1		2
800	2							2
700	2							2
600	2							2
500	1							1
400				1				1
300				1		1		2
200								0
100								0
80								0
不明						1		1
計	15	0	0	13	6	6	0	40

（享和元年八戸藩勘定所浦奉行日記・八戸南部家文書、天保4年鮫御役所日記・『天保四年嘉永五年慶応三年鮫御役所日記』）

＊ 80石の松前船籍の間掛船1艘は小型入津船の小廻間掛へ編入

七〇〇石である。石数が高いのは、長距離輸送を行うにあたっては、航海の安全上一，〇〇〇石クラスの船が必要であったからである。

ちなみに一，〇〇〇石クラスの船とは米一，〇〇〇石を積載し得る能力を持つ船である。米一石は四〇貫で、一五〇キログラムに相当するので、一，〇〇〇石積とは一五〇トンを積むことができる船ということになる。

しかし、安政六年に至ると、大型船が就航している一方、間掛船や不明船にも中規模の廻船が出現している。これは、船の規模からいって長距離輸送船というよりは、中近距離輸送に従事した船とみるべきものであり、この時期には地域間の交易が活発になったことの証拠である。

要するに、大型廻船の動向を見ると、享和元年には、地元以外の船籍を持つ、一，〇〇〇石以上の大型船である御雇船（表区分は入船）が主力となっていたが、天保四年には、江戸を大半の船籍とする御雇船が増加するとともに、藩政改革の国産輸送の増強のために地元廻船たる御前金船が就航するようになった。そして、安政六年に至ると、他領を船籍とする御雇船も姿を消し、御前金船や藩の御手船といった八戸の地元船が江戸—八戸間などの長距離輸送を独占するようになったといえよう。

安政6年大型入津船の積石数

積石数	入船	御前金船	御手船	通船	間掛船	幕府御用船	不明船	計
1,500以上				5		1		6
1,500						1		1
1,400				1				1
1,300		1	2		1			4
1,200			2	2				4
1,100				1				1
1,000								0
900					1			1
800					1			1
700				3				3
600								0
500							1	1
400				2				2
300				3	1			4
200				2	5		1	8
100								0
80					2			2
不明		3	7	3	5		1	19
計	0	4	11	22	16	2	3	58

（安政6年廻船出入帳・『新編八戸市史』近世資料編Ⅱ）

2　小型廻船

次に、享和元年・天保四年・安政六年の三年における小型廻船の動向について見てみよう（前掲表の「八戸湊入津船の廻船形態」参照）。

数値的に見ると、享和元年の小型廻船は、一八艘あったのが、天保四年には二五艘、安政六年には二三艘と微増している。享和元年は伍大力船が主流であり、天保四年は伍大力船と小廻船、安政六年は不明の船を除くと、漁船が中心となっている。

小廻船はどのような種類の船を指すのか不詳だが、与板船と天当船《てんとうぶね》（与板船より小さい）との中間規模のものであろう。

天保四年には小廻船に伍大力と記入している船もあり、伍大力船の場合もあったようである。安政六年には漁船もあったが、漁船の形態については、特に記されていない。しかし、与板船とその改良型といわれる伍大力船は、勘定所日記などでは四～五人乗りの船であり、これらは、本来は漁船として使われ、漁閑期には廻船としても利用されたものであったので、同六年の漁船も、実際は伍大力船や与板船であったのではなかろうか。

（1）積石数

船の積石数は小規模船のためか、享和元年や安政六年は記入がなく、天保四年のみ知ることができる。天保四年の小廻船の表区分にあたっては、「小廻船間掛」とあって間掛料《まがかりりょう》を納入している六艘と、

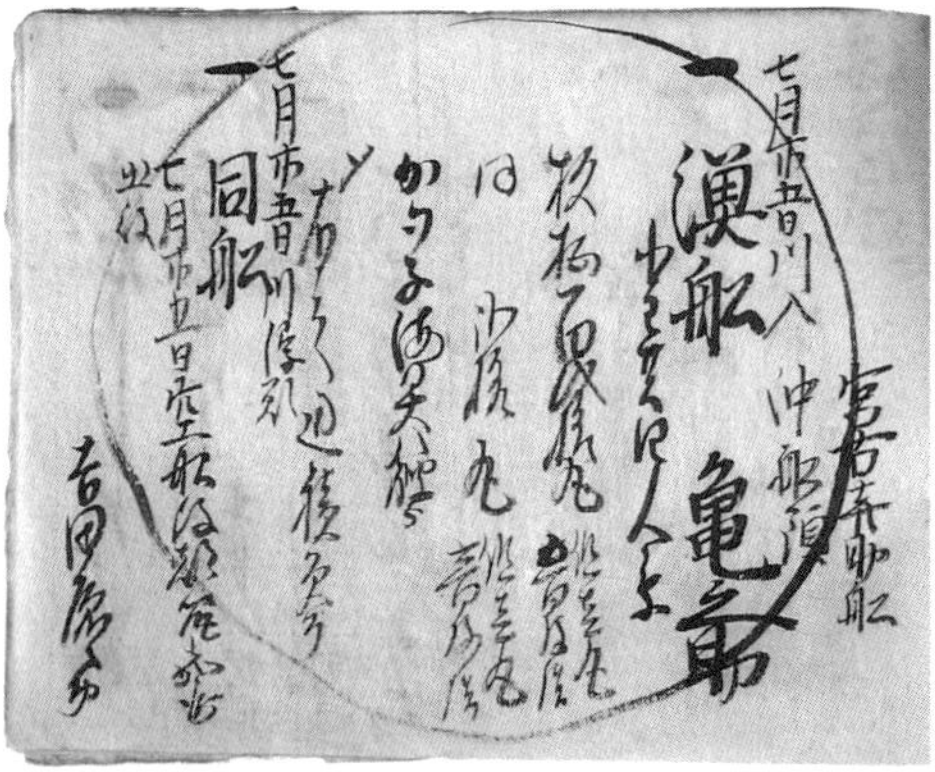

漁船の川入り書上＊（安政６年７月25日条廻船出入帳／正部家家所蔵）
宮古の水主共４人乗りの船が杉柾や数の子などを積載して八戸湊に川入りしている。

小廻しではないが松前船籍の八〇石積の間掛船一艘も入れてある。これらの小廻船で間掛《まが》かりしている船の中には、二五〇石、三五〇石と積石数が多い船もあるので、必ずしも小型船ばかりとは言い切れない点がある。

しかし、これらを除くと、小廻船の積石数は、おおむね一〇〇石以下であった。嘉永五年（一八五二）鮫御役所日記には、小廻船宝徳丸三〇石積一艘（五人乗り）、小廻船宝吉丸二〇石積一艘（四人乗り）などと見えているので、二〇〜三〇石ぐらいであったろう。

伍大力船も、本来は五〇〜六〇石積といわれており、天保四年の伍大力船では、相馬から来船した一〇〇石積一艘（六人乗り）を除くと、八〇石積二艘（四人乗り）が入津しているのが見える。

(2) 船籍

船籍地は、享和元年は鮫・久慈などを中心として北は箱館から南は気仙《けせん》（岩手県気仙郡・大船渡市・陸前高田市など）までである。天保四年は越後が目立つものの、湊を中心として北は松前から南は仙台・気仙までとなっており、安政六年もやはり湊などを中心としながら北は泊から南は宮古まで広がっている。

安政六年は箱館船籍の船がいないが、これに二〇〇石以下の中・小規模の間掛船や不明船を加えると（表では大型廻船に区分）、これらの廻船は箱館船籍が多かったので、同年も享和元年・天保四年と同様、北は箱館から南は宮古まで船籍とするようになる。従って、両年とも中・小規模の廻船の交易範囲はさして変わりはない。

しかし、中・小規模の廻船運航という視点から、安政六年の入津数を見ると、大型廻船に分類した二〇〇石以下の間掛船と不明船の数は八艘あり、これに小型廻船総数の二三艘を加えると一躍三一艘にも跳ね上がる。これは享和元年の一八艘に比べて約二倍に増加したことになる。

このことは、安政六年は、箱館・八戸・宮古といった同一船籍地を舞台にしながらも、中・小規模の廻船の活動がきわめて盛んであったことを示している。この時期には、八戸地域を一つの拠点とした地域的交易市場が活発に展開していたとみることができる。このような中・小規模の廻船の数量的増加は、八戸の海運構造の基底部を支えるとともに、江戸―八戸間といった長距離海運興隆の基盤となるものであった。

　ところで、安政六年に交易活動が目立つのは箱館船籍の廻船である。この時期に松前・箱館地方との交易が一挙に拡大した背景には、場所請負を通じて松前交易の独占をはかっていた近江商人の流通が、宝暦から天明期に崩壊し、これ以降各商人が自由に進出し、かつ、北前船に見られるように船主＝船頭が自由に買い積みして他国で販売するような流通体制が整備されたことによろう（柚木学「近世日本海海運の発展と北前船」、榎森進『北海道近世史の研究』）。

　八戸地方にその影響が強くあらわれるのは、享和元年には箱館船籍がそれほど多くないことから、享和を過ぎた文化・文政、天保以後が、箱館船籍の廻船が活躍する時期であり、安政年間（一八五四～五九）に至って最盛期を迎えた

天保4年小型入津船の積石数

積石数	伍大力船	与板船	小廻船	漁船	艀下船	不明船	その他	計
350			1(1)					1(1)
250			2(1)					2(1)
150			1(1)					1(1)
140			1(1)					1(1)
130			1					1
100	2		1(1)	1				4(1)
80	2		2(2)					4(2)
70	1							1
不明		1		1			8	10
計	5	1	9(7)	2	0	0	8	25(7)

（　）は間掛船の内訳

享和元年小型入津船の積石数

積石数	伍大力船	与板船	小廻船	漁船	艀下船	不明船	その他	計
不明	9	4	2	1	1	1		18
計	9	4	2	1	1	1	0	18

安政6年小型入津船の積石数

積石数	伍大力船	与板船	小廻船	漁船	艀下船	不明船	その他	計
不明			1	12		7	3	23
計	0	0	1	12	0	7	3	23

（享和元年八戸藩勘定所浦奉行日記・八戸南部家文書、天保4年鮫御役所日記・『天保四年嘉永五年慶応三年鮫御役所日記』、安政6年廻船出入帳・『新編八戸市史』近世資料編Ⅱ）

ことになる。安政年間に箱館交易が目立つことは、後述する嘉永七年(一八五四)・安政七年(一八六〇)の船手御用留の記載からも確認することができる。

以上見たように、享和から天保・安政という江戸時代後期の八戸海運の動向は、八戸湊へ入津した長距離海運の大型廻船の主力がしだいに領外商人の御雇船を排除して、地元船たる御前金船、それと同じ意味で使われる御手船(藩有船)の独占運航へと比重を移すとともに、近距離海運の中・小規模の廻船は、一層顕著な地域的交易活動を展開した。

天保４年小型入津船の船籍

船籍	伍大力船	与板船	小廻船	漁船	艀下船	不明船	その他	計
松前			1(1)					1(1)
野辺地			1(1)					1(1)
五戸			1(1)					1(1)
市川								0
湊	2	1		2				5
鮫								0
八戸							8	8
山田			1(1)					1(1)
宮古								0
大槌	1							1
気仙	1		1(1)					2(1)
仙台	1							1
越後			4(2)					4(2)
不明								0
計	5	1	9(7)	2	0	0	8	25(7)

享和元年小型入津船の船籍

船籍	伍大力船	与板船	小廻船	漁船	艀下船	不明船	その他	計
箱館	1							1
泊								0
五戸								0
市川								0
湊					1			1
鮫			2					2
八戸				1				1
久慈	2	4				1		7
野田								0
山田	4							4
宮古								0
気仙	2							2
越後								0
不明								0
計	9	4	2	1	1	1	0	18

(　)は間掛船の内訳

(享和元年八戸藩勘定所浦奉行日記・八戸南部家文書、天保４年鮫御役所日記・『天保四年嘉永五年慶応三年鮫御役所日記』)

これはまた、従来領外商人らの下に置かれていた八戸の海運機構を御前金船、ないしは御手船という形を通して、藩が大なり小なり関与することによって八戸の海運機構を構築したことを意味する。

それと同時に、中・小規模の廻船の物資の日常的交易の量的拡大は、八戸湊を拠点とする地域的流通経済圏の確立を促したといえるものであった。今後、新資料の収集と分析によってこの面での実証的研究が深められよう。

第二節　享和元年の入津船の姿

八戸湊における廻船の就航形態は、藩政改革を境にして変化したことはすでに見た通りである。ここでは、藩政改革が行われる以前の八戸湊の入津船の動向を享和元年八戸藩勘定所浦奉行日記によって具体的に見てみよう。

安政６年小型入津船の船籍

船籍	伍大力船	与板船	小廻船	漁船	艀下船	不明船	その他	計
箱館								0
泊				1		1		2
五戸						1		1
市川				1				1
湊				7		1		8
鮫								0
八戸								0
久慈								0
野田							1	1
山田								0
宮古				3		2		5
気仙								0
越後			1					1
不明						2	2	4
計	0	0	1	12	0	7	3	23

（安政６年廻船出入帳・『新編八戸市史』近世資料編Ⅱ）

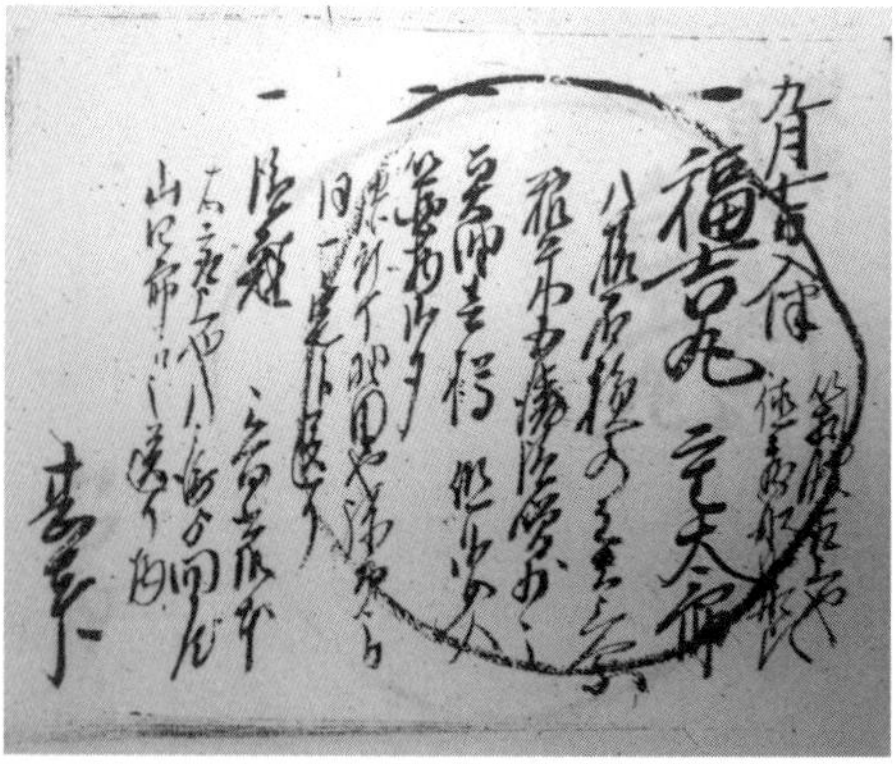

箱館最上屋徳蔵船の福吉丸入津書上（安政６年９月７日条廻船出入帳／『近世の廻漕史料・東北編』）

前述のように寛政三年鮫御役所日記は『八戸港史』をはじめとして諸書に引用されることが多いが、前著（『八戸湊と八戸藩の海運』）では、享和元年の浦奉行日記を史料的に優れたものとして初めて引用して使ったことがある。今回もこれを利用して藩政改革以前、すなわち、寛政三年よりも一〇年経った後の、寛政一三年改め、享和元年当時の入津船の動向を考察することにする。

1　入津船の数と廻船の種類

享和元年に八戸湊へ入津した廻船は、大型廻船四〇艘、小型廻船一八艘、計五八艘を数える（このほか名前不明の大型廻船三艘がある）。この内訳を廻船の形態別に見ると、大型廻船では、入船一五艘、通船一三艘、間掛船六艘、幕府御用船六艘となっており、小型廻船では、伍大力船九艘、与板船四艘、小廻船二艘、漁船一艘、艀下船一艘、不明一艘となっている。

入船一五艘のうち、御雇船である旨を書き添えてあるのが七艘ある。これは、入船一五艘のうち七艘のみが御雇船であったというのではなく、先に述べた通り御雇船の書き添えのあるなしにかかわらず、積荷内容や江戸切手持参などから考えて、入船はすべて藩が雇った御雇船とみてよい船である。

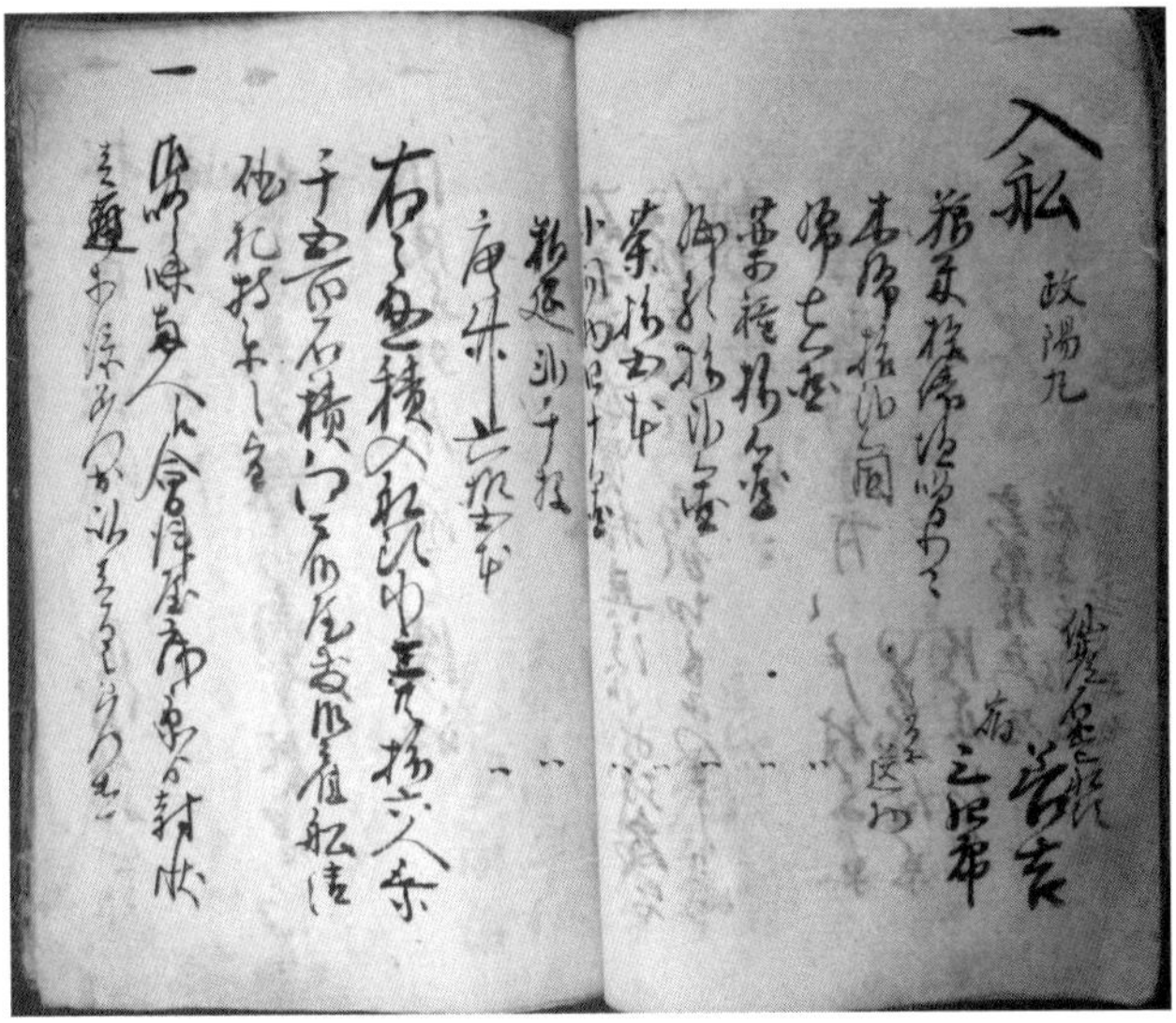

政陽丸 1,500 石積の入船書上（享和元年４月 14 日条八戸藩勘定所浦奉行日記）
木綿や綿類を積んできたほか、「江戸御屋敷御雇船御掛札」を持参して八戸湊に入津したことを届けている。

以上の入津船をその形態別に入津時期、船籍地、積石数、積荷物などについて整理してみると、以下の表の如くになる。これから各廻船の入津時期や大型・小型廻船の種類ごとの特徴を見てみる。

2 入津時期

八戸湊への入津時期は、中近距離航路の小型廻船では二月末から入津しているが、江戸—八戸間という長距離航路の大型廻船は三月中旬以降となっている。四月に入ると本格化し、四～六月頃がピークとなっている。そして、一〇月から翌年の二月にかけては、ほとんど大型廻船は入津していない。

この冬場の季節は、当時の廻船の構造、推進力、装備、航海技術などからいって、とても厳寒の荒々しい海を乗り切ることは難しかったからであろう。ただ、小型廻船の場合は、中近距離航路が主体であったため、冬の厳しい時であっても日和さえ恵まれれば航海できたので、入津が可能であった。

享和元年大型廻船の月別入津数

月	入船	御前金船	御手船	通船	間掛船	幕府御用船	計(A)
1月							0
2月							0
3月	1			5			6
4月	4			1		1	6
5月	2			4	1		7
6月	6				4		10
7月				1	1	1	3
8月	1			2			3
9月	1					4	5
10月							0
11月							0
12月							0
計	15	0	0	13	6	6	40

享和元年小型廻船の月別入津数

月	伍大力船	与板船	小廻船	漁船	艀下船	不明船	計(B)	総計(A+B)
1月							0	0
2月	2						2	2
3月	3						3	9
4月	1						1	7
5月		3					3	10
6月	1		2		1		4	14
7月							0	3
8月				1			1	4
9月	1					1	2	7
10月		1					1	1
11月							0	0
12月	1						1	1
計	9	4	2	1	1	1	18	58

（享和元年八戸藩勘定所浦奉行日記）

ところで、一般に廻船の入津は春と秋がピークとなる。春は、長い冬があけ、各廻船が一斉に商業活動を再開するためであるし、秋は収穫物、特に米が収穫されて、飯糧米として江戸へ送られるためである。しかし、八戸の場合は少し事情が異なっていた。八戸は、飛地の志和《しわ》郡の廻米を除くと、本領の三戸郡から江戸へ米が回漕されることはなかったし、秋の収穫物といっても、蕎麦・大豆などといった保存性が高い雑穀が中心となっていたので、各廻船が競って入津する必要もなかったのである。

３　大型廻船の姿

（１）廻船の船名、船籍と積石数、積荷など

入津船を入船、通船、間掛船、御用船その他の四種類に分けて、入津月日、船名、船籍地、積荷などの明細を掲げる。入船のうち、御雇船と書き添えたものは別に一つにまとめた。

これらの廻船の違いを入津目的から大まかにいうと、入船と御雇船は八戸を目的として入津した船であり、その積荷はもちろん八戸へ輸送されたものであったのに対して、通船や間掛船は八戸宛の荷物を積んでいたとしても、本来は八戸以外の湊を目的地として航行している船であり、一時的に八戸へ入津したにすぎなかった。また幕府の御用船も同様であった。

八戸を目的地に入津した入船の船籍は、遠江・伊豆の東海、江戸・浦賀、大坂となっており、江戸以南の船が主力であり、地元八戸船はいまだ就航していないのが特徴である。ただ、東北船籍では仙台石巻船が注目される。

船の規模は、一，〇〇〇石積以上が八艘、一，〇〇〇石積未満が七艘となっており、最高一，五〇〇石積から最低五〇〇石積までとその幅の開きが大きい。しかし、五〇〇石積程度の船でも江戸―八戸間を航行していたから、いずれも堅牢な船であったことは間違いない。

享和元年入船の明細

入津月日	船の形態	船名	船籍地	船頭の種類	船頭名	石積	水主	積荷	来港地	出帆月日	行き先	積荷	備考
3/21		天真丸	大坂	直乗	吉作	1,000	12	[商売物]しょうが[当所送物]木綿、古手、粕筵、油	江戸	4/13	江戸	御家中荷、土干鰯、蕎麦、薬種、大豆、〆粕、布苔、御家中荷、〆粕、布苔、味噌、大豆、〆粕、蕎麦、土干鰯	江戸伊勢屋喜左衛門願の江戸切手持参
4/14		吉徳丸	遠州相良	直乗	彦三郎	800	7	御家中荷、御用荷、御用明樽[当所送物]木綿、古手綿、小間物、紙類、瀬戸物、薬種、種白油、筵	江戸	4/29	江戸	大豆、〆粕、布苔、御用物、〆粕、布苔、大豆、〆粕、蕎麦、薬種	江戸伊勢屋喜左衛門願の江戸切手持参
4/15		富龍丸	遠州川崎	沖乗	清六	500	8	御家中荷[商売物]砂糖、生姜、干大根[当所送物]木綿、古手綿、小間物、紙類、瀬戸物、薬種、釜、筵、種白油	江戸	4/29（出戻）5/3	江戸	御家中荷、大豆、〆粕、布苔、蕎麦、味噌、御家中荷、大豆、〆粕、布苔、蕎麦、薬種	江戸鹿塩新五郎願の江戸切手持参、江戸切手に700石とあるが500石に訂正申告
4/15		浦吉丸	伊豆	沖乗	平次郎	1,200	11	[当所送物]木綿、古手、薬種、小間物、粕筵	江戸	4/29	江戸	大豆、〆粕、御用物、御家中荷、大豆、蕎麦、〆粕、土干、布苔、大豆、蕎麦、薬種、大豆	江戸伊勢屋喜左衛門願の江戸切手持参
5/13		勢徳丸	江戸	沖乗	久蔵	1,300	15	御家中荷[当所送物]木綿、古手綿、小間物、紙、薬種、瀬戸物、[宮古よりの送物]種白油、釜[送り先主不明物]赤魚、苞	江戸	5/28	江戸	大豆、〆粕、蕎麦、大豆、〆粕、魚油、小豆、蕎麦、布苔、御用魚油、御家中荷、大豆、布苔、蕎麦、魚油	江戸鹿塩新五郎願の江戸切手持参
6/18		全一丸	遠州相良	沖乗	庄太夫	850	9	御用明樽、御家中荷[当所送物]木綿、古手、明油樽、小間物	江戸	6/28	江戸	〆粕、大豆、蕎麦、魚油、御家中荷、〆粕、大豆、魚油、蕎麦、〆粕、大豆、魚油、布苔	江戸伊勢屋喜左衛門、三原屋又左衛門願の江戸切手持参
6/19		浦吉丸	伊豆		平治郎	1,050	12	御用物、御家中荷[商売物]からかさ[当所送物]木綿、綿、古手、小間物、筵、油樽	江戸	6/28	江戸	大豆、蕎麦、〆粕、魚油、〆粕、大豆、魚油、蕎麦、布苔、大豆、〆粕	江戸積切手持参
6/28		正徳丸	浦賀		藤八	1,000	14	[当所送物]木綿、粕筵、明樽、小間物		7/7	江戸カ	大豆、〆粕、魚油、蕎麦、大豆、〆粕、魚油、布苔、御味噌	
不明			石巻		多吉	1,200				10/26	江戸	〆粕、大豆、蕎麦、御用物、御家中荷、板、〆粕、大豆、蕎麦、〆粕、大豆、土干	出帆船
不明			江戸		久蔵					10/28	江戸	〆粕、大豆、蕎麦、米、〆粕	八戸より650石、久慈より600石積み入れ。出帆船
不明			大坂		吉左衛門	1,300カ		酢、そうめん		11/17（出戻）11/21		黒大豆、小豆、蕎麦、大豆、蕎麦、〆粕	出帆船

＊積荷の粮米・塩味噌は除外、表中の空欄は日記に記載のないもの（享和元年八戸藩勘定所浦奉行日記）

享和元年入船のうち御雇船の明細

入津月日	船の形態	船名	船籍地	船頭の種類	船頭名	石積	水主	積荷	来港地	出帆月日	行き先	積荷	備考
4/14	御雇船	政陽丸	仙台石巻		善吉	1,500	16	[当所送物]木綿、綿、薬種、紙類、茶、小間物、粕筵、唐竹	江戸	5/3	江戸	大豆、御用大豆、御用物、御家中荷、御用大豆、御家中荷、精粟、御味噌、粮米	江戸御屋敷御雇船の掛札持参
5/13	御雇船	葉徳丸	浦賀		万助	700	12	[商売物]そうめん[当所送物]綿、粕筵	浦賀	5/28	江戸	〆粕、大豆、〆粕、魚油、大豆	浦賀で雇船となる
6/19	御雇船	不明	遠州		清六	600	8	[商売物]そうめん[当所送物]明油樽、筵、醤油、[宮古送物]木綿、綿、小間物、砥石	銚子				通船であるが銚子より久慈雇船となる
6/23	御雇船	仁王丸	仙台石巻		喜三郎	1,000	16			7/7	江戸カ	大豆、〆粕、魚油、御用味噌、大豆、魚油、蕎麦、〆粕、大豆、〆粕、魚油、布苔、鉏、蕎麦	御当地雇いとなる
6/29	御雇船	虎徳丸	遠州		半兵衛	1,400	14	[当所送物]木綿、古手、小間物、紙、明油樽、筵	浦賀	7/16	江戸	御馬大豆、〆粕、布苔、薬種、蕎麦、魚油、大豆、〆粕、魚油、布苔	櫓の交換、浦賀にて雇船となる
8/19	御雇船	葉徳丸	浦賀		万助	700	12	[商売物]唐かさ、砂糖[当所送物]綿、木綿、明樽	浦賀	9/15	江戸	〆粕、大豆、板、御家中荷、魚油、蕎麦、〆粕、荷不足のための小麦、御家中荷、〆粕、小麦、簀干鰯	浦賀にて御当地雇船となる
9/15	御雇船	寛永丸	江戸		利吉	600		[当所送物]木綿、茶、小間物、薬種、紙[宮古より送物]塩鮭、鮭節	浦賀	10/14	江戸	大豆、〆粕、土干、檜綱、平釜、吟味所畳表、御用菰、御家中荷、〆粕、蕎麦、土干、簀干、御家中荷、〆粕、蕎麦、簀干、土干	浦賀にて雇船となる

（享和元年八戸藩勘定所浦奉行日記）

享和元年通船の明細

入津月日	船の形態	船名	船籍地	船頭の種類	船頭名	石積	水主	積荷	来港地	出帆月日	行き先	積荷	備考
3/14	通船	不明	筑前		安五郎	1,500	20	[商売物]木綿、古手、綿、明樽		3/18	青森		
3/14	通船	〃	三州吉田		与重郎	1,200	15			3/18	青森		
3/15	通船	〃	筑前		与助	1,500	20			3/18	青森		
3/19	通船	〃	摂州伝法		新蔵	1,200	15	[商売物]古手、明荏樽		3/21	青森		
3/20	通船	〃	川内		金蔵	300	5			3/21	川内		
4/4	通船	〃	牛瀧		喜惣左衛門	450	8			4/14	牛瀧		
5/13	通船	〃	筑前		治左衛門	1,500	19	[商売物]木綿		5/14	大畑		
5/13	通船	〃	大坂		多十郎	1,300	15	[商売物]しゅうろ		5/18	大畑		
5/22	通船	〃	尾州半田		友吉	1,000	13	[商売物]綿		6/5	大畑		
5/22	通船	〃	尾州半田		栄蔵	1,200	13			6/5	大畑		
7/2	通船	〃	江戸		久蔵	1,300カ		[商売物]酢[当所送物]神輿			大畑		
8/8	通船	〃	大坂	沖乗	吉左衛門	1,300	15	[商売物]そうめん、木綿、布苔(大畑買)	大畑				易国間雇船
8/19	通船	〃	大坂	沖乗	弥平治	1,200	15	羽釜			大畑		船主寺島吉左衛門、檣作事

(享和元年八戸藩勘定所浦奉行日記)

享和元年間掛船の明細

入津月日	船の形態	船名	船籍地	船頭の種類	船頭名	石積	水主	積荷	来港地	出帆月日	行き先	積荷	備考
5/14	間掛船	不明	紀州		喜左衛門	1,200	16	[当所送物]木綿、綿、古手、小間物		5/18	大畑		通船から間掛船となる 帆形18反、御役長銭900文
6/5	間掛船	〃	大坂		多十郎	1,300	15	檜角大小、同寸甫		6/10	大畑		帆形17反、御役長銭850文
6/11	間掛船	〃	伊豆		久七	900	12	檜角大小、同寸甫	大畑				帆形14反、御役長銭700文
6/18	間掛船	〃	遠州川崎		半兵衛	1,450	14	[商売物]唐竹[当所送物]木綿、古手、薬種、小間物、明樽、筵[大畑送物]木綿、紙類			大畑		帆形16反、御役長銭800文
6/21	間掛船	〃	大坂		吉右衛門	1,300	15	[商売物]木綿、小間物、素めん[当所送物]木綿、小間物、水油、蛤貝、明油樽、筵		6/27（出戻） 7/7（出戻）	異国間		帆形17反、御役長銭850文
7/2	間掛船	〃	遠州		半兵衛	1,450	14	檜角大小、同寸甫		7/14（出戻） 7/16	大畑	大豆、〆粕、御味噌、魚油、〆粕、大豆、蕎麦、御馬大豆、〆粕、布苔、薬種、蕎麦、魚油、御馬大豆、魚油、小麦、大豆、〆粕、魚油、布苔	帆形16反、御役長銭800文

（享和元年八戸藩勘定所浦奉行日記）

享和元年御用船その他の明細

入津月日	4/13	7/11	9/20	9/23	9/23	9/23	7/4
船の形態	御用船	松前御用船	御用赤船 御用船	御用赤船	御用赤船	御用船	乗落船
船名	通切丸	不明	政徳丸	翔風丸	如神丸	山王丸	不明
船籍地						江戸	遠州
船頭の種類							
船頭名	徳助		鹿谷彦次郎	御雇船頭弁五郎	御雇船頭善吉	吉右衛門	清六
石積	350		1,000	1,500	1,300	900	600
水主	8			18	18	13	8
積荷			蝦夷地御荷物、塩鮭、塩漬鮭	蝦夷地御荷物、蛎売、エゾ松、植木樽、鮭塩引	蝦夷地御用物、塩鮭	秋味鮭、筋子、塩鮭大魚	御用松、大豆
来港地		エトロフ	松前蝦夷地	松前蝦夷地	松前蝦夷地		久慈
出帆月日	4/23（出戻）4/25	7/14（出戻）7/16	9/25	9/24	9/25	9/24	
行き先	松前蝦夷地						
積荷							
備考	水主のほかに御雇24人乗り					鉄鉋洲本湊町久三郎船	久慈より乗落

（享和元年八戸藩勘定所浦奉行日記）

ちなみに千石船とはどのくらいの規模の船であろうか。

鮫の廻船問屋西村三四郎家の文政八年（一八二五）御用留（西村家所蔵）によると、一，一二三石六斗五合と間尺《けんじゃく》改めを受けている亀遊丸は、長さ一〇尋《ひろ》二尺五寸（五丈二尺五寸）、幅二丈六尺一寸、深さ八尺二寸と書き上げられている。従って、一，一〇〇石クラスの船は、長さ約一六メートル、幅約八メートル、深さ約二・五メートルの規模ということになろう。

しかし、弁財船《べざいぶね》の敷《しき》長は全長ではなく、舳先《へさき》より二番目のかんぬきの内側から船尾の戸立の内側までであり、幅は船の外側の寸法、深さは底材上面から上端までとなっていたので（『八戸港史』）、実際の船はこの寸法よりはやや大型であった。

船の積石数は、積載容積ではなく、どれくらいの荷物を積み得るか、つまり、千石船といえば、米一，〇〇〇石分の重量、約一五〇トンの荷物を積み得る能力の船のことを指した（須藤利一編『船』）。

一方、通船や間掛船の船籍と石数を見ると、船籍は紀井・大坂・摂津などといった関西が中心となっている。通船では、下北の川内・牛瀧の船があるほか、遠く九州筑前の船が八戸まで来港しているのが目につく。

船の積石数は、一，〇〇〇石積以上が通船では一一艘、間掛船では五艘、一，〇〇〇石積未満は通船が二艘、間掛船が一艘となっている。入船は、一，五〇〇石積から五〇〇石積までと石数の幅が大きいのが特徴であったが、通船や間掛船は牛瀧や川内のローカル船の四五〇石、三〇〇石積を除くと、そのほとんどが一，〇〇〇石以上の大型船が占めている。その理由は、江戸—青森、江戸—蝦夷地などといった日本の半分以上の長さの距離を航行する必要があったからであろう。

(2) 水主と船頭

船の乗組員の水主《かこ》数は廻船の規模に比例して多くなっている。一，〇〇〇石クラスの船では一二人前後が乗り込んでおり、最高は一，五〇〇石の通船の二〇人である。伍大力船や与板船、艀下船などの小規模な船は四人乗りが多かった。船頭には、沖乗《おきのり》と直乗《じきのり》の二種類あるが、明確に直乗と記されている船は二艘のみである。沖乗船頭は、船主が別にいて船主から雇われた船頭であり、直乗船頭は、船主が自ら船頭となっているものである。直乗船頭の場合は、北前《きたまえ》船《ぶね》に典型的に見られるように船主たる船頭が、自らの才覚を生かして寄港地で産物を仕入れ、それを他所へ運んで利益を得るという買い積み船が多かった。

しかし、八戸湊へ入津した直乗船頭の廻船は、これと異なり、積荷は商売物がわずかで、その半分以上が御用荷や送物であり、しかも帰り荷は買い積みが指定された江戸切手を持参していたから、賃積みによる運送船であり、北前船のような買い積み船の船頭ではなかったのが特徴である。

ここでの船頭の任務は、直乗であれ、沖乗であれ、荷主より指示された積荷を積載し、安全な航路を通って指定の湊へ迅速、かつ、確実に回漕することであった。

（3）入津船の積荷と江戸切手

八戸湊入津を目的に荷物を積載してくる入津船は、御雇船を含めて「入船」と書き上げられた。この船は、いずれも江戸、ないしは浦賀、あるいは、銚子から雇用されて八戸を目指して下ってきたものであり、八戸で荷物を下ろした後は、ここで再び荷物を積み込み、江戸へ向けて出帆した。

これらの廻船が積み込んできた下り荷は、入船、および入船に御雇船と書き添えた船とも違いはなく、御用荷、御家中荷、当所送物、商売物であった。御用荷・御家中荷は藩の公用の荷物である。当所送物は八戸商人宛に送られた積荷であり、それは木綿・古手《ふるて》などを中心とした衣料品、小間物・薬種・瀬戸物・紙・砂糖・茶などの日常生活品であり、これに加えて〆粕《しめかす》の粕筵《むしろ》、魚油用の明樽《あきだる》などといった八戸特産品用の梱包用品であった。

船頭が商いする商売物では、生姜《しょうが》・干大根・そうめん・唐傘・砂糖などという嗜好品・日常生活品が多かった。しかし、商売物は送物と比べると、品目も数量も限られたものであったので、当湊へ入津した廻船の積荷は、八戸の商人宛に送られた送物が主体となっていた。

従って、また運賃形態から廻船輸送を見れば、この輸送は運賃積みであったということになる。

四月一五日に入船した富龍丸を例としてその積荷と員数を見ると、次の通りとなっている。

遠州川崎船頭　清六
　　　　宿　甚太郎

一、入船　富龍丸《トミタツ》

粮米　弐拾俵　塩噌　少々
御家中荷　弐百三拾七品
木綿并古手綿取合　七拾三箇　送物
小間物紙類瀬戸物薬種取合　五十箇　同
釜　壱口　同
筵　千枚　同
種白油　五樽　同
砂糖　拾壱樽　商売物
生妻　八俵　同
干大根　三拾箇　同
右之通積入船頭水主共八人乗五百石積江戸切手持参

（享和元年四月一五日条八戸藩勘定所浦奉行日記）

また八戸から江戸へ運ぶ上り荷は、大豆、蕎麦、〆粕、土十《つちほしか》鰯、魚油、布苔《ふのり》、薬種などであり、領内の特産たる畑作物の大豆と海産物の〆粕・布苔などが大きな比重を占めていた。ここには藩政改革以後、重要な移出品となる鉄製品はそれほど多く登場していない。

上り荷についていえば、その多くは下記の史料の如く鹿塩新五郎や伊勢屋の江戸切手によってあらかじめ決められており、江戸切手にもとづいて荷物が八戸において買い調《ととの》えられ、船へ積み込まれていた。従って、北前船のように船頭の商業才覚によって買い込まれ、運ばれる積荷とはおのずと異なっている。

例えば、富龍丸の江戸切手は次のようなものである。

覚

一、七（ママ）百石積　遠江国川崎伊兵衛船　沖船頭　清六

水主八人乗

右壱艘為買積其湊江罷越度旨鹿塩新五郎依願切手差出申候、荷物為御積可被成候、以上

享和元辛酉年三月　戸村与兵衛

田名部義兵衛

鈴木八郎

岩泉権右衛門殿

稲葉平作殿
須藤六郎兵衛殿

（享和元年四月一五日条八戸藩勘定所浦奉行日記）

切手の発給者は江戸屋敷の吟味役戸村与兵衛・田名部義兵衛・鈴木八郎であり、宛先人は八戸の吟味役岩泉権右衛門と浦奉行の稲葉平作・須藤六郎兵衛となっている。

従って、これらの積荷を見ると、下り荷も上り荷も藩の御用荷、御家中荷、および、商人荷からなっており、商人荷の送物が積荷の主体だった。

運賃形態からいえば、江戸―八戸間における上り・下りの廻船の運送形態は、少なくとも入船においては、荷物の運賃積み（賃積み）を主体とした海運であったといえる。一般に、海運は自己運送＝買い積み船から他人運送＝賃積み船へと発展したと説かれる（柚木学『近世海運史の研究』）。

しかし、江戸―八戸間の東廻り航路においては、北前船のように遠隔地の価格差を利用して自己の商売物のみを満載して高利益を得ようとする買い積み船は、中近距離海運を除くと、当初より育っていなかったということができる。その育たなかった理由は今明らかにできないが、八戸藩を含めた東廻り海運全体の動きや構造の中で

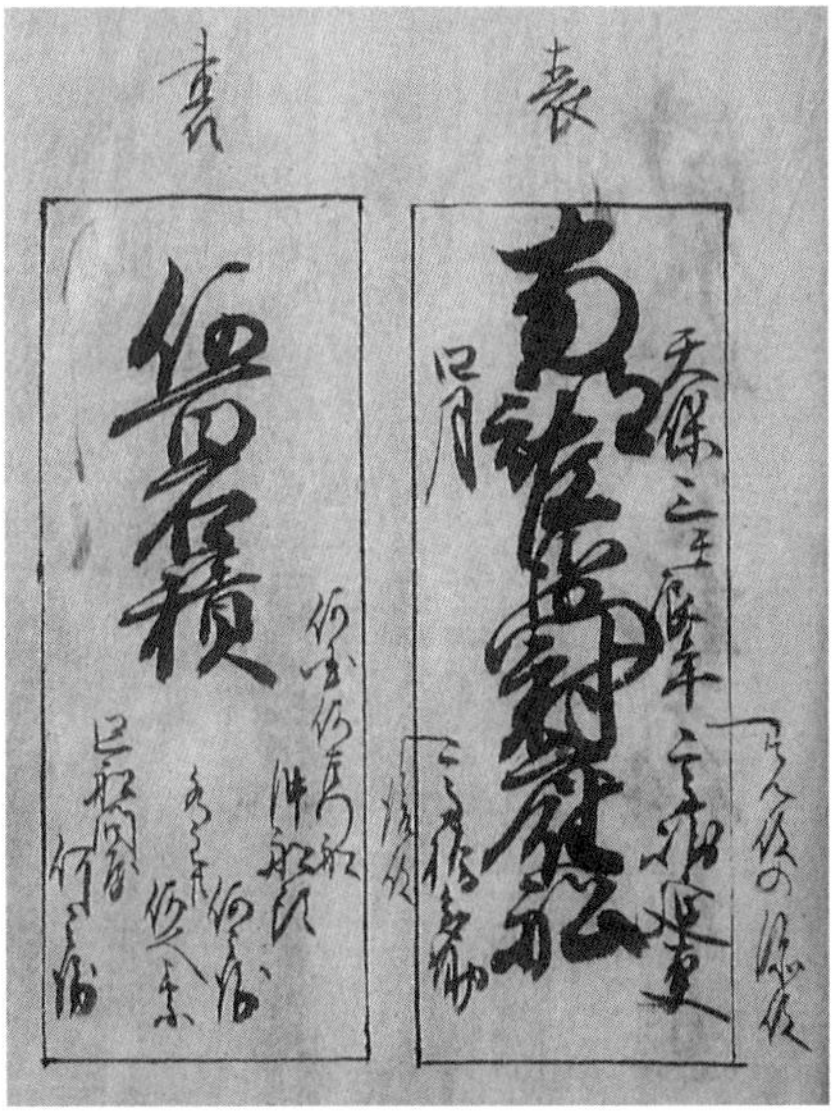

天保３年御雇船の掛札＊（御物書心得／旧蔵者不明文書）

考慮されるべきものと思われる。

ところで、江戸と八戸との間の流通機構、すなわち、荷物の発送と受け取りの取引関係はどうなっていたのであろうか。

渡辺信夫前掲論文「東廻海運の構造」では、文化三年（一八〇六）と嘉永五年の史料から、伊勢屋は江戸の積問屋であり、荷受人は八戸城下町の特権商人であるとして、江戸の積問屋と八戸の特権商人との間に下り荷流通機構ができており、その機構の下で八戸商人が仕入れる下り荷の回漕船が賃積み船として輸送していたと述べている。

たしかに江戸の積問屋と八戸の荷受問屋の間では、このような流通機構が成立していたとみられるが、上り荷・下り荷ともその具体的流通の動きについては、享和元年の浦奉行日記をはじめとしてその他の資料からも知ることができない。今後の課題である。

ただ、江戸切手に見える伊勢屋喜左衛門、鹿塩新五郎については、伊勢屋は、文化元年（一八〇四）四月一〇日条や同六年（一八〇九）一〇月九日条の八戸藩勘定所日記によると、志和廻米の江戸蔵元《くらもと》であった。また鹿塩は天保一二年（一八四一）御産物方雑用手控に「南新川廻船問屋　鹿塩庄二郎」とあり、天保末年（～一八四三）頃の御産物御用手控と天保初年（一八三〇～）頃の御物書心得（旧蔵者不明文書）の積切手の書式に「廻船問屋鹿塩庄次郎雇ニ付」云々とある鹿塩とみられ、廻船問屋であったことが分かる。従って、これらの商人は、御雇船を江戸で雇い入れ、八戸へ荷物を回漕していたことになる。

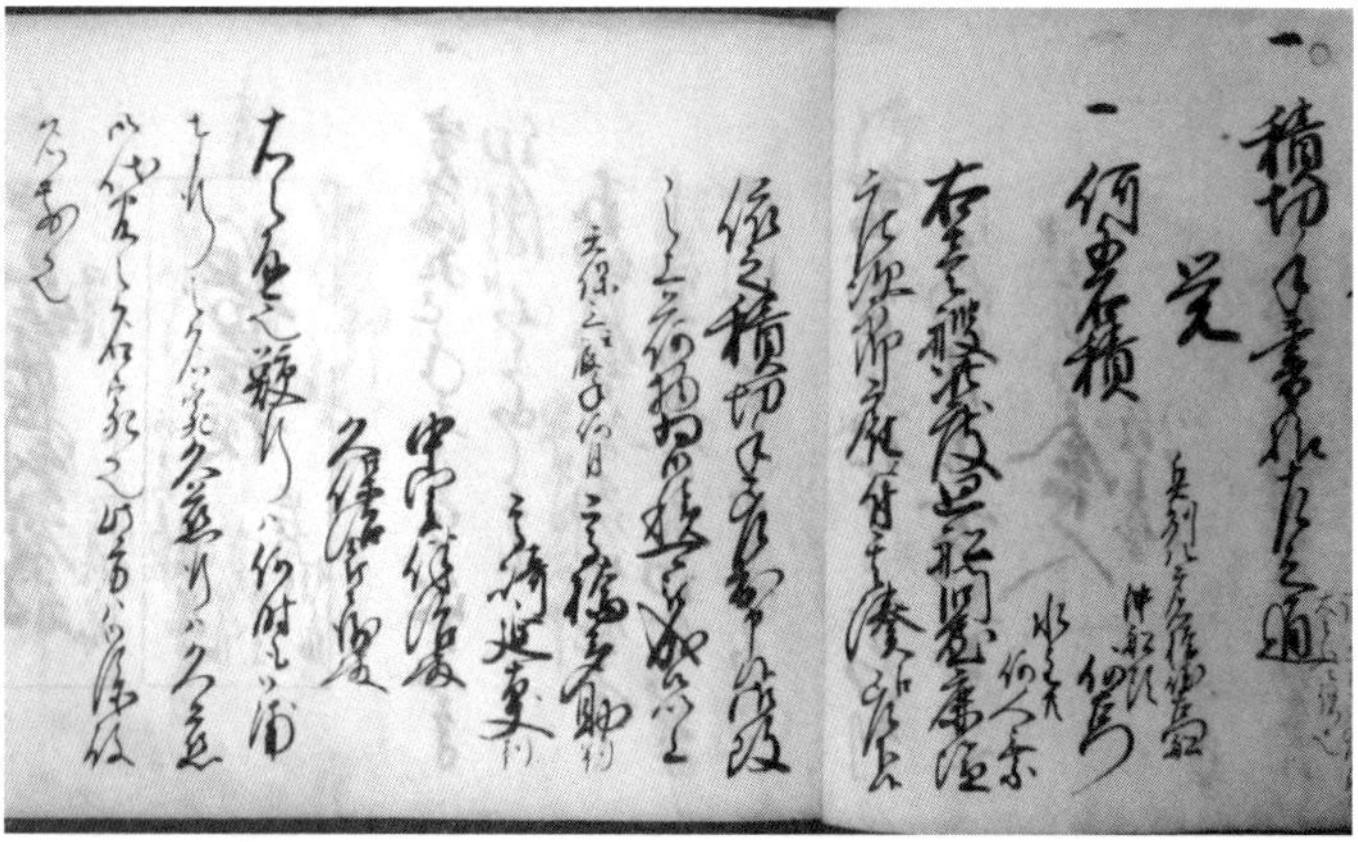

江戸積切手の書式（御物書心得／旧蔵者不明文書）

一方、八戸側の商人では、近江屋市太郎（村井）が上り荷の荷主、あるいは、荷主年行事として見えている。近江屋は、寛政三年の鮫御役所日記に見える荷主年行事の美濃屋三右衛門（金子）と同じ地位にあり、八戸の移出産物の業者仲間の代表者、ないしは年番幹事として産物の移出にあたっていたことになる。

なお沖口《おきぐち》（移出税）免除の商人としては、「沖口御免石人数覚」（享和元年三月二五日条八戸藩浦奉行日記）に、大塚屋市兵衛（村井）が二，〇〇〇石、松橋半兵衛（七崎屋）・美濃屋三右衛門が一，五〇〇石、近江屋市太郎・江戸伊勢屋喜左衛門（竹口）・同美濃屋惣三郎（金子）が一，〇〇〇石と見えており、八戸に四人、江戸に二人の沖口免除の特権商人がいた。

（4）通船と間掛船の積荷

一方、八戸を直接目的地としない通船や間掛船の場合の積荷はどうであったろうか。

この両船は八戸到着を目的とした入船（御雇船を含む）と違い、八戸以外の目的地を目指して航行しており、一時的に八戸へ寄港したにすぎなかった。その出帆地は史料的に明らかではないが、目的地は八戸より以北の津軽青森や下北の大畑、あるいは、松前箱館などとなっており、そのほとんどは下り航路をとる船であった。

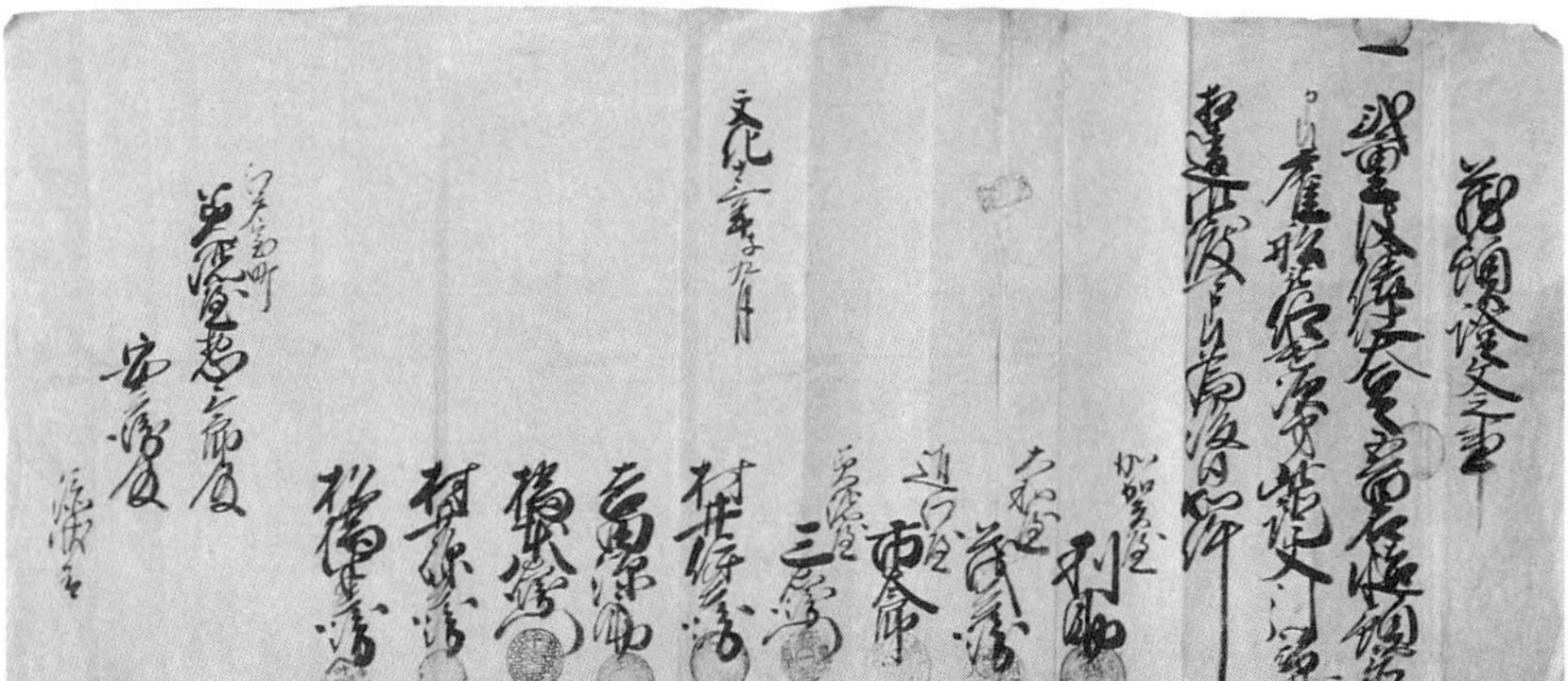

御雇船に積み込む大豆の蔵預かり証文＊（八戸南部家文書）
江戸室町の美濃屋惣三郎へ宛てて加賀屋利肋以下、七崎屋松橋半兵衛たち、八戸を代表する商人が名を連ねている。

通船と間掛船との違いは、享和元年八戸藩勘定所浦奉行日記から見ると、積荷の有無とそれに伴う役料（間掛料）徴収の有無にあった。すでに、渡辺前掲論文「東廻海運の構造」では、通船は積荷がないか、あるいは、あっても八戸宛の荷物（商売物も含めて）しか積んでいないので、役銭が徴収されない船とし、間掛船は、八戸宛の積荷はなく、すべて他所へ運ぶ積荷であり、一時的に船《ふね》繋《つな》ぎしたにすぎなかったのでその船繋代として役料が徴収される船である

通船の積荷

○は該当する事項

入津月日	積荷あり		積荷なし	目的地	備　考
	送　物	商売物			
3月14日		○		青　森	
3月14日			○	〃	
3月15日			○	〃	
3月19日		○		〃	
3月20日			○	川　内	
4月 4日			○	牛　瀧	
5月13日		○		大　畑	
5月13日		○		〃	
5月22日		○		〃	
5月22日			○ヵ	〃	積荷なしか
7月 2日	○	○		〃	神輿の送物
8月 8日		○		—	
8月19日		○ヵ		大　畑	商売物か

間掛船の積荷

○は該当する事項

入津月日	積荷あり		積荷なし	目的地	備　考
	送　物	商売物			
5月14日	○八戸へ			大　畑	通船より変更
6月 5日	○他所か			〃	
6月11日	○他所か			—	
6月18日	○八戸、他所	○		大　畑	
6月21日	○八戸へ	○		易国間	
7月 2日	○他所か			大　畑	

（享和元年八戸藩勘定所浦奉行日記）

と指摘している。

おおむねこのような理解でよいと思われるが、享和元年の浦奉行日記によると、間掛船の役料徴収を除くと、積荷に関しては、通船と間掛船との違いは、通船は積荷がないか、八戸宛の荷物、ないしは販売目当ての商売物を積載している船であり、間掛船は八戸以外に運ぶ他所の荷物を積むほか、八戸宛の荷物、ないしは販売用の商売物を積載している船であったようである。

多少煩わしい言い方だが、この日記で見る限りは、両船の特徴は、通船は、①八戸以外を目的地として航行する②積荷を積んでいない③商売物を積むが、場合によっては八戸宛の荷物も積む④役料は徴収されない、となり、間掛船は、①八戸以外を目的地として航行する②他所へ運ぶ荷物を積む③商売物や八戸宛の荷物も積む④役料は徴収される、ということになる。

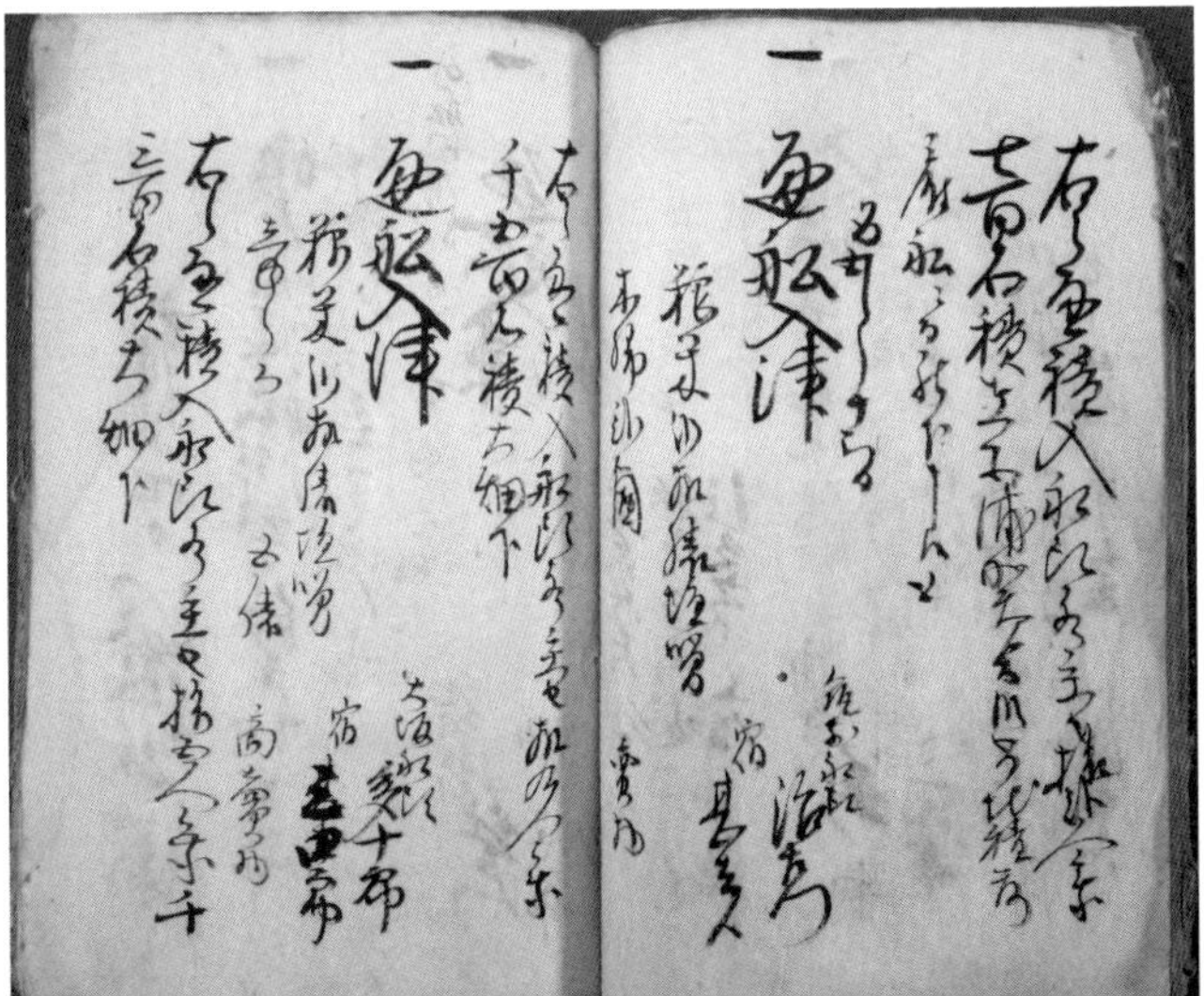

通船の入津書上（享和元年５月13日条八戸藩勘定所浦奉行日記）

つまり、通船は商売物の積荷のほかは、原則として荷物を積み込んでいない船であり、これに対して、間掛船は原則として他所へ運ぶ荷物を積み込んだ船であり、これに加えて八戸宛の荷物も積載してきたと結論付けることができる。

同日記の五月一六日条によれば、当所送物八〇箇余を積んできた紀州喜左衛門船は、通船として申し立てたが、送物の積み立てを理由に間掛船扱いとされ、帆役料の上納を命じられている。この措置はこの度の新法なりと記されているが、この事例は、通船は本来八戸宛の送物を積んでいない船であったことを示唆するものである。通船が荷物を積んでこないのは他所で荷物を積み込むことを予定していたことにほかならない。

このような積荷のあり方は帆役料の徴収にかかわってくる。通船は積荷を積載していないために帆役料は徴収されなかったが、間掛船は他所へ運ぶ荷物を積んでいるが故に、船繋ぎの間掛代として帆役料が徴収されたとみるべきである。

享和元年の帆役料（長銭、丁銭、または、間掛料）の徴収基準は、帆一反（端）あたり五〇文となっていた。六月五日に入津した一，三〇〇石積の大坂船頭多十郎船は帆形一七反で御役長銭八五〇文、六月一八日の一，四五〇石積の遠州川崎半兵衛船は帆形一六反で御役長銭八〇〇文上納している。

当時、弁財船といわれた大和型荷船は、外見上船の総石数が分からなかったので、船の積石数と帆の反数との相関関係を利用して船の規模を推定し、これによって帆役料を算定していた。

帆一反とは、二尺五寸幅（七六センチメートル）の木綿布の帆の単位をいい、これが一反ごとにつなぎ合わせられ

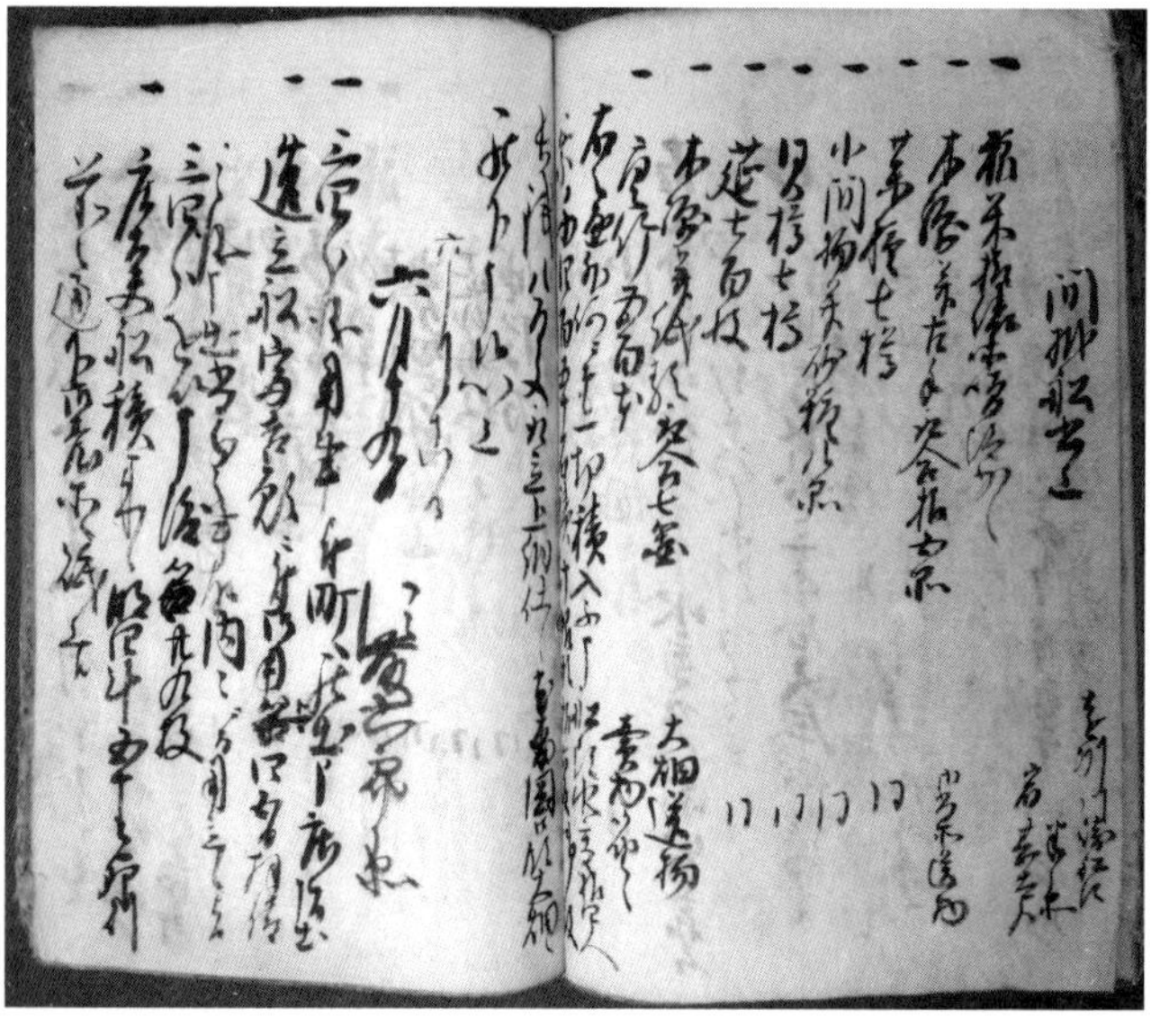

間掛船の入津書上（享和元年 6 月 18 日条八戸藩勘定所浦奉行日記）

間掛船の積石数と帆の反数　（800石積以上を抽出）

入津月日	船名	積石数	反数	間掛料(文)	年　代
5月25日	金保孟吉丸	2,000	21	1,050	天保４年（1833）
7月27日	栄久丸	1,700	22	1,100	文政３年（1820）
7月27日	小福丸	1,500	17	850	文政３年（1820）
3月27日	円通丸	1,500	19	950	天保４年（1833）
3月27日	虎吉丸	1,500	18	900	天保４年（1833）
3月27日	栄久丸	1,500	20	1,000	天保４年（1833）
6月18日	川崎船頭船	1,450	16	800	享和元年（1801）
7月 2日	遠州船頭船	1,450	16	800	享和元年（1801）
8月12日	大宮丸	1,400	17	850	文政３年（1820）
5月 2日	万寿丸	1,350	17	850	安政６年（1859）
6月 5日	大坂船頭船	1,300	17	850	享和元年（1801）
6月20日	大坂船頭船	1,300	17	850	享和元年（1801）
8月12日	通勢丸	1,300	16	800	文政３年（1820）
4月22日	高虎丸	1,300	15	750	嘉永５年（1852）
5月14日	紀州船頭船	1,200	18	900	享和元年（1801）
6月14日	明宮丸	1,200	18	900	文政３年（1820）
8月12日	仙寿丸	1,200	17	850	文政３年（1820）
5月27日	大宮丸	1,200	16	800	天保４年（1833）
5月 5日	喜盛丸	1,200	15	700	天保４年（1833）
9月21日	喜福丸	1,100	16	800	天保４年（1833）
5月 5日	興徳丸	1,050	11	650	天保４年（1833）
7月27日	盤盛丸	1,000	15	750	文政３年（1820）
7月28日	永久丸	1,000	13	650	文政３年（1820）
8月12日	孟徳丸	1,000	12	600	文政３年（1820）
3月 6日	大寿丸	1,000	12	600	嘉永５年（1852）
6月11日	伊豆船頭船	900	14	700	享和元年（1801）
7月27日	一宮丸	900	14	700	文政３年（1820）
4月25日	長興丸	900	10	500	文政３年（1820）
8月12日	宝吉丸	900	11	550	文政３年（1820）
6月12日	金興丸	870	11	550	天保４年（1833）
8月13日	海運丸	800	12	600	天保４年（1833）
6月10日	正徳丸	800	18	900	嘉永５年（1852）

（各年の鮫御役所日記、享和元年八戸藩勘定所浦奉行日記、安政６年廻船出入帳）
＊廻船出入帳の反数記入は１艘のみ

て全体の帆が構成された。従って、この帆のつなぎ目を数えると、何反帆かがすぐに分かり、離れた場所からも船の大きさが推定できた。

普通、千石船では二五反帆といわれるが（須藤利一編『船』）、八戸湊へ入津した間掛船の反数を見ると、前掲表のように年代にかかわりなく一，〇〇〇石積クラスで一二〜一五反帆であった。従って、この当時、八戸湊へ入津した一，〇〇〇石積船はおよそ一五反帆前後であったことが知られる。帆形の反数は全国的な枚数に比べると少なかったことになる。

なお帆には船印が付けられていた。帆の一部に黒い筋が付けられ、その筋の長さの長短や付ける位置、数などが組み合わせられて誰の船なのかを識別できるようになっていた。

長久丸の船絵馬（八戸市櫛引の秋葉神社所蔵）
弘化４年８月15日、八戸湊村船主古川屋仁兵衛、沖船頭久次郎が奉納した絵馬。水主13人乗りとあり、年号が明記されたものでは八戸では最も古い。帆に縦の筋が入っているのが帆のつなぎ目であり、このつなぎ目を数えると24反帆となり、優に1,000石積を超える。また帆の真ん中の黒い筋が船印である。絵馬には四本爪の碇が５頭積まれている。長久丸については船手御用留の弘化４年正月条領内廻船書上に弁財造800石積とあるのが、これであろう。ただ水主数が８人乗りとしているので、積石数を少なく大坂廻船年行司へ報告していたようである。

4　小型廻船の姿

八戸湊へ入津した小型廻船は、一八艘を数えているが（出船も含む）、種類別に見ると、伍大力船九艘、与板船四艘、小廻船二艘、漁船一艘、艀下船一艘、不明一艘となっている。これらの廻船は地域内を走り回る交易船として入津した数であり、実際には、このほかに他から品物を買い入れた漁船などの入津はあったことはいうまでもない。

これらは、交易専用船ではなく、地船として本来の用途は別にありながら、その休閑期を利用して中近距離海運に転用されていた船である。入津数の多い伍大力船や与板船は、本来は漁船であり、漁期が終わったり、漁閑期には交易船として利用された典型的な船である。また小廻船は、久慈―八戸間といったローカル地域を走る小廻し輸送船であり、艀下船は、海上にいる本船との間を往復して荷役する艀船であったし、漁船は魚を捕る漁船そのものであった。

小型廻船の規模を見ると、八戸藩勘定所浦奉行日記には積石数は記載されていないが、水主数は、与板船が一三人乗り、伍大力船が五人乗り、艀下船・漁船が四人乗りとあるので、与板船を除くとそれほど大きな石数ではなかったと思われる。

盛岡藩領の伍大力船は六〇～九〇石積の規定があるが（湊御役所古法書抜、『大槌町史』上巻所載）、八戸藩の藩日記などでは、四人乗りの伍大力船が七〇石積（寛政一二年三月二三日条八戸藩目付所日記）、七人乗りの同船が三四〇石積（文化七年五月四日条同日記）などとあるので、これらの小型廻船は、水主数から見て七〇石積ぐらいから三〇〇～四〇〇石積ぐらいであったろうか。

与板船と伍大力船との関係についていえば、伍大力船は与板船を改良したものといわれ、建造費が安かったのでしだいに与板船にとって代わったという（『大槌町史』上巻、『宮古市史』漁業・交易編）。

両船の違いは、伍大力船の方が水押《みよし》（舳先の意）が斜に突き立っていることである。いずれも帆を持ち、風を推力として帆走できたので、ある程度の航続距離を有していたし、櫓《ろ》も備えていたので小回りもきいた。櫓の数は、与板

享和元年小型廻船の明細

入津月日	船の形態	船名	船籍地	船頭の種類	船頭名	石積	水主	積荷	来港地	出帆月日	行き先	積荷	備考
2/27	伍大力船	不明	山田		長太		4	塩赤魚、塩鱈		3/12	山田		
2/29	伍大力船	〃	仙台気仙		甚六			塩赤魚		3/12	久慈 仙台	明荏樽、立筵、粕筵、摺縄	
3/11	伍大力船	〃	箱館		子之助		4	生鯡(箱館にて購入)	箱館				
3/21	伍大力船	〃	仙台気仙		勘五郎			干赤魚、唐竹		4/6	気仙		
3/24	伍大力船	〃	久慈		熊蔵								
4/14	伍大力船	〃	山田		長太		4	塩赤魚	山田			精粟、大豆	
5/19	与板船	〃	久慈		徳助		13	目貫魚					赤魚釣漁事の沖出し中、吹流れ入船
	与板船	〃	久慈		巳之助		13	目貫魚					〃
	与板船	〃	久慈		兵作		13	目貫魚					〃
6/1	伍大力船	〃	山田		福松		4	唐竹(山田にて購入)	山田	6/7			
	小廻船	〃	鮫		重左衛門		4			6/5	大畑		出船
	艀下船	〃	湊		武吉		4			6/10	仙台	唐竹、昆布、昆布	出船
6/12	小廻船	〃	鮫		重左衛門		4	檜角、車えび(泊にて購入)	泊				大畑日和不足
8/12	漁船	〃	八戸		武吉		4	唐竹	気仙				
9/2	伍大力船	〃	山田		長太		4	塩鮭(山田にて購入)	山田				
9/16	伍大力船	〃	久慈		安五郎		4	唐竹(気仙にて購入)	気仙		久慈	粕筵、明油樽、摺縄	
10/19	与板船	〃	久慈		甚兵衛			〆粕、蕎麦、松板	久慈				
12/4	伍大力船	〃	久慈		市三郎		4					造酒米	

(享和元年八戸藩勘定所浦奉行日記)

船では六〜八挺《ちょう》あり、二人で一挺漕いだので一二〜一八人ぐらいの水主が乗り込むことになる。

従って、八戸湊へ入津した伍大力船は、四人乗りと水主数が少なかったが、帆走できる利点を生かし、松前、仙台のような範囲を航行していたし、藩日記などでは、四人乗りの伍大力船で常州平潟といった遠方までも結構乗り入れていたことが記されている（宝暦六年六月七日条目付所日記など）。

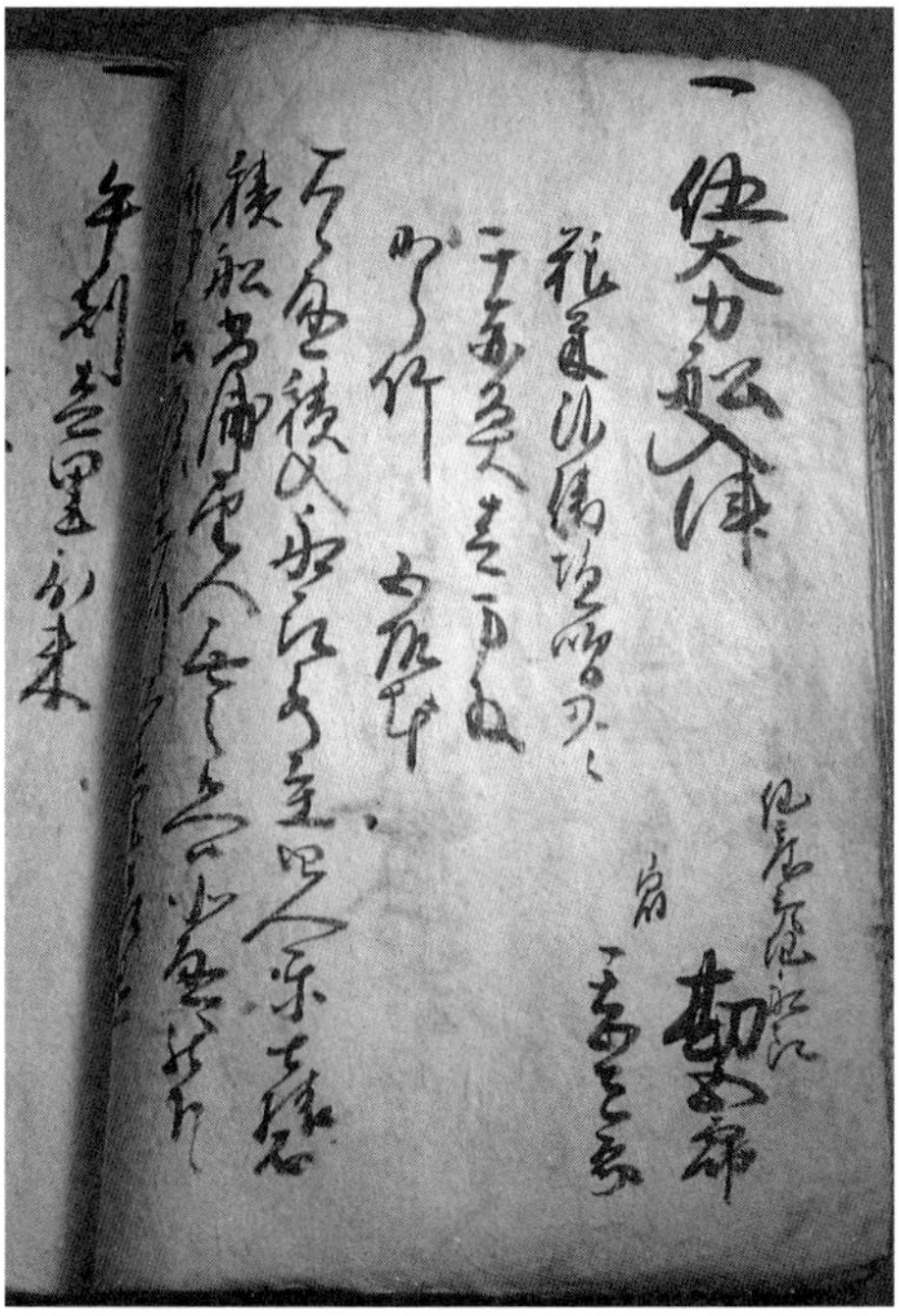

伍大力船の入津書上（享和元年３月22日条八戸藩勘定所浦奉行日記）
仙台気仙船４人乗り70石積が干赤魚やから（唐）竹を積んで八戸湊に入津している。

これらの船の船籍は、伍大力船は山田・久慈・気仙・箱館、与板船は久慈、小廻船は鮫、漁船は八戸、艀下船は湊（八戸）となっている。そして、これらの交易範囲は、伍大力船では、北は箱館から南は山田・気仙、与板船は久慈、艀下船は仙台、小廻船は大畑・泊から気仙、漁船は気仙などとなっている。

従って、その交易範囲は大体各廻船の船籍地と重なっており、各廻船はそれぞれの船籍地を足場に八戸、あるいは、その周辺地域を航行交易していたことになる。

小型廻船の積荷を見ると、これらの船の積荷は荷主より依頼されて荷物を運ぶというものではなく、各地の産物を船頭が直接買い入れ、これを寄港先で売るという買い積み商いの荷物であった。八戸湊へ入津した大型廻船は運賃積み船であったのに対して、これらの小型廻船は買い積み船であったことに特徴がある。

各廻船の主な積荷は、塩・干赤魚、塩鱈、生鯡《なまにしん》、塩鮭、唐竹などである。これらはいずれも地場産物であり、各廻船はこれらを自分の船着地より仕入れて八戸へ運び、八戸で商売をした後、再び八戸の産物を買い入れてほかへ向かった。

例えば、四月一四日に入津した山田船頭長太の伍大力船は、塩赤魚三，〇〇〇枚を山田にて買い調えて八戸で売り、八戸から精粟八〇叺《かます》と大豆五〇叺を買い入れて出帆している。

このようにこれらの小型廻船の地回り的な海運は、江戸などといった広域的海運と比べると華々しさはないが、食料のような生活に密着した産物を交易しながら活動しており、これら海運の量的展開が地域内の商品経済を活発化させ、長距離の広域的海運を支える基盤となっていたのである。

第五章　船手御用留による八戸海運の動き

第一節　船手御用留と船手支配人の西町屋

船手御用留については、第一章第五節「八戸藩の海運資料」の項で述べたが、ここでは文政一〇年（一八二七）から天保五年（一八三四）、同九年（一八三八）、嘉永七年（安政元年、一八五四）、安政七年（万延元年、一八六〇）、文久二年（一八六二）、そして慶応二年（一八六六）の御用留によってその年代ごとの海運の動向を見ることにする（原史料は『八戸藩の海運資料』上・中・下巻に所載）。

年代的には、藩政改革開始直後の文政四年（一八二一）から廃藩置県前年の明治三年（一八七〇）までにわたっており、八戸藩の藩政改革期から藩政最末期に至る海運の姿を知ることができる。

船手御用留を記録した石橋徳右衛門について触れる。

石橋家は屋号を西町屋といった。寛文四年（一六六四）の八戸藩誕生以前の盛岡藩時代に八戸街地が形成された時に、新井田西町の地より八戸廿八日町へ移住してきたという由来を持っており、八戸藩を代表する在地商人であった。代々石橋徳右衛門を襲名し、酒造業をもとにしながら、しだいに遠隔地交易を行って商勢を拡大した。

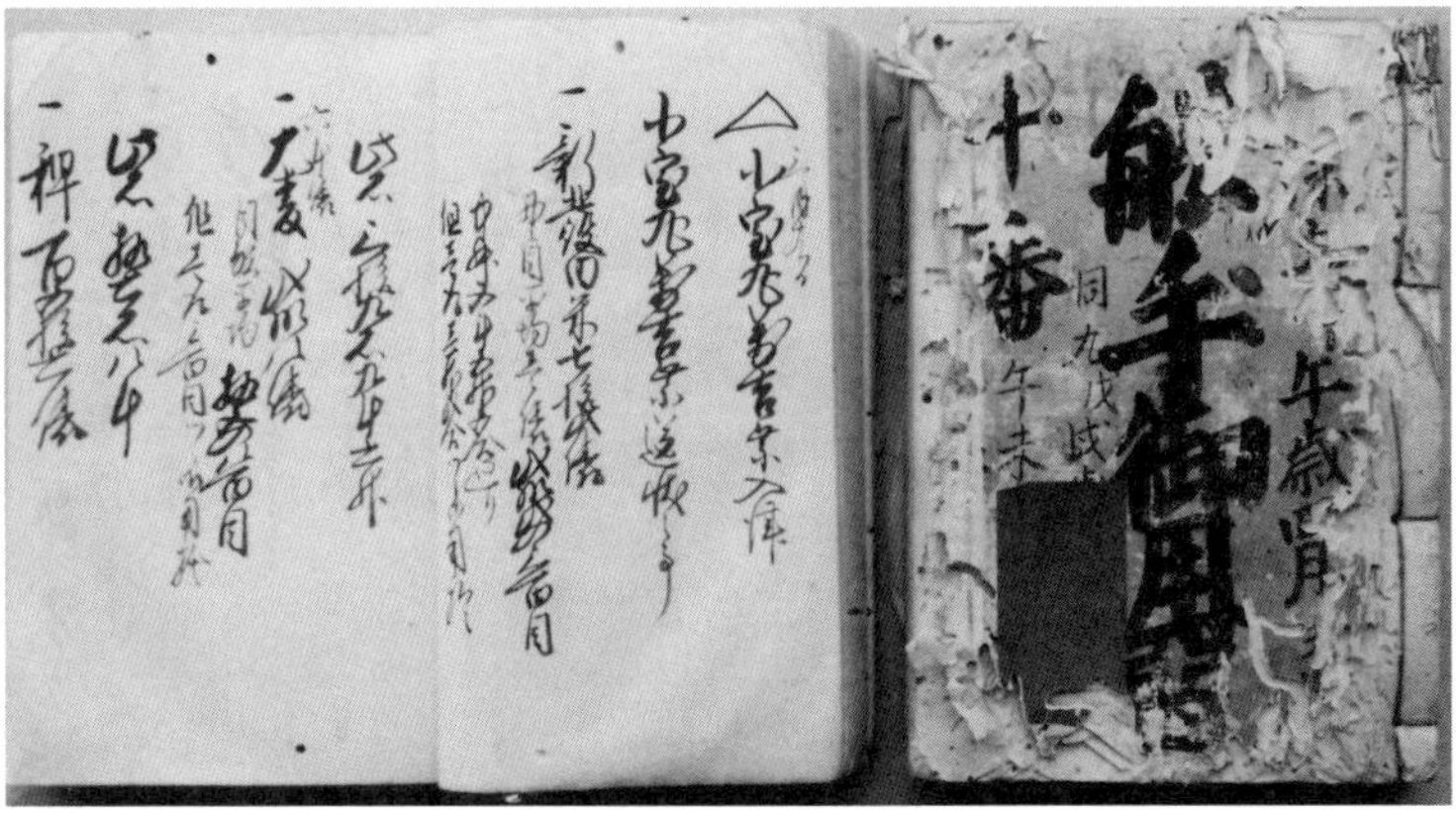

天保５年船手御用留（右）と天保９年船手御用留の記事（西町屋文書／八戸市博物館所蔵）

文政二年（一八一九）に野村軍記を改革主任とする藩政改革が始まると、旧来の特権商人に代わる御用商人に抜擢され、同年四月には八戸藩の藩札の発行元になるとともに、八戸藩の国産物の売買を取り扱う「御国産為御登方并御船手支配方」を命じられた。その時の御沙汰に「此度御領内御産物不残江戸表為御直登被遊候ニ付徳右衛門支配人被仰付候」と見えている（文政二年四月一九日条永歳覚日記）。当主は石橋徳右衛門寿秀であった。

八戸藩の産物は「為御登穀支配人」たる石橋によって買い集められ、船手支配人たる石橋名義の御手船《おてふね》に積み込まれ、江戸をはじめとする全国各地に回漕されて売却されることになった。西町屋の国産登方と船手支配の就任は、これ以降、明治の廃藩まで続くことになるが、この文政から始まる八戸藩の産物の積み込みと輸送、廻船運航と販売状況などを記録したのが、この船手御用留ということになる。

西町屋の藩への登用は船手支配人だけでは終わらなかった。文政四年に鉄山支配人を命じられ、さらに天保五年には木綿絹布仕入支配方（実務支配人は美濃屋安兵衛、のち吉田万右衛門が就任）となり、次の当主寿宥の同一一年（一八四〇）八月には、江戸での産物販売の総元締めである江戸蔵元《くらもと》に任命された（永歳覚日記、石橋家家系図、天保一〇年御調御用頭書）。

これによって江戸時代後期における八戸藩の移出入産物の生産—流通—販売の全過程は西町屋を通して藩が一手に掌握するという仕組みがつくられた。従って、産物流通の具体的姿を記録した西町屋の船手御用留は、今後八戸藩の産物政策のあり方や経営方法を具体的に究明する資料となるものである。

永歳覚日記＊＊＊（西町屋文書／八戸市博物館所蔵）
藩からの布令や日常生活の覚書を記した西町屋の家記。

船手御用留の各年代に共通する記載事項を拾ってみると、次のようになる。

①入津《にゅうしん》・出帆船名と船頭名、入津・出帆月日とその時刻、取り扱い問屋名、荷割（積荷名と数量）、来港先や出帆先
②送状（廻船名と船頭名、積荷名、石数・俵数などの数量、運賃、年月日、送り主問屋名と送り先問屋名など）
③添状・書状（送状の説明や値段・売却地の依頼など）
④一札・覚・借用などの約定類（産物名・数量・値段・取引先など）
⑤口上書・願書類（藩や船手支配人、廻船問屋などへの願い書き）
⑥御調役所《おんとどのえやくしょ》よりの布達類
⑦領内廻船改め（大坂廻船年行事宛）
⑧破船・難破船（遭難場所、期日）と廻船の修理
⑨新造船の建造と間尺《けんじゃく》改め（積石数・船長・船腹の調査）、船名命名
⑩船頭の相続・任免、船道具改め
⑪廻船問屋・船宿などの任免
⑫蔵元などの産物取り扱い商人の任免
⑬御調役所詰め役人や藩の主要役人の任免
⑭神社での漁乞い祈祷
⑮その他、本勘定での藩役人への饗応など

これによると、船手支配人の所轄は広範囲にわたっていることが知られる。個々の業務を遂行するにあたっては、船手支配人は御調役所国産掛（産物掛）や浦奉行の指示を受けながら、廻船問屋や船宿などを指図して海運業務を取り仕切ることになる。

第二節　文政一〇年から天保二年までの海運の動き［文政一〇年船手御用留］

御用留の記載の仕方

文政一〇年「船手御用留」は同四年四月から天保二年（一八三一）二月までを記録している。この年の記事は文政四年四月からなので、同二年から始まる八戸藩の藩政改革以後の産物輸送と廻船の運航状況を知ることができる。

御用留の記載の仕方は、文政四年四月の冒頭箇所を引用すると次のようになっている。

四月廿九日
一東社丸　千弐百石積　五月廿壱日朝出帆
御荷割　大豆計
一観音丸　丑五郎船　宿三四郎
六月十二日朝出帆　千弐百石積　五月七日暮頃入津
一東宝丸　三之助船　宿甚太郎
七百石積　五月七日夜五ツ時入津　但当所にて宮古御雇被仰付候て相廻候
一番神丸　七右衛門船　宿三四郎
千百石積　五月八日九ツ時人津　六月廿三日九ツ時出帆
乍恐口上
私船於江戸表御当地御雇船ニ被仰付難有仕合奉存候、一昨日御当浦へ入津書上仕候千弐百石積ニ御座候、然ル

処去ル三月十七日之大時化ニて被吹流沖合ニて梶痛メ助命之故も無覚束諸神願掛漸く之次第にて釜石浦へ入津仕作事も相掛候処、思之外金入増候得共仮成繰合出帆仕候処、猶又久慈沖ニて帆桁痛メ無拠宮古鍬ヶ崎へ掛戻り申候て右帆桁相調其節飛脚を以金子御拝借願上可申候所居合之側より添心□仮成御当浦迄繰合罷下申候、随て奉願上之儀恐多奉存候得共何卒以御憐愍金子六拾五両拝借被仰付被成下度奉願上候、繰合致呉候側江返済仕度乍恐奉願上候宜様被仰上被成下度奉願上候、已上

巳（文政四年）五月

江戸浅草惣次郎船　観音丸沖船頭　丑五郎

舟　宿　三四郎

湊問屋　源之助

御支配人　石橋徳右衛門様

一船車丸　福蔵船　宿甚太郎

江戸千弐百石積　五月九日昼九ツ時入津

千六百石程積　△七月廿二日朝出帆

（文政一〇年四月二九日条船手御用留、『八戸藩の海運資料』上巻）

御雇船の入津

この船手御用留で目立つのは他国船籍の御雇船《おやといぶね》の入津（入港）記事である。船手御用留の冒頭の文政四年五月には、江戸御雇船の番神丸一，一〇〇石積、宮古御雇いの東宝丸七〇〇石積、江戸御雇い観音丸一，二〇〇石積、六月には江戸御雇いの毘沙門丸が入津していることが見える。

雇船《やといぶね》は江戸の廻船問屋や那珂湊・銚子など八戸藩の取引商人などが廻船を調達し、藩の「御雇船」として八戸に回漕したものである。江戸だけではなく、文政一二年（一八二九）とその翌年には、大坂の取引商人の柳屋又八（大坂国産支配蔵元）が、三月から四月にかけて大坂雇船を三艘差し下している。

八戸に下った御雇船はここで藩の荷物を積み込み、江戸などの中央市場へ向かうことになる。積荷は藩が買い入れた大豆・〆粕《しめかす》が中心となっていた。文政四年八月の伊勢丸や明徳丸は大豆ばかりを積み込んでおり、同年一〇月の東宝丸は大豆四〇〇石・〆粕ほかが四五〇石となっていた。同八年（一八二五）八月の亀遊丸の積荷は大豆五〇〇石・〆粕九〇〇石・味噌一五石・松板一〇石・布海苔《ふのり》一〇石となっており、輸送産物は大豆・〆粕が多かった。これらには行き先の記述はないが江戸、ないしその周辺とみられる。

御雇船には藩の荷物のほかに商人の荷物も積み入れることもあった。文政四年九月江戸の美濃屋惣三郎が買い集めた三戸や五戸の白布・漿粉《しょうふ》・桐板などや同一〇年三月に中奥通《なかおくどおり》へ木綿販売している美濃屋安兵衛が菜種などを御雇船へ積み入れている。御雇船には運賃の前金制度があり、同六年（一八二三）八月、那珂湊近藤長四郎船日吉丸が那珂湊行きの御雇船となり、御前金《おまえきん》を拝借しているように前金を借用して荷物輸送に従事していた（御産物御用手控に前金規定掲載）。

地元廻船の調達

藩の国産物販売の強化という政策の中で、産物輸送が増加すると、他国船籍の雇船を一航海限りで雇用しても、輸送に対応し切れない状況が生まれるようになった。文政八年六月に延命丸六五〇石積を石橋徳右衛門が購入したり、同年七月に亀遊丸一，五〇〇石積を石橋名義で新造し、同九年（一八二六）五月には宝重丸（融勢丸と改称）八五〇石積を購入していることは、文政八・九年頃からしだいに他国船の御雇船依存から地元の自前廻船で輸送する態勢へと転換していく兆候を見ることができる。

表

南部左衛門尉前金船
高崎延太夫
高橋多助

裏

文政八乙酉年　奥州八戸石橋徳右衛門船亀遊丸
沖船頭　儀兵衛
千百石積　水主共　拾四人乗
鮫浦問屋　清水甚太郎
八月　西村三四郎

右新造亀遊丸目出度積上八月廿八日御改
於津々浦々御雇船不肖之筋相聞候ハヽ、能々吟味之上其場所支配之方江相届無隠密急度可申出候、以上
文政八乙酉年八月　八戸　高橋多助
高崎延太夫
亀遊丸船頭儀兵衛江

（文政八年八月条船手御用留、『八戸藩の海運資料』上巻）

さらに文政一一年（一八二八）一〇月に明年新造のため宮古より船大工を雇い、一，〇〇〇石積二艘も造船したい、来春一番船に三、四艘を雇いたい、などといった藩の国産掛の指示の記録が見えているのは、新造も含めて新たな地元廻船団を組織しようという動きであろう。

ちなみに「御前金船《おまえきんぶね》亀遊丸」の御前金船とは藩有船たる御手船を指し、その名称は廻船建造と運航の補助金にちなむことは前に述べた通りである（第二章第一節「藩政改革以後の廻船の動向」、三浦忠司「東廻り海運と八戸藩の産物輸送」も参照）。

鉄移出の開始

ところで、藩政改革以後の主力商品となった産物に大豆・〆粕のほかに、鉄があった。しかし、船手御用留には、鉄を輸送する記事は文政八年七月まで見えてこない。同年七月に至って延命丸に大豆五七〇石

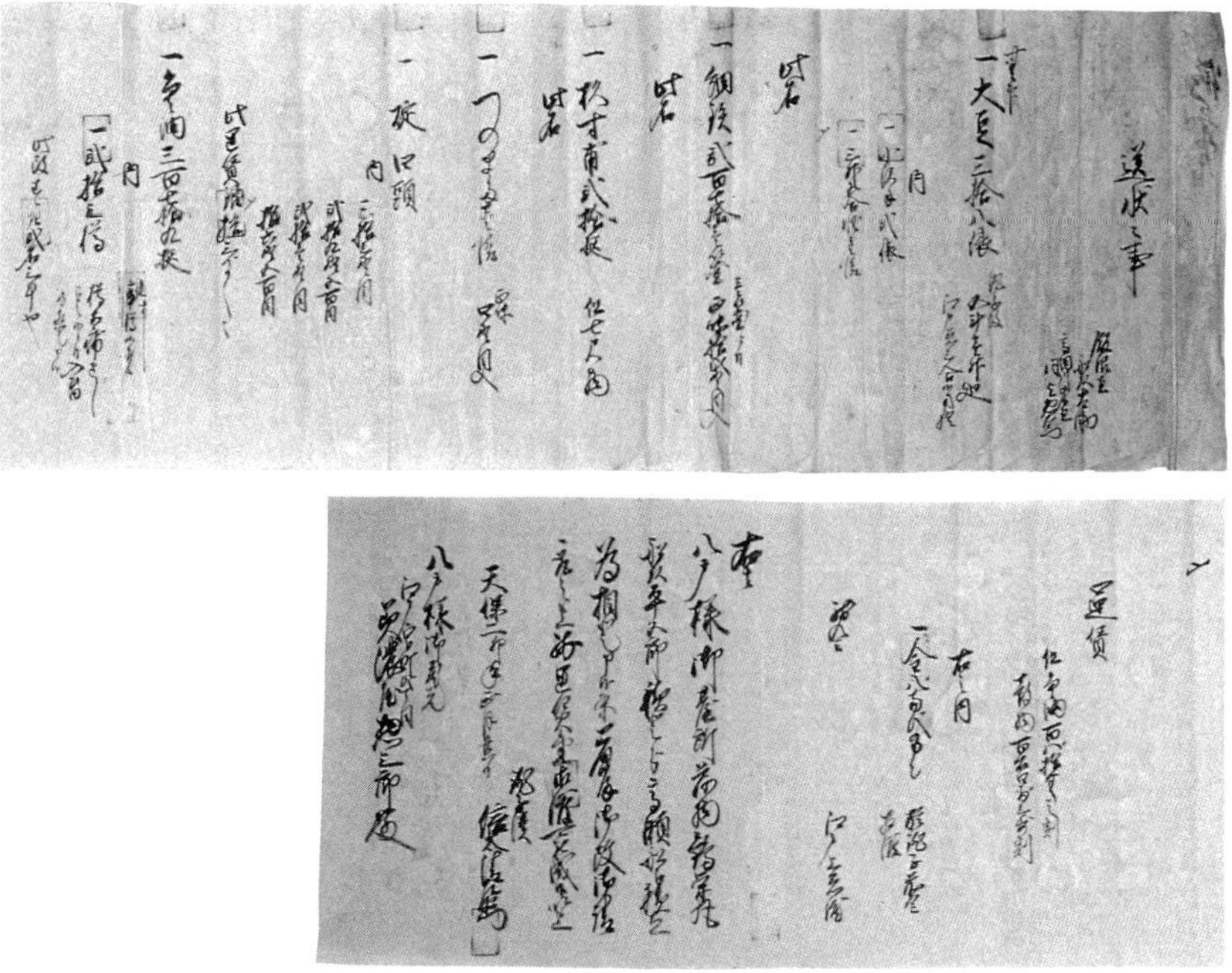

鶴栄丸の送状＊（西町屋文書／八戸市博物館所蔵）
天保２年正月大豆・細鉄・杉板・つのまた（角叉）などの産物が鶴栄丸に積み込まれて銚子湊へ運送された。銚子では、信太清左衛門が積荷を高瀬船に積み替えて江戸送りする旨を蔵元の美濃屋惣三郎に書き送っている。

とともに鉏三〇《そ》石と見え、その後、同九年に鉏五〇石、同一〇年三月に鉏一〇〇石と、ようやく記載されるようになる。やがて、それが文政一二年に入ると、しだいに鉄の積み立てが増加をみる。同年七月には二〇〇石が積み込まれ、同一三年（一八三〇）からは、六月に一五〇石、八月に中湊行きが二二〇石・相馬行きが二〇〇石と鉄の積載量が増えてくる。八戸藩の鉄山経営は同四年から石橋徳右衛門を支配人として開始されるが、同一二年以前は、鉄山経営や鉄の産出がいまだ軌道に乗らず、藩の販売組織も充分機能していなかったのであろうか。

大坂などへの交易圏の拡大

八戸の交易圏の範囲は東廻り航路に位置したので、その延長線上にある江戸ないしその近辺の中湊・銚子・浦賀などが中心であった。しかし、大坂との産物の交易も、文政四年からすでに行われていた（第三章第七節「大坂への産物輸送」参照）。同年六月に大坂改勢丸が木綿・綿・古手《ふるて》を積んで入津し、販売代金で大豆を購入して積み上りしており、同五年（一八二二）四月にも交易船が木綿類を積んで入船している。

文政一二年三月以降、前年に八戸藩大坂蔵元（御国産支配蔵元）に任命された柳屋又八が八戸藩と約定を交わした結果、大坂御雇船が大豆や〆粕を求めて八戸湊に続々入津するようになった（同章節参照）。

大坂との交易が活発化するにつれ、大坂の西廻り航路上にある箱館や日本海側の新潟などへもしだいに廻船が向かい、商圏が拡大していった。

また八戸湊の入津船の中には、八戸との交易だけではなく、盛岡藩領の産物を積み込むために入ってくる廻船もあった。文政一〇年三月に江戸深川木場の升屋善兵衛が材木積み船を差し下しているが、これは盛岡領市川浦に運び込んだ材木類を買い取って、江戸へ積み上りするための船であった。升屋はこの年から一〇ヵ年間市川の材木を鮫浦から運搬したいと藩に願い出ている。これ以後、毎年材木積みの廻船が八戸湊に入津している。

船宿の任命と唐国漂流

廻船業務に関連した船宿職として石橋文蔵、松舘安太郎の二人が見えている。文政一二年一二月に、安太郎は同元年（一八一八）以来船宿に就任し続けたとして退任願を浦奉行に出している。任命にあたっては、浦老《うらおとな》より候補者を記した船宿目論見書《もくろみ》が浦奉行宛に二度提出されて、廿三日町村井小兵衛が選任された。船宿は廻船の入津地にいる廻船問屋と異なり、城下に住む「勤功ある御礼乙名《おれいおとな》」クラスの町人が命じられていた。

なお文政一二年八月に弁財造《べざい》八五〇石積石橋船が江戸出帆後、難風にあい唐国に漂流して長崎に送り届けられた旨の報告が記述されている。

第三節　天保五年から九年までの海運の動き［天保五年船手御用留］

飢饉米の移入

天保五年「船手御用留」は同年四月から九年六月までを記録している。

八戸湊の入津船で目につくのは、天保五年三月から御用留の終了する同九年まで、新潟などから多量の米が移入されていることである。八戸藩では、この当時同三年（一八三二）から始まった「天保七年飢渇《けかじ》」の真っ最中であり、この移入米は飢饉の救済に充てるために廻米されたものであった。領民だけではなく、大野における鉄山労働者の飯米にも供給されたと考えられる。

天保五年四月だけでも、幸徳丸が新発田米六五四石余（一，一五〇俵）、松尾丸が新発田米四七七石余（八五〇俵）、勝得丸が新発田米六〇一石余（一，〇五〇俵）、栄徳丸が新発田米四四二石余（七七〇俵）、宝元丸が新発田米七一八石余（一，二五〇俵）を新潟湊より積み込み、八戸湊へ運んできた。

幸徳丸沖船頭仙之助乗送状之事
一新発田御蔵米千百五拾俵　但し鬮俵壱割百拾五俵
目形平均弐拾弐貫五百九拾目
銘々目形仕用帳前紙之通
内壱俵ニ付風袋共三百目宛用捨定之事
斤量減石八貫六百目
一御船印　壱本
一御掛札　壱枚
一金九拾四両三分弐朱銀五匁三分五り小判六十目　運ちん　但し御内升五斗七升九合五夕之内壱升ツヽ引
此石数〆六百五拾四石九斗弐升五合
百石ニ付金拾四両弐歩宛
一金三百九拾三両也　敷金　但し百石ニ付金六拾歩宛
此元ニて請取且前紙請取書不差出候
都合　金四百八拾七両三分弐朱　銀五匁三分五り
右運賃敷金之所之〆粕金壱両ニ付三拾五貫五百目之直ニて御渡可被成候、則前紙約定写壱通差遣候
右之通今般積送候条無之着船之砌爰許仕用帳之通御改御受取可被成候、都て海上之儀は大坂廻船可為御法候、
仍て送状如件
越後新潟湊御穀宿　石崎弥兵衛
天保五年午四月
八戸家中新潟出役　小笠原七右衛門

高橋太助

高崎延太夫殿
伴　久助殿
福田庄次右衛門殿
石橋徳右衛門殿　添状有

（天保五年四月二四日条船手御用留、『八戸藩の海運資料』上巻）

廻米は新潟からだけではなく、平潟からの岩城米なども積み廻されてきた。新潟米は八戸藩から新潟へ派遣された小笠原七右衛門や高橋太助が現地で調達して回漕したものであった。しかし、米が八戸に届く前に、この廻米施策を主唱した改革主任の野村軍記は、強権政治の故に天保五年正月に百姓一揆の高まりの中で失脚していた。沼垂《ぬったり》米を含めた新潟米の買い上げ代金などは、同七年（一八三六）八月に、新潟湊御穀宿石崎弥兵衛と産物支配人石橋徳右衛門との間で交わされた米の御買目録で見ることができる。

御手船の運航

当船手御用留によると、江戸—八戸間の長距離海運は、文政一〇年の船手御用留と同様に御雇船が依然使用されていたが、天保五年頃には江戸方面行きの輸送船には藩の御手船がかなり頻繁に運航されるようになっていた。
天保六年（一八三五）三月だけの廻船を見ても、相馬行きの亀甲丸は荒粗《あらそ》一五〇石・細粗《こまそ》一〇〇石・延鉄《のべてつ》一〇〇石を積み、江戸行きの鶴栄丸は大豆七〇〇石・〆粕三〇〇石・粗一五〇石・魚油五〇石・碇《いかり》五頭、江戸行きの万寿丸は大豆五五〇石・〆粕二五〇石・粗一〇〇石・家釘二〇石・水竓鉄《みずほどてつ》三石、江戸行きの盛至丸は大豆五〇〇石・〆粕二〇〇石・魚油五〇石・粗一〇〇石を積んで出帆している。

これらの廻船は御手船とは必ずしも記されていないが、藩の国産物のみを積んでいることや藩の意向で随意に廻船の出帆先が決められていることなどからみて御手船と考えられる。

八戸藩の御手船は、御産物御用手控によれば、天保五年頃には、鶴栄丸一，二〇〇石積、万寿丸一，〇〇〇石積、勢至丸八〇〇石積、巡徳丸七五〇石積、松盛丸七〇〇石積、小宝丸四〇〇石積、亀甲丸三五〇石積、雛鶴丸二五〇石積の八艘があったことが記録されている。廻船の積荷を見ると、大豆・〆粕などと並んで鉏鉄《あらてつ》類や家釘・碇などが藩の特産品としてこの時期に大きく成長した。

仙台藩鋳銭座への鉄移出

八戸藩の製鉄が成長産業に飛躍した背景には、仙台藩鋳銭座《いせんざ》と移出契約を結んだことがあった。天保八年（一八三七）七月には、すでに亀甲丸が荒鉏・中細鉏を積み仙台鋳銭座へ出帆しているが、約定は同年一二月に仙台鋳銭座鉄支配人菊池三九郎との間で結ばれている。

約定の内容は入用鉄を毎年一五万貫匁前後、石巻へ積み送り、蔵宿田倉義兵衛によって即金で引き替えること、天保八年から一四年（一八四三）までの七ヵ年間遅滞なく鉏鉄を積み送り、代金は滞りなく引き替えることなどとなっている（約定内容は第二章第三節２「鉄の流通」参照）。この約定により鉄の安定した需要先が確保されることになり、八戸藩の鉄産業は発達をみることになった。翌年二月からは鉄積み船が八戸湊と久慈湊より仙台へ向かっている。

江戸蔵元と大坂木綿問屋との約定

藩の産物販売を江戸で取り扱っていたのは蔵元である。天保八年一〇月に江戸蔵元丸屋十蔵船の清福丸が大畑にて材木を積み込んで八戸湊に入津し、御雇船に雇用されて〆粕・魚油を積み立てている。丸屋は同五年一二月に美濃屋宗三郎からその職を継承し（御産物方雑用手控）、同一一年七月に美濃屋嘉兵衛へ引き継いでいる（天保九年船手御用留）。

国産物を中央市場に販売するほかに、八戸へ移入される木綿類などの領外商品を専売化して、独占的利益を上げることも藩政改革の仕法であった。天保五年一二月に大坂木綿問屋の小橋屋四郎左衛門との間で木綿・綿・古手など二，五〇〇両の注文の約定を結んでいることも、船手御用留に記されている（第二章第三節1「木綿の流通」参照）。

第四節　天保九年から嘉永七年までの海運の動き［天保九年船手御用留］

御手船輸送の活発化

天保九年「船手御用留」は同年七月から嘉永七年正月までを記録している。

この船手御用留で廻船の動きを見ると、藩の御手船が活発に活動していることが分かる。

天保九年の事例では、七月四日に亀甲丸が荒鉏一，一〇〇箇、雛鶴丸が荒鉏七〇〇箇・延鉄二〇〇箇・中細鉏一五〇箇を積んで相馬・中湊に向かい、七月二一日には万歳丸は越後新潟に〆粕五〇石余と銭《ママ》を積んで向かった。八月二六日に万歳丸は新潟湊から沼垂古米や長岡米・作徳米を九七八石余（二，二八四俵）、大麦一四五石余（二三四俵）、音羽酒八二樽などを積み込んで帰帆した。

九月に入ると、万歳丸は、今度は江戸行きが命じられた。積荷は碇七二石・水坌鉄六三石・家釘大釘五〇石、ほかに板類杉山形・味噌・布樫鹿料《ししろ》（板材）・起炭・志和《しわ》表など、合計一，〇〇〇石を積載した。

一〇月一五日に勇勢丸が大麦八〇一俵・小麦一〇〇俵・稗五〇五俵などを積んで江戸から入津し、すぐ一七日には中細鉏と釘類三二〇石・板類一一〇石を江戸へ運ぶように指示された。一〇月二三日には虎一丸が大麦一，六五三俵・久慈大豆一九二俵・粟四一俵などを積み込み、入津した。同船は一一月七日には中細鉏四〇〇石・家釘一五石・板取合一九〇石の荷割がなされている。

越後新潟からの廻米も、天保七年以降、同九・一〇年（一八三九）には、万歳丸や巡徳丸、新造小宝丸などの御手船が新潟から沼垂（新潟市）・長岡・新発田などの米を運送するようになった。これ以前の同五年には、他国船籍の御雇船で八戸へ運んでいたから、輸送形態の変化を読み取ることができよう。

このように天保九年には、藩の御手船が大型化し、航海に熟練した船頭たちによって日本海岸の新潟より太平洋岸の江戸にかけて、八戸産物が縦横に運送されていることが知られる。これが弘化・嘉永年間（一八四四〜五三）に至ると、明確に御手船による輸送体制へと転換するようになる。

新造された雛鶴丸の幟（文政10年船手御用留の文政13年7月条、八戸海運資料／東北大学附属図書館所蔵）

領内廻船の書上と地元船による運送

弘化二年（一八四五）に八戸湊に入津した廻船記事を見ると、入津船一六艘のうち、他国船籍の御雇船が二艘、地元船籍が二艘、残り一二艘が石橋名義の御手船であった（同一船が二回入津すると二艘とし、出帆しても入津の記事がないと〇艘と数えた）。

石橋名義の御手船については、弘化二年九月の八戸藩領内廻船改め（大坂廻船年行司宛）によれば、江戸廻り廻船一二艘のうち一一艘が石橋徳右衛門名義の御手船として書き上げられている。

一二艘の廻船名とその石数は、①万歳丸一，一五〇石積②小宝丸五〇〇石積③長久丸八〇〇石積④亀甲丸一，一〇〇石積⑤宝珠丸九五〇石積⑥［船名不明］一，五〇〇石積⑦亀彦丸三五〇石積⑧龍王丸一，〇〇〇石積⑨久宝丸五〇〇

石積⑩明徳丸七五〇石積⑪弁天丸（安永丸と改名）六〇〇石積⑫吉田丸一，一〇〇石積であり、吉田源之助船の吉田丸以外は石橋徳右衛門船となっている。

この書上は大坂町奉行が大坂に出入りする廻船の実態把握をするために二〇〇石以上の諸国廻船の書上を命じたもので、八戸の廻船問屋が大坂廻船問屋年行司などへ宛てて、寛政年間（一七八九～一八〇〇）以降、毎年のように報告を上げるようになっていた（享和元年八月一三日条八戸藩勘定所浦奉行日記に前例の通り訴書すると見える）。ただ必ずしもすべて所有している廻船を報告していたわけではなかったようである（渡辺信夫「近世後期における海運と大坂交易」）。

しかし、この書上はもちろんのこと、天保九年船手御用留によれば、御雇船に対して御手船がしだいに成長して輸送の主力になっていく過程を読み取ることができよう。この時期には、八戸藩の海運は他国船依存の御雇船による運送形態から自国船による自立的な運送へと変貌したことになる。

領外問屋の産物売却

ところで、廻船に積まれた産物は、目的地に運んで、相場を見ながら売却された。しかし、航海に遅れが生じた場合には、目的地でなくても現地の取引問屋によって売却され、利益を回収する措置が取られた。天保一一年三月亀甲丸が大豆・布海苔・干鱈《ほしたら》・釘類を積み込み江戸へ出発したが、支配人石橋より日和に恵まれず便が遅れたならば、中湊でよろしき値段で販売してほしいと、中湊の取引問屋近藤長四郎へ依頼をしている。また嘉永七年二月万吉丸が仙台藩塩釜と石巻にて荷役した延鉄・中細鉏・簀干鰯《すほしか》のうち、干鰯は当初は相場がよかったが、時節遅れで輸送されてきたため下落したとして、現地の問屋は販売を任せてほしいと連絡してきた。

鉄需要の増大

鋤・鍬などの農具原料となる延鉄は諸国から注文が多かった。天保一一年九月に相馬や中湊に向かった寿栄丸は、相馬の取引問屋渡辺利八に対して諸国から引き合いが多いとして延鉄を注文よりも少なく輸送している。この時期前後は、各地で鉄の需要が高まっており、八戸藩の葛巻村又兵衛は、同一三年（一八四二）一二月に近年諸国一統鉄が払底につき、値段と販売がよろしいとして鉄山を新規に経営したい旨の願書を御調役所へ提出した。

仙台藩鋳銭座との鉏鉄御取り組みについては、天保一〇年一月に仙台から鉄代金を「鋳立銭」で引き渡したいとの口上書が届いたほか、同一一年二月に鉏二〇万貫匁を当年運送してほしいとの依頼を受けたが、八戸藩では、当年は一〇万貫匁ほどの輸送しかできないとの返書を出している。仙台との鉄輸送が始まると、仙台藩との国産物交易も始まった。同一〇年五月金毘羅丸が仙台国産物生〆油五石余・米糠二〇石余・刻みたばこ六石余などを積み込み、入津しているのが見える。

大豆買い上げ強化と廻船不足

八戸の特産物のうち畑作物の大豆は格別重要視されていた。嘉永六年（一八五三）一〇月には、「当年は別して不漁であり、産物上り品の見当がつかず、このままでは参勤にも差し支える。しかし、大豆だけは例年『八戸産物第一の品柄』であるから、不作の趣があるにしても在々にて隠密の物がなきよう買い上げよ」と厳命している。大豆の買い上げ値段と買い上げ場所、領内各地の買い上げ商人名などが書き上げられている。

また鉄や大豆などの移出産物に余裕があっても、廻船が不足して輸送できない事態も起きることがあった。天保一三年五月の箱館高橋屋宛書状には、国産物を江戸送りしたいが、江戸表の雇船が不足しているので箱館より上り船を雇い、江戸や大坂へ回漕したいと述べている。さらに嘉永四年（一八五一）一〇月の相馬中村の平野宗兵衛・渡辺定右衛門に対しては、鉏鉄に余裕があるが雇船がないために輸送ができずにいるとの返書を出している。弘化五年（嘉永元年、一八四八）正月の亀甲丸刷立《はきたて》（建造）、嘉永六年七月の万歳丸の新造、同年一〇月場尻《ばじり》での万徳丸の造船も廻船不足と関連しよう。

平潟沖での諸国船の海難

なお長距離交易が展開し廻船の運航が活発化すると海難事故も起きた。天保一一年一一月には、大時化《しけ》にて平潟沖で破船や難船が相次ぎ、八戸船を含む多くの諸国廻船が犠牲になっていた。船手御用留は「天保十一子年十一月廿四・五・六日之大時化ニて平潟ニて破船并難船之覚」として三八艘の遭難船と無事乗り切った船六艘を書き上げている。八戸船では、平潟にて悦丸（覚蔵乗り・上り）・巡徳丸（千松乗り・下り）二艘が難船、磐城中ノ作（福島県いわき市）にて巡光丸（徳蔵乗り）が破船、万歳丸（松五郎乗り・下り）・寿永丸（多助乗り・上り）二艘が無事であった。

また嘉永四年三月には、小宝丸が前年一〇月に江戸出帆した後、松前のホロイツミに漂流していたとして、間もなく帰帆する旨の来状が記されている。

第五節　嘉永七年から安政五年までの海運の動き［嘉永七年船手并諸御用留］

〆粕・大豆の市川積み込み

嘉永七年「船手并諸御用留」は同年四月から安政五年（一八五八）三月までを記録している。

八戸湊に廻船が入津すると、産物を積み込み、江戸などの中央市場へ回漕することになる。ところが、当船手御用留が記されるこの時期、八戸廻船の市川積みが顕著になっている。つまり八戸湊へ入津した廻船が、北にある市川（八戸市市川町、上北郡百石町〈現おいらせ町〉、中でも百石町深沢に碇泊）に向かい、ここで〆粕や大豆を積み込み、八戸に戻ってきてから江戸などへ出帆する事例が目立つようになってくる。

嘉永七年八月万徳丸が〆粕一，〇四一俵を市川で積み込み、他の御雇船や御手船も市川積みを命じられている。安政二年（一八五五）五月、江戸御雇船豊久丸が市川で大豆を積み、七月には、御手船小宝丸が大豆六〇〇石（一，一六四俵）を積み込んで八戸湊へ帰帆した。〆粕の生産が、八戸のみならず、北浜と呼ばれた盛岡藩領の市川・百石地区でも高まったためであろう。

また大豆では、盛岡藩領の三戸や五戸通《どおり》の大豆が野辺地へ運ばれるだけではなく、市川へも附け下げされ、ここから八戸廻船に積み込んで移出する新規ルートが生まれていた。盛岡藩では、文政一二年に市川湊を開設し輸送体制を整えたが、輸送船は八戸湊の廻船が利用されることが多かった。船手御用留の安政二年六月五日条には、一戸・姉帯・三戸・五戸などの大豆が市川へ附け下げされる際の値段や諸掛賃が記載されている。

さらに安政五年正月条には、石橋徳右衛門らが本多荘兵衛・伊助宛に盛岡藩領三戸・五戸・福岡代官所の定例大豆を一，〇〇〇石から三，〇〇〇石ほど売却ができることと、三戸・五戸・福岡・沼宮内・鹿角御蔵の米を一，〇〇〇駄ぐらい売却が可能なことを連絡している。本多荘兵衛はどこの商人かはっきりしないが、八戸商人が他藩盛岡の産物を八戸廻船を利用して積極的に輸送しようとしており、八戸商人の商域拡大を知ることができよう。

箱館行き廻船の増加と大坂への輸送

安政三年（一八五六）、同四年（一八五七）に入ると、箱館行き

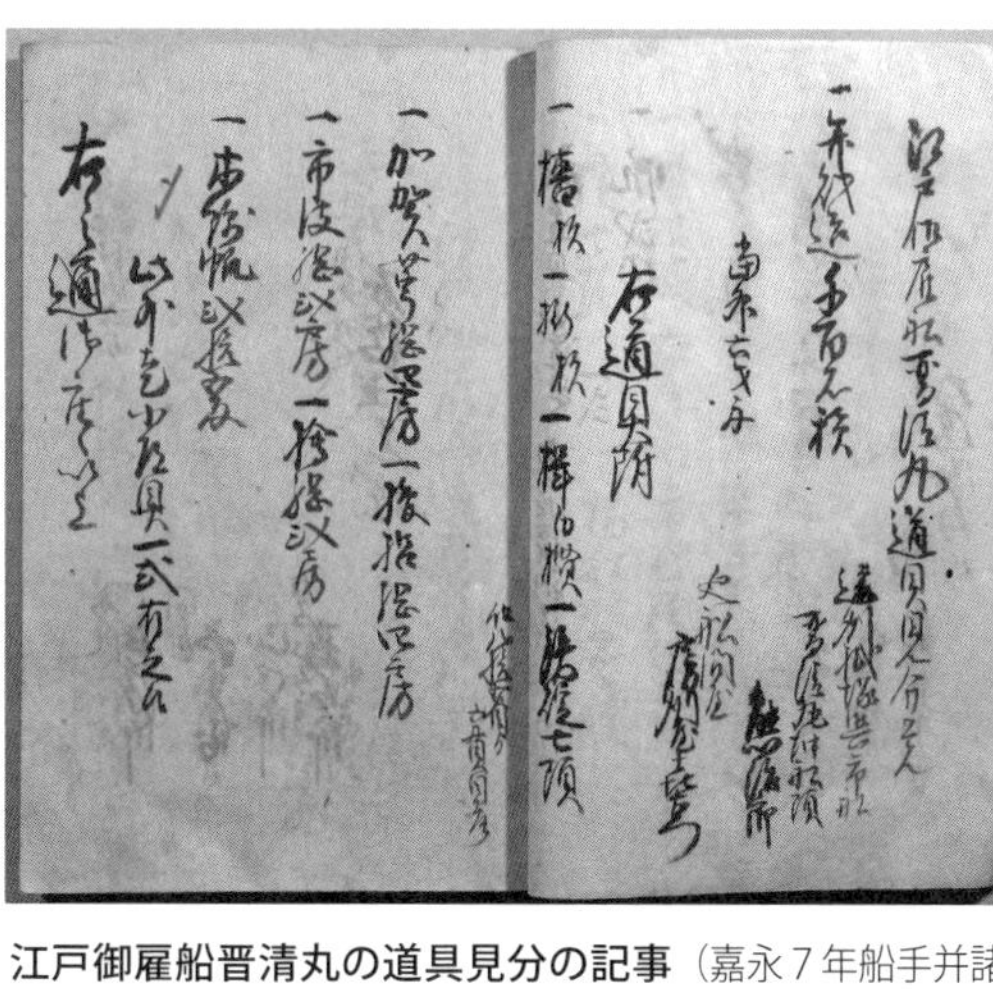

江戸御雇船晋清丸の道具見分の記事（嘉永７年船手并諸御用留の安政2年4月5日条、西町屋文書／八戸市博物館所蔵）

嘉永７年船手并諸御用留（西町屋文書／八戸市博物館所蔵）

の廻船が目立って多くなる。同三年四月松前大福丸へ延鉄一〇〇箇を積み、五月箱館行きの間掛船《まがかりぶね》日吉丸・安清丸へは、延鉄二〇〇箇ずつ積み込んでいる。九月御雇船嘉徳丸（積荷不明）が松前へ出帆。一二月箱館行きの明幸丸が入津。

安政四年六月積荷は不明だが、宝永丸・栄宝丸が箱館に向かい、近藤長四郎船和風丸も鉏五〇〇箇を追い積みして箱館へ出帆。積荷不明の廻船もあるが、他の廻船の積荷から推察するに、鉄輪送とみられる。この時期に箱館に鉄輪送が始まるのは、同年二月に箱館にて鉄銭（四文銭）の鋳造が始まり、これに八戸の鉄が供給されるようになったためである。

大坂など関西方面行きでは、安政二年五月、下関行きの伊宝丸が〆粕・魚油を積んで出帆し、一一月には新造された藩の御手船亀甲丸が「江戸廻し」で大坂行きを命じられた。大坂の柳屋又八宛に、鰯《いわし》〆粕三五〇石・大豆八五〇石・蕎麦六〇石・昆布二〇石などを積み込んだ。このうち簀干鰯は早く売却する必要があることから、経由地の浦賀問屋宮原屋に対して、仙台から浦賀辺りにて、蕎麦は浦賀にて売却することを依頼している。

一亀甲丸久治郎江戸廻大坂行被仰付候事
卯弐番登也、尤積送荷物浦賀宮原清兵衛迄送遣、同処ニて積替之手筈之事
一　同船御前金
六拾五両江戸下之砌同処ニて拝借
五拾弐両同処初上下御勘定之砌爰元拝借
五拾三両　十一月　　拝借
〆百七拾両也
一大坂行亀甲丸運賃積

大豆弐拾五両
〆粕弐拾九両
水主給金四両弐歩　船頭倍九両也
御手当金
三役同断
船中小遣
此御手当前ノ振合下荷物先立配当も有之ニ付
江戸并三役同断　此船中遣准じ

（安政二年一一月二七日条船手并諸御用留、『八戸藩の海運資料』中巻）

亀甲丸は安政三年五月に日本海を経由して津軽深浦・松前箱館を経て八戸湊へ帰帆した。また同四年一一月には、久吉丸が大坂の小橋屋四郎右衛門宛に大豆一五〇石目・〆粕一，〇〇〇石目などを積んで出帆した。この年一一月、加賀屋大久保徳三郎が大坂へ出立し、この荷物を売り捌《さば》くことになっていた。

秋田との交易

日本海の秋田方面との交易も鉄を軸として行われていた。嘉永七年閏七月、酒田町商人佐藤平助・秋田湊問屋船木助左衛門との間で延鉄取り組みの約定が結ばれ、八月に金比羅丸にて代金六二五両で延鉄五〇〇箇が積み送られている。ただ残念ながら同船は鰺ヶ沢沖で大時化にあい、沈船するという海難にあった。

積荷の売却と航海の収益

遠隔地における積荷の売却代金の受け取り方法は、どうなっていたのであろうか。安政四年一〇月中ノ湊近藤長四郎宛書状によれば、積荷の売却代金は、近藤が預かって江戸の八戸屋敷へ届けられることになっていたが、この度の長寿丸の鉄売り代金は後で陸便にてその方法を連絡するとしている。また同じ積荷の簀干鰯の場合は、諸方より注文があるため、船頭心得により中ノ湊へ着く前に売り払うこともあり得るとの断りを申し入れている。

なお船頭の裁量による売却は、安値販売の場合は藩より処分されることがあった。安政三年五月、浦賀にて蕎麦二〇〇石目を安く売った小宝丸船頭は慎み処分を受けている。

廻船の運航が順調であれば、航海は収益が上がった。安政二年三月、御手船の万歳丸は前年の上り・下りの益金として六五両余を計上し、この中から家老以下、御調役所の役人、御用達《ごようたし》、船問屋たちへ褒美が下されている。しかし、廻船が時化にあい難破することも往々にしてあった。嘉永七年八月前述の金比羅丸が鰺ヶ沢で沈没し、同年一二月万吉丸が平潟にて破船、安政四年三月には、亀甲丸が銚子にて破船した。交易範囲の拡大や輸送頻度の多さが遭難をもたらすことになる。

廻船の建造と御前金船の借り上げ

藩の廻船の広域的な輸送が活発化すると、廻船が老朽化したり、不足をきたすようになる。嘉永七年一一月、御手船の亀甲丸が老船となったため、宮古にて代船一，二〇〇石積を建造し、安政二年六月に九五〇石積として亀甲丸と命名した。同年五月、久慈・八木との小廻船《こまわしぶね》を雇い上げ、さらに一〇月には長寿丸を「御手船同様」船とし、同月鮫村喜三郎建造の二五〇石積船を「御前金船」として藩有船に借り上げて就航させている。

安政四年六月、新造した石橋徳右衛門船千歳丸が川浮《かわうき》し、同五年二月には、また宮古より安全丸四〇〇石積が買い上げられている。この時期、久慈や八木から八戸へ鉄を運ぶ小廻しの小型船から、江戸—八戸間を帆走する大型船までの建造や雇い上げが行われていた。

ほかに交易に利用する廻船ではないが、漁業に使われる手網船の建造も行われている。安政二年四月、漁業の先進地房州より漁師一一人が八戸へ下ってきたため、御手網船二艘の建造が藩より命じられている。

船問屋の窮状訴え

藩の御手船や御雇船が多く入津しても、船問屋にとっては、経営上の利益はあまり上がらなかった。安政三年一一月、船問屋山四郎と甚太郎が藩へ相続行き届き難いとして三〇両の借用を願い出ている。その理由は、近年不漁が打ち続き、魚の船への積み立てが少なくなっている、とりわけ「売買物入船」がないために、口銭《こうせん》収入が思ったほど入らないというものであった。入津船が藩の御手船や御雇船ばかりであっては、船問屋にとっては、多くの手数料が望めなかった。

御調役所の御用達商人と江戸蔵元

廻船を動かしていたのは御調役所であるが、ここの御用達には、この時期、どのような商人が産物方として務めていたのであろうか。

安政四年四月には、石橋徳右衛門、村井小右衛門（十一屋）、石橋善兵衛（大丸屋）、渡辺重右衛門(十)（美濃屋か）、石岡儀兵衛（秋田屋）、大久保徳三郎（加賀屋）がおり、このうち徳三郎は同年正月に苗字帯刀御免にて御用達助役を仰せ付けられたばかりであった。

安政四年正月、御調役所における鉄売座・木綿方・粮米についての御用達の年番が決められた。巳の当年は、鉄売座は石橋善兵衛（代わり石岡儀兵衛）、木綿方は石橋徳右衛門、粮米は村井小右衛門（代わり渡辺重右衛門）となっていた。

一方、石橋徳右衛門に代わる江戸蔵元の名代については、安政二年七月石橋万平が退役し、一時地元の村井小右衛門が命じられたが、同年一〇月に江戸亀島丁米問屋石橋三右衛門が就任している。

廻船の船道具改め

ところで、八戸湊に他国船籍の御雇船や新規買い入れ船が入津すると、船道具改めが藩の手で行われた。嘉永七年五月万吉丸、安政二年四月福吉丸・晋清丸、五月豊久丸、同三年三月宝栄丸、六月八幡丸、八月歓喜丸、同四年五月四宝丸・宝徳丸、六月三宝丸、同五年二月安全丸など、というようにそれぞれ改めが実施された。

安政三年六月の山田大沢浦籍八幡丸七〇〇石積の船道具改めの例では、船頭勘治郎とともに、湊問屋佐藤五兵衛・鮫問屋西村山四郎、月番船名主清水甚太郎が、連名して船手支配人石橋徳右衛門宛に船道具改めを届けている。改めた船道具は檣《ほばしら》杉、帆桁杉、楫《かじ》白樫、加賀苧《お》綱六房、棕櫚《しゅろ》綱四房、碇六頭、帆二一反、橋船一艘、艀《はしり》道具一式であった。改めには、吟味添役安藤右源太、徒士目付鈴木儀兵衛、石橋代理石岡儀兵衛が立ち会った。

第六節　安政七年から文久二年までの海運の動き［安政七年船手御用留］

箱館交易の活発化と会津藩御用荷物輸送

安政七年「船手御用留」は同年三月から文久二年五月までを記録している。

この時期の八戸湊の産物輸送は、近隣では松前箱館、遠方では大坂との交易が目につく。箱館は万延元年閏三月から九月にかけて著しく、これに会津藩の箱館陣屋の御用荷物の輸送が加わる。

万延元年閏三月、栃内金太夫・加賀屋徳三郎が販路拡大を目指して松前に出張した。加賀屋からは八戸に下った松前船観喜丸を雇い、これに昆布・煙草《たばこ》・板類・硝石《しょうせき》などを積み入れて、松前問屋長崎屋半兵衛宛に送るよう連絡をしてきた。

一松前船観喜丸喜右衛門船江戸下鮫浦へ間掛日和次第空船ニて松前へ出帆之趣□、栃内金太夫様大徳丈（大久保徳三郎）松前へ御越ニ付、昆布并たはこ板類硝石被遣候ニ付相雇候様御達ニて、昨日西山（西村山四郎）迄申遣今日同人呼出船手之様子

承候処船頭承知之趣、尤昆布之義は当辰高金之様ニ御座候得は、目切等出来弁金仕候様ニて迷惑仕候間上乗御付被下度段願出右之趣申立候処、此節十一小丈（十一屋村井小右衛門）加丶徳丈（加賀屋大久保徳三郎）上り合□松前長崎屋芳兵衛卜申者参居ニ付、此者方へ荷物差向同人上乗為致候ハヽ、可然旨申立候処何様其者相呼申含候様御達ニ相成、十一小丈より今日残包参同人方へ呼寄相談致候筈、且運賃之義は十弐両之趣申立候処被仰付候事

（万延元年閏三月二四日条船手御用留、『八戸藩の海運資料』中巻）

松前との取引問屋としては、四艘の手船を所持している松前城下住吉屋清治と箱館大町住吉屋庄兵衛を選んだ。近江商人の出店である。八戸からは、五月以降、長寿丸・長栄丸・扇心丸・年若丸などが箱館へ向けて出帆した。六月に出帆した長寿丸は〆粕を積んでいた。

会津藩の御用荷物は箱館陣屋に使われる普請材料と味噌・醤油・酒などの食料である。万延元年五月から文久二年五月にかけて、会津藩の手船などで八戸湊から輸送された。

大坂交易の進展

大坂との交易でも、商圏拡大をはかるため、万延元年夏、産物掛成田太次右衛門と用達村井小右衛門が登坂した（約定一札之事、万延元年大坂御用小手筈牒所載）。同年九月、大坂南堀江伊勢屋宗太郎・取り扱い問屋北堀江桔梗屋（高沢）孝兵衛との間で約定がなり、八戸産物の大豆・〆粕・昆布・魚油五，〇〇〇石を大坂へ差し上らせることにした。

そして、今般、御手船順永丸にて〆粕一，〇〇〇石、昆布一五〇石、魚油五〇石、都合一，二〇〇石を送ることとし、翌春には八戸より御手船にて一，二〇〇石を送り、残り分は大坂より差し下した御雇船二～三艘で運び、さらに取り組み仕切金は五，〇〇〇両とすることなどを取り決めた（第三章第七節「大坂への産物輸送」参照）。

万延元年一〇月一五日に順永丸が浦賀経由で大坂に向かった。翌文久元年（一八六一）三月に江戸廻りで順永丸が

帆した。江戸田端屋より野辺地商人宛の太物《ふともの》（絹に対しての綿・麻織物）荷物も運んできた。同年四月、大坂丸屋船が入津し、五月には御雇船金比羅丸が大坂へ向けて出帆した。

文久二年四月、大坂雇いの御雇船毘祝丸六五〇石積が入津した。この入津は大坂の八戸名代である桔梗屋と船宿金屋・船主関屋との間で結ばれた雇船規定によるものであった。その規定は、〆粕などの八戸荷物は、春秋は鮫浦積み込み、夏は市川積み込みとし、ほかに荷物敷金、運賃、御用捨《ごようしゃ》荷物、荷打《にうち》などの規定が盛られ、これによって御雇船が運航する手筈になっていた。

市川積み込みの活況

〆粕の輸送は、嘉永七年船手御用留と同様、この時期も盛岡藩領の北浜で生産された〆粕・魚油の市川積みが盛んであった。文久元年に市川積みに向かった廻船は、七月小宝丸・妙幸丸、八月喜風丸・順永丸・御雇船神宝丸、一〇月御雇船政美丸・金剛丸などであった。万延元年には、五戸伊勢屋の鰯〆粕をはじめ、五戸菊田屋の大豆などの盛岡藩領の産物を精力的に集荷している。

八戸湊より中ノ湊近藤長四郎宛に運送された〆粕については、文久元年六～七月では、六五〇石（代金九〇〇両）、六五〇石（同一，〇〇〇両）、六五〇石（同一，〇〇〇両）、一，九〇〇俵（ママ）（同一，〇二七両余）などを

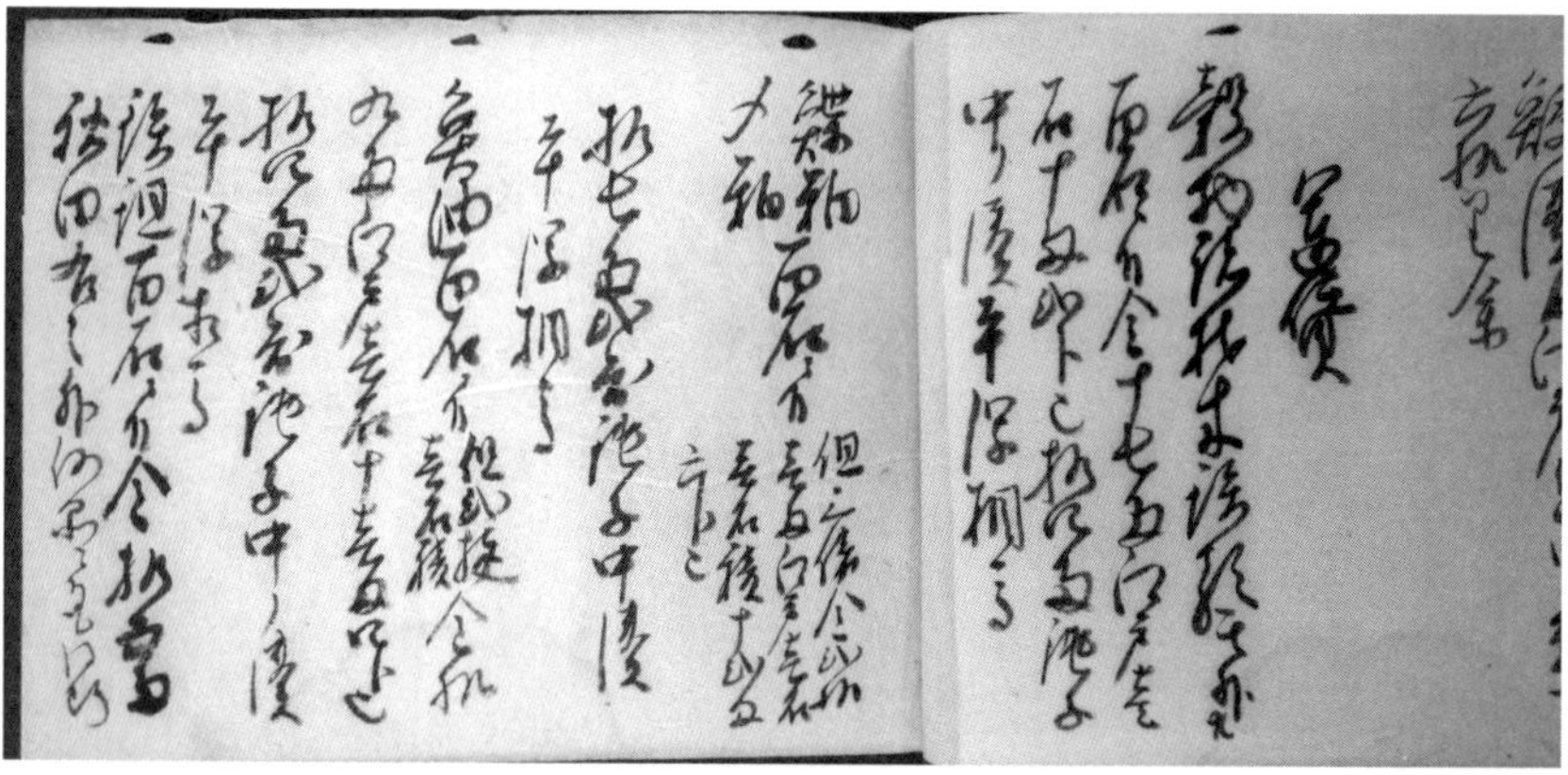

穀物や鰈粕・〆粕、魚油などを江戸などへ送る運賃規定（御産物御用手控／遠山家文書）

数える。

鉄交易の拡大と競争

鉄の交易も、依然として活発であった。三陸沿岸では、宮古鍬ヶ崎、日本海側では、秋田の能代、土崎湊との交易が行われている。宮古には、文久元年四月に荒鉏三〇〇石目（代金四六一両余）、五月には荒鉏六六七箇（代金三〇七両余）・荒鉏六〇箇（代金二七両余）などが送られている。

秋田に向けては、万延元年六月能代岩川工藤平左衛門・能代湊問屋伊勢屋新三郎と延鉄二〇〇石目の取り組みの約定がなり、さらに大豆購入の申し出があった。文久元年四月、順永丸が土崎湊問屋船木助左衛門宛に南部大豆二，〇〇〇俵（一，〇二七石・代金一，五〇〇両）、鉄一〇〇箇を積んで秋田へ向かった。五月には、また土崎湊へ一吉丸が延鉄五〇〇箇（代金二二両）を積み込んで出帆した。

ただ日本海地域北部では、盛岡鉄とともに、八戸鉄の優位性は圧倒的であったが、しだいに競争が生まれてきた。秋田津野に新鉄山が開設されたことにより、文久元年三月には、秋田の宮吉左衛門・白井官蔵との間で、前年の能代工藤との延鉄代金も含めて、値段交渉が難航するようになっていた。

小廻船の往来と地域内海運の高まり

八戸湊の鉄輸送は、鮫にある鉏鉄小屋（蔵）で保管された後、大型廻船に積み込まれた。これは主に大野鉄山で産出された鉄が八木へ陸上輸送され、ここから小廻船で八戸湊へ運ばれたものであった。

一方、久慈も大野鉄山に近いことから鉏鉄小屋が造られ、ここに運ばれた鉄が久慈湊の廻船に直接積み込まれ、領外に移出されたが、余分な鉄は八戸湊に小廻し輸送されることが多かった。例えば、文久元年四月朔日には妙幸丸・利運丸・清七船三艘が久慈より鉏鉄を積んで八戸湊に入津し、同月九日には利運丸が八木浦より中細鉏四五〇箇を積み取って帰帆している。

久慈方面と往来する小廻船は、一〇〇石前後かこれ以下の小型船が多く、万延二年（文久元年）二月条には、久慈小廻しの雇船九艘の書上が記載されている。小廻し与板船《よいたぶね》二艘（湊松太郎と湊助十郎持ち）、九〇石積ぐらいの「さつは船」一艘（湊清七持ち）、小廻船一艘（美濃屋宗七郎持ち）、四〇石積ぐらいの大天当船《てんとうぶね》一艘（鮫山四郎持ち）、三〇石積ぐらいの大天当船一艘（鮫若者頭預かり）、一五〇石積ぐらいの小廻し与板船一艘（白銀甚兵衛持ち）、一六〇～一七〇石積ぐらいの小廻し与板船一艘（鮫徳兵衛持ち）、九〇石積ぐらいの伍大力船《ごだいりきぶね》一艘（鮫甚太郎持ち）となっている。伍大力船は水主五人前後で比較的小型であったが、両船とも帆を持ち、帆走したので常州平潟などの遠方まで乗り入れることができた。

石数の大きい与板船は普通、水主《かこ》一〇数人が乗って船体も大きく、伍大力船はこれを改良したものといわれる。また櫓《ろ》を備えていたので小回りもきいた。

ところで、〆粕は市川積み、鉄は八木や久慈積みというような地域内廻船の運航状況を見ると、八戸湊を基点に小廻船や廻船が地域間を縦横に動いていたことになる。そして、最終的には八戸湊で産物が集約されて、江戸などの領外市場へ廻船が出発していた。これは、いってみれば、八戸湊で地域内海運が広域海運と結びつき、地域内海運が広域海運を支えるという重層的構造を示すものであり、八戸湊の地位の高まりを知ることができる。

廻船問屋の手数料規定

八戸湊の廻船出入に伴う問屋の口銭・諸掛については、万延元年四月条に御雇船における湊・白銀・鮫の艀賃《はしけ》と宿料などがあった。同年一〇月、藩からの問屋手数料についての問い合わせがあり、船問屋佐藤五兵衛・西村山四郎・清水甚太郎・吉田源之助の四軒が、四月付で問屋口銭や問屋料などの金額や開始時期を書き上げている。

乍恐口上之御答

私共儀問屋職ニ付別紙書付以奉願上候処問屋口銭等之義御尋被仰付、左ニ奉申上候

一先年より鮫御役所ニおいて年御初詰之節御詰合被仰渡候通、船手売買之義ハ問屋ニ限り船手并商人馴合売買かたく御停止被仰出置候
一問屋口銭之義ハ寛政十午年十月金高弐分五厘被仰付候
一当所へ積来諸品よりハ御役方様并下役共御請壱分五厘都合三分五厘七毛被仰付候、其節ニ船手より口銭受来候
一御産物御直段積以御払被仰付候砌、頂戴人直段合寄船手より口銭受取仕切書差出呉候様申出候節ハ受来候、御払直段船手着直段格別違之節ハ、何分ニも相遣し相談仕候節ハ口銭受取不申
一問屋料之義ハ寛政十午年商内ニ不抱都て積出之舟ニより収納筋被仰付
右之通其度御尋ニ付奉申上候、以上
申四月　　四軒問屋衆
（万延元年一〇月一六日条船手御用留、『八戸藩の海運資料』中巻）

廻船の購入と売却

交易の活況は、産物輸送を担う船舶の購入や雇い上げを促した。万延元年五月、北浜より仁宝丸を買い上げ幸得丸と改名し、一一月仙台の年若丸を買い入れた。文久元年三月、久慈湊万次郎船を御手船同様とし、五月には当節船不足のために江戸後藤屋の勢徳丸七〇〇石積を買い上げ、喜風丸と改名した。

文久二年五月には、久慈湊万次郎船長喜丸（六五〇石積）を六五五両にて買い入れ、長久丸と改名。購入だけではなく、船舶の売却も行っており、同年四月には、安全丸を二五〇両にて湊新丁岩太郎へ売り払っている。

なおこの安全丸は、文久元年六月に江戸航海を二度上り・下りしたことにより、船頭が二〇〇疋、船中は金一両の

褒美を得ている。

海難事故

廻船の破船や荷打などの海難事故は、万延元年八月江戸行き小宝丸が銚子付近にて破船、同年九月平潟行き御手船の八幡丸が岩城にて破船したことを藩へ申し出た。文久元年一一月、〆粕・簀干鰯・鉏を積んだ妙幸丸が、仙台で破船。同二年四月、江戸行き喜風丸が銚子湊河口で破船した。このうち小宝丸の積荷の〆粕・昆布は銚子から高瀬船にて江戸へ運ぶ処置をし、喜風丸の積荷のうち、魚油・鉏鉄は銚子から同じように川船にて江戸へ上り、〆粕・大豆・布海苔は銚子払いとされた。

御調役所の役方名簿

この御用留当時、御調役所に勤務していた役方については、安政七年三月と文久元年六月条に役方名簿が載せられている。文久元年六月には、目付が斎藤伝右衛門・湊九郎太の両人、吟味添役が成田太次右衛門・久水万之助・小山田源内の三人、徒士目付は井川忠吾・小山田平内の両人、算当方は井川忠助、書役は西久保豊吉の名前が記されている。ほかに御用達が石橋徳右衛門・村井小右衛門・石岡儀兵衛の三人、四軒問屋、船宿一人、浦老一人となっていた。

第七節　文久二年から慶応二年までの海運の動き［文久二年船手并諸御用］

文久二年「船手并諸御用」は同年五月から慶応二年七月までを記録している。

諸国との交易で目につくのは、安政七年船手御用留と同様、箱館と大坂の交易である。

箱館と大坂交易の発展

箱館の交易では、大津屋茂吉と鰯〆粕を通して取引があった。文久二年九月には、市川産の鰯〆粕（白粕）八〇〇石と一，二〇〇石について、一，一四二両と一，七一四両の代金で大津屋から蔵入れ預かりしており、翌三年（一八六三）九月にも市川と前浜の白粕一，六〇〇石を蔵入れ預かりをして、翌春の箱館船積みに向けて準備をしている。
ほかにも、文久二年閏八月には近藤長四郎船順風丸、翌三年九月には新造豊久丸などが〆粕を積んで、箱館に向けて出帆しているのが見えている。

蔵入預証文之事

一鰯〆粕千弐百石目　此目形四万八千貫目
代金千七百拾四両三歩ト永三匁五分七り
但金壱両ニ付廿八貫目之直段、尤市川白粕
八戸鮫浦積立壱俵風袋六百目引
水目掛渡積立諸掛一切此方持
右之通代金不残此度慥ニ請取蔵入預置候処実正也、来早春船御差向次第聊無遅滞積立相渡可申候、為後日蔵入預始末如件

文久二戌年九月　　八戸　大久保徳三郎
石岡儀兵衛
同十四日認　　石橋武兵衛
村井小右衛門
箱館　大津屋茂吉殿　　石橋徳右衛門

前書之通相違無之候已上

佐藤理右衛門

（文久二年九月一一日条船手并諸御用、『八戸藩の海運資料』下巻）

文久三年一〇月、箱館出張中の大久保徳三郎は、大津屋茂吉を保証人として箱館米屋平七と加州橋立西出孫右衛門から藩用で三、〇〇〇両を借用した。翌年産の〆粕を担保にして借用したものであるが、これは箱館との〆粕取り組みの縁であろう。

なおこの三、〇〇〇両は、文久四年（元治元年、一八六四）七月に、夏漁が皆無不漁のため〆粕の支払いができないとして猶予の依頼が出されている。この猶予の依頼は再度慶応三年（一八六七）二月にも出されていた（慶応二年船手御用留）。

このほか、箱館の会津陣屋用の味噌・醤油の積み出しも万延元年から引き続き行われており、当船手御用留では元治元年九月まで輸送が見えている。

八戸商人の北浜進出と〆粕積み込みの増加

ところで、交易に使われた〆粕は、八戸前浜のみならず北浜産出のものもあった。ここは盛岡藩領であったが、八戸商人が市川以北の一川目、二川目、三川目などの北浜の海岸部に進出し、〆粕の生産と買い付けが行われていた。

北浜の海岸部に八戸藩が進出していったのは、八戸前浜に比べてこの地区の海岸線が長く、しかも砂浜が続いており、船を使った小手繰網などの鰯漁よりも、砂浜の地引き網による鰯漁の方が漁獲高が大きかったので、労働力と資本が存在さえすれば、収益が期待できたからである。幕末のこの時期、八戸前浜地域から漁家や農家の次三男の移住が増えるにつれて、八戸商人が網などの生産資金を投下すると、この地域の〆粕生産は飛躍的に伸張した。すでに進出の傾向は嘉永七年船手并諸御用留からも顕著に見え始めている。

北浜には小型廻船が八戸湊から出向いて〆粕を積み取っていたが、箱館行きなどの輸送船が直接向かって〆粕を積み込むことも行われた。文久三年四月御雇船善昌丸が八戸湊から北浜に出発し、〆粕五五〇俵を積んでいったん八戸湊に帰帆して箱館に向けて出帆している。また元治二年（慶応元年、一八六五）二月から五月にかけては、喜多留丸が大豆とともに北浜の〆粕を集荷している様子が見えている。

〆粕は干鰯に比べて施肥効果が高いため全国的に需要が増大しており、産地では干鰯よりも収益率が高かったので生産に拍車がかかった。

大坂との雇船規定

大坂との交易は万延元年夏の産物掛成田太次右衛門・用達村井小右衛門の登坂以来、取引が活発化した（安政七年船手御用留）。文久二年六月、大坂御雇船昆悦丸が大坂に向けて出帆すると同時に、大坂からは大坂御雇船宝寿丸が入津した。

八戸藩大坂名代の桔梗屋高沢孝兵衛と木屋市郎兵衛・船主新屋との間で、文久二年五月に雇船規定が結ばれた。この規定では、八五〇石積の宝寿丸は、春秋は鮫浦積み・夏は市川積みとし、敷金は一〇〇石につき五〇両、運賃は二七両と定め、御用捨は大豆六分、〆粕七分、昆布一割、その他の積荷は七分とした。航海日限は下り航路で五〇日を定例とし、遅れは一五日を限り、荷打の際は佐州（佐渡）を境に注進場所を決めて指示を待つなどといった取り決めがされた。また同年七月には大坂桔梗屋より雇船権宝丸を差し向けるとの書状が八戸に到着している。

一方、八戸廻船である御手船の大坂行きは、文久三年一一月、新造豊久丸が大豆一，〇〇〇石余・昆布一六三石余を積み、大坂へ向けて出帆した。荷物の宛先は炭屋安兵衛、平野屋孫兵衛、桔梗屋孝兵衛であった。残念ながら、この豊久丸は鳥羽で破船したため八戸へ戻ることになった。

十一月

一豊久丸与三郎乗大坂行被仰付候処、同所送人数左ニ
　炭屋安兵衛代正輔　　此方　石橋徳右衛門
　平野屋孫兵衛代恒助　　村井小右衛門
　桔梗屋孝兵衛　　　　　大久保徳三郎
　　〆三人江送付

文久三亥年豊久丸与三郎乗大坂行被仰付候事
　御前金百六拾弐両御下之事
　右之内六両弐朱肩金掛札料上納引、百五拾五両三分弐朱御下ニ相成、尤大豆千石弐斗四升四合昆布百六拾三石弐斗三升弐合、合て千百六拾三石四斗七升六合、此運賃金三百拾四両弐朱ト銀八分壱り壱毛、但百石ニ付廿七両之割、尤是迄百石ニ付廿五両之処弐両増ニて如此
　外ニ五拾両也別段拝借之事

（文久三年一一月条船手并諸御用、『八戸藩の海運資料』下巻）

翌元治元年七月、久吉丸が大坂に向けて出帆した。炭屋・平野屋・桔梗屋宛の大豆・布海苔・角又《つのまた》が積み込まれた。豊久丸は太平洋航路の「東廻り」であったが、久吉丸は「西廻り」の日本海経由であった。この時、箱館の大津屋に水先案内人の乗船を依頼している。

大坂向けの産物は積載する品目により運賃が異なっていた。元治元年五月当時は、江戸行きの運賃は大豆が一〇〇石二〇両、〆粕が一〇〇石二四両、水主給代は一人三両であり、大坂行きの運賃は大豆が同石二五両、〆粕が同石二

九両、水主給代は一人四両二歩であった。

鉄移出の減退

八戸藩を代表する産物は、畑作物の大豆、海産物の干鰯・〆粕・魚油であり、これに鉄が加わった。鉄については、文政末年（～一八二九）頃から積み出しが本格化し、収益上からも国産物を牽引《けんいん》するほどに成長するようになっていたが、文久二年頃を境に急速に移出が減退し始めるようになった。

当船手御用留の中で、鉄の積み出し記事については、文久二年閏八月中ノ湊近藤長四郎船順風丸の鉄の箱館への積み出し、同年九月近藤船長久丸の延鉄の平潟への積み出し、元治元年の越後土屋忠左衛門などへの中細鉏・荒鉏取り合わせの約定、同年一一月石巻熊谷長右衛門宛の鉏積み出しが見えるだけである。この鉄積み出しが減少する背景には、洋式高炉による製鉄事業が各地に勃興したことが挙げられる。

安政四年一二月、大島高任は釜石で鉄鉱石を使用した洋式高炉による製鉄事業に成功した。砂鉄を原料とした従来のたたら製鉄よりも鉄鉱石から生産される高炉製鉄は、加工が容易な上に堅牢で、粘り強く、衝撃に強かった。しかも、熔高炉一基あたりの生産量が平炉より三倍もあったので、生産費が安く、価格が低廉であった。

翌年以降、盛岡藩では釜石、橋野（岩手県釜石市）などに新たな熔高炉の建設を進め、仙台藩でも石巻などに文久三年から建造を始めた（『九戸地方史』下巻、渡辺ともみ『たたら製鉄の近代史』参照）。これにより各地へ新しい鉄の流通が拡大するようになった。

他方、高品質・低価格の外国製鉄も開港とともに流入した。このような状況の中で八戸藩が長年築いてきた関東近辺から秋田・新潟にかけての市場は、しだいに縮小せざるを得ない状況に立ち至ってきたと思われる。

塩と米の積み出し

従って、この時期の産物の主力は大豆と〆粕となっていたが、このほかに、海に面した八戸藩にとって、八戸らしい国産物である塩が積み出されている。元治元年冬、八木において塩一，一〇〇俵が藩より売却され、うち九〇〇俵が仙台へ積み出されている。慶応元年七月には残り二〇〇俵の中から一五四俵が大畑へ商売物として積み送られていた。

米については、稲作北限地に位置する八戸藩では、領内で収穫された米は江戸へ運ばれることはなかった。しかし、慶応元年一〇月に江戸行きの万歳丸が、大豆・〆粕とともに八戸米一，〇〇〇俵を輸送していることが見えている。米の使途については記されていない。通常、江戸藩邸の消費米は志和から石巻を経て輸送されたが、慶応二年船手御用留の同年八月条には、志和米に替えて沼宮内米が八戸湊より積み出されていることが記されているので、志和米の輸送が滞っていたために八戸から輸送したのであったろうか。

御手船の所有数と御手船同様船の運航

この時期、産物輸送に従事した八戸藩の御手船はどうなっていたのであろうか。

元治元年九月の八戸藩領内二〇〇石以上の廻船書上覚（大坂廻船年行司宛）によれば、九〇〇石積二艘（万歳丸と久吉丸か）、八〇〇石積一艘（順永丸か）、七〇〇石積一艘（船名不明）、五五〇石積一艘（長久丸か）の五艘があった。ほかに御手船の中で、売却船には、江戸払いの五〇〇石積一艘（文久二年買い上げ船の日和丸か）があり、破船には八〇〇石積一艘（文久四年破船の豊久丸か）があった。新造船には、文久二年八月に豊久丸（大坂に向かって鳥羽で破船）、慶応元年閏五月に八五八石余積の万寿丸が建造されて、船道具改めや間尺改めが行われている。

藩の御手船には純然たる藩所有船もあったが、船主から「御手船同様船」に願い出されて石橋徳右衛門名義で運航する船が多かった。慶応元年八月には、一戸の槌屋太右衛門が所有する幾久丸が御手船同様船として願い出され、石橋徳右衛門船となっている。幾久丸は同年八月に久慈浦にて新造された八〇〇石積の船であったが、船頭重之助乗りのまま御手船となった。一〇月付の約定一札によれば、「御手船名義半棚持」とされ、船刷立諸掛と諸道具代を合わせて二、八九一両余の半分、一、四四五両余が石橋から槌屋喜四郎へ支払われている。

船頭の弁償金支払いと褒賞

御手船が破船すると、船頭はその損失額を弁金上納することになっていた。元治元年一一月石巻で破船した長久丸船頭福松は三三両余の損失額を一〇年賦、同年一二月野田通《どおり》太田名部で破船した久吉丸船頭長次郎は三〇両余を五年賦、文久四年二月大坂から帰帆中、鳥羽で破船した豊久丸船頭与三郎は二七両余を一〇年賦にて上納を命じられた（元治二年三月二五日・慶応元年閏五月一九日条）。

船頭の中には、長年の航海従事の労が褒賞されて、御免高を給されることもあった。元治元年一一月に万歳丸船頭幸次郎は、御免高一石を給されて領内船頭頭を命じられ、さらに翌年五月に新井田村や浜通村に御免高三石を給与され、小高帳が交付された。

蒸気船の入津

黒船来航後、蒸気船を目の当たりにして日本は驚愕したが、開国が実現すると、八戸湊にも新しい蒸気船が入津する兆しが見えるようになっ

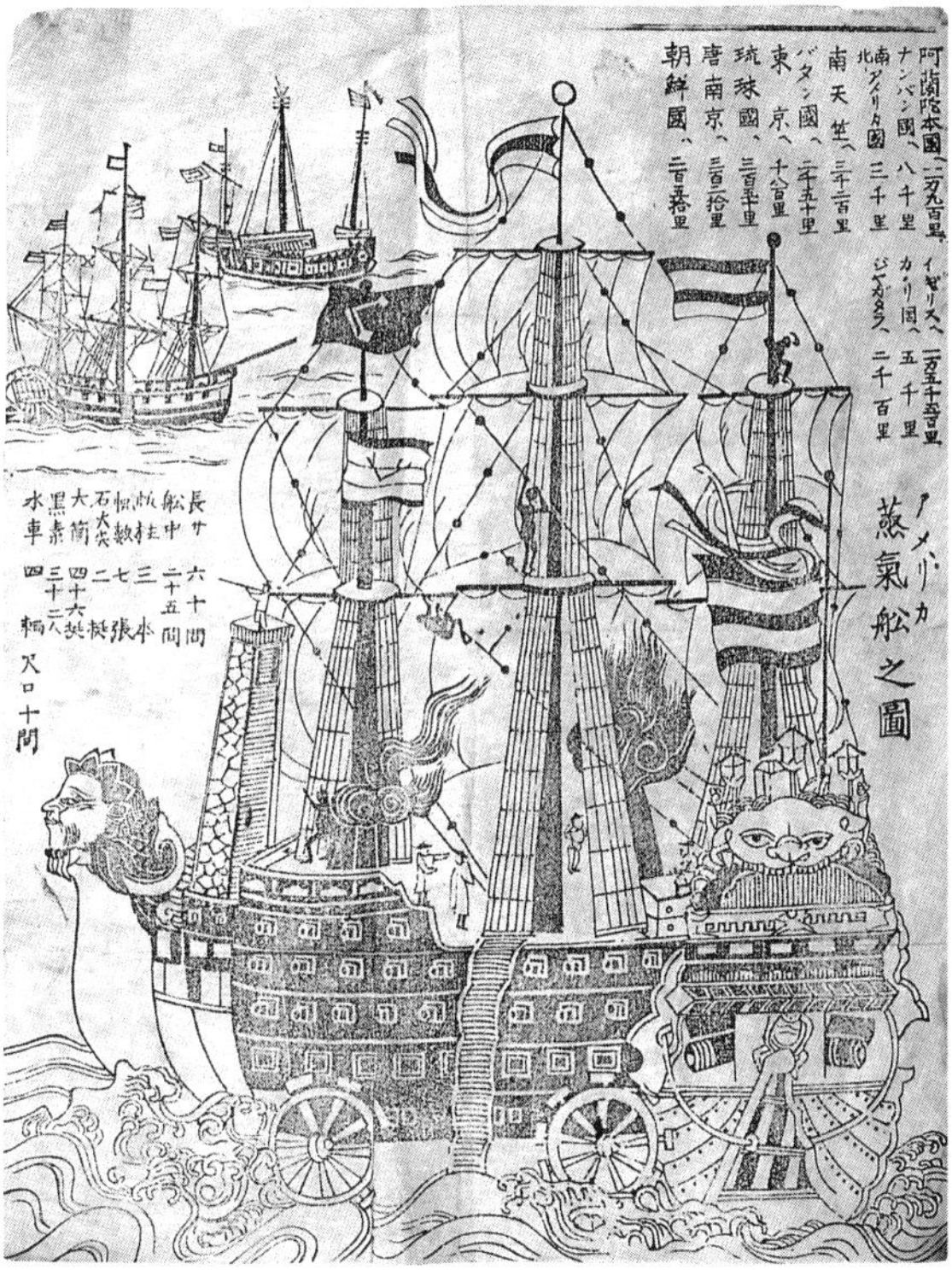

アメリカ蒸気船の図＊（村上家寄託文書）
嘉永６年のペリーの浦賀来航以来、欧米の科学技術に驚き、蒸気船の図が全国的に流布した。

た。慶応元年五月、江戸にて蒸気船一，五〇〇石積が雇われ、追々着船するが、通例の船と変わらないので、村々で騒がないようにとの藩の御沙汰が、石橋より問屋衆に伝えられている。

御用達商人の年番割

国産物を取り扱った藩御用達の年番割については、文久三年正月は、木綿方売山掛が石岡儀兵衛、小売座《こうりざ》北浜掛が石橋武兵衛、粮米座湊掛が石橋徳右衛門、白銀北浜掛が大久保徳三郎、鮫南掛碇釘方が村井小右衛門、翌四年は粮米座・木綿方が石橋武兵衛、鉄売山掛が石橋徳右衛門、鉄小売座が村井小右衛門、北浜掛が村井小右衛門、湊掛が鈴木治右衛門・三上伝八郎、白銀掛が石橋徳右衛門、鮫南浜掛が大久保徳三郎、碇方が石橋武兵衛となっていた。

第八節　慶応二年から明治三年までの海運の動き［慶応二年船手御用留］

御手船の艦数

慶応二年「船手御用留」は同年八月から明治三年一二月までを記録している。

この船手御用留の時期の八戸藩廻船の運航は万歳丸、万寿丸、幾久丸の三艘によって東京、大坂などの長距離海運が担わされていた。

明治三年三月の艦数書上によれば、藩有船の御手船は万歳丸一，一〇〇石積、万寿丸一，一〇〇石積、幾久丸八〇〇石積の三艘であったと見える。同年より六年前の元治元年九月には、九〇〇石積二艘、八〇〇石積一艘、七〇〇石積一艘、五五〇石積一艘の五艘のほか、売却船五〇〇石積一艘、破船八〇〇石積一艘があり、合計七艘を藩が所有していたから（大坂廻船年行司宛の廻船書上）、これに比べると所有する廻船数が半分以下に落ち込んでいるので、八戸海運は停滞を余儀なくされていた。

東京・大坂への南部桐の輸送

東京向けの産物は、文久二年船手并諸御用では大豆と〆粕が主力であったが、この時期は大豆・〆粕とともに、昆布などの海産物のほか、桐甲良《こうら》（下駄材）の材木製品が新しく登場する。桐甲良は下駄の甲羅《こうら》（台木）に使われる加工品であり、この船手御用留になって初めて見える移出品である。いわゆる南部桐の商品化である。

桐材の産地は久慈の西方に位置する山形地域（岩手県久慈市山形町）である。豊かな森林資源に恵まれたこの地域には、藩政改革期に藩が生産資金を投下して桐甲良や木地椀などの木工品を生産させ、これを買い上げて移出品に育てた（天保「萬□□帳」、『山形村誌』第二巻史料編所載の木地谷家文書、および同村誌第三巻通史編）。

桐甲良の早い移出では、慶応二年一〇月に桐甲良二四〇箇（一万二、〇〇〇足）と荒鉏を積んだ四艘の廻船が久慈湊から平潟へ向けて積み出されている（久慈通御代官御用申継帳、『慶応二年久慈通御代官御用申継帳』所載）。

一方、木地椀などの木地製品は八戸へ送られ、ここから商人の手を介して漆器の産地たる浄法寺などへ運ばれたようである。天保一四年八月に木地椀一四二箇と中細鉏二六三箇を載せた栄徳丸が久慈湊から八戸湊へ運航している（天保一四年去寅年御積出積書付覚、晴山家文書『久慈市史』第六巻史料編Ⅲ所載）。

桐甲良の八戸湊からの移出を船手御用留から見ると、慶応四年（明治元年、一八六八）一〇月に、幾久丸が大豆・昆布・太布・竹篭・和薬種とともに、桐甲良を積み込んで平潟へ向かっており、これ以後、東京などの中央市場へ桐甲良が移出されるようになる。

明治二年（一八六九）五月には、東京行きの万歳丸が太布・和薬種・干鮑《あわび》・〆粕・桐甲良を積み込んでおり、同三年一〇月には、行き先不明だが、万寿丸が〆粕・昆布・桐丸太・桐甲良を積載して八戸湊を出帆している。

幾久丸積覚

一大豆　千五百廿六俵　此石七百七拾九石弐斗四升
一黒大豆　四俵　此石弐石四升六合
〆石橋徳右衛門名義ニて槌屋喜四郎荷
一昆布　弐千八百八十貫弐百匁　荷主　大久保徳三郎
一太布　八箇　此員六百四十匁　同　金子宗三郎
一竹篭　十八箇　同人
一和薬　拾六箇　此目形百九十弐貫目　同　廿三日町安兵衛
一桐甲良　七箇　此員七百足　同　富岡新助
〆　右之通

（慶応四年一〇月二七日条船手御用留、『八戸藩の海運資料』下巻）

廻船の積荷と数量は、移出税の対象となる商売物の沖口《おきぐち》証文訴書によれば、明治三年一一月東京行きの幾久丸が、〆粕二，〇二四俵（石〈一俵＝一石入り〉）、北（浜）〆粕一一八俵、布海苔一二俵（一俵＝一三貫目入り）、花折昆布二八箇（一箇＝一一貫七〇〇目入り）、昆布一，九七二貫五〇〇目、桐丸太一一本、桐挽割三挺《ちょう》を回漕している。産物は〆粕を中心に布海苔・昆布の海産物と桐の材木製品が積載されていた。

鉄移出の消失と北浜産〆粕の集荷

積荷に桐製品が新たに登場する反面、長年藩の主力商品として財政好転に寄与した鉄は、この時期にはほとんど見えなくなっている。慶応三年一一月幾久丸に常磐の彦四郎宛の荒鉏二五〇石が積み込まれたのと、明治三年三月に八戸湊に来船した咸臨丸に生産局（御調役所の改称後の名称）から支給された石狩行き箱館揚げの御用延鉄二五箇が積み込まれる記事しか見えていない。利益率の高い特産の鉄が輸送産物から消失するということは、八戸藩の交易の収益が落ち込むことにつながっていくことになる。

ただ明治三年二月にも八戸藩の鉄山は経営されており、鉄山は水沢・多喜山・大祝の三ヵ山があった。鉄山取締方に安藤右源太ら三人が命じられている。

〆粕については、慶応二年一一月に市川から集荷された鰯〆粕一，〇〇〇俵が、龍徳丸に積み込まれて江戸屋敷産物改め所へ運送する旨の約定が結ばれている。代金一，五〇〇両は江戸永代町《えいたいちょう》喜多村留之助の為替手形にて決済された。

慶応三年一一月には、江戸の槌屋喜四郎宛の北浜〆粕一，三五〇俵（本）が買い入れられて幾久丸に積み込まれた。〆粕積の小廻し賃が、市川までが一一三俵積みで一俵一四〇文、深沢までが一七二俵で同一五〇文、一川目までが六六三俵で同一六四文、二川目までが三五〇俵で同一七二文、三川目までが九七俵で同二〇〇文となっていた。

集荷量を見ると、市川から北の三川目までのうち、一川目から二川目までが最多の一，〇一三俵である。この時期には、〆粕の主力生産地は一川目以北ということになる。

東京・大坂への移出入品と京都の八戸屋敷

一方、東京から八戸へ移入された物品では、明治三年六月入津の万寿丸では槌屋喜四郎より南京米一〇〇俵、南京あら米三二八俵が輸送されている。これは同二年が凶作であったので、このための食糧米が移入されたものと思われる。

大坂との交易は、慶応四年閏四月、万寿丸が大豆八一〇石・〆粕一〇〇石・花折昆布八〇石・味噌一〇石を積んで江戸経由で大坂に向かい、一〇月に帰帆した。明治二年八月大坂御雇船の加州丸屋伝四郎船宝元丸が八戸に入津。大坂出役の高橋杢之進と大坂御用場桔梗屋高沢孝兵衛からの添状を持参した。

明治三年六月、万歳丸が「東廻り」の東京経由で大坂へ出帆した。東京へは藩御用の長持や箱物、味噌樽などの荷物を積み、大坂へは藩御用の莚《むしろ》包み箱物などと商人荷物の大豆・〆粕・角叉・布海苔・天草・桐甲良・桐丸太・和薬種・

生漆・荒銅を積み込んだ。

荒銅は七〇〇箇あったが、これは盛岡の鍵屋村井茂右衛門が経営していた尾去沢銅山から陸送してきた銅である。尾去沢の銅は野辺地経由で大坂に輸送されていたが、この時期八戸湊を利用するルートも開かれていた。

大坂への藩御用荷の宛所は、大坂北堀江丁高沢平次郎のほか、「西京高野河原新田八戸屋敷」と記されている。京都の高野河原新田というから、愛宕郡高野河原村（現左京区）に八戸屋敷が設けられていたようである。八戸屋敷の開設経緯についてはよく分かっていない。

産物輸送の交易の利益は、販売地域の産物相場によって大きく変動した。相場が高ければ売却利益が上がったから、常に相場の変動に関心が払われていた。慶応四年五月、宮古徳島屋善右衛門より玄米、白米、精粟、小麦、大麦、大豆、小豆《あずき》などの穀物相場と両替相場が連絡されている。明治二年七月の浦賀や横浜における相場については、大豆、上・下〆粕、小豆、太布、桐甲良、玄米、南京米、小麦の払い相場と両替相場が東京より知らされてきた。

御手船の稼働率向上と土産廻

この時期、八戸海運の御手船は三艘であったので、産物の輸送量は縮小せざるを得なかった。しかしながら、逆にいえば、一艘あたりの御手船の稼働率は高まったことになる。

明治三年閏一〇月の万寿丸船頭万吉の御手当金願書によれば、万寿丸は同二年五月に東京（明治元年七月江戸より改称）から大時化にあいながら鮫浦へ帰帆した。その後、船下げして一一月になって再び荷物を積み入れた。さらに久慈湊にて塩二,〇〇〇俵の積み入れも命じられたので、一二月九日に出帆した。しかし、風具合がよくなく鍬ヶ崎（岩手県宮古市）へ落船。ここで久慈からの塩を待って積み、同所より正月に出帆。仙台と平潟で積荷の荷役を行い、その後残りの荷物を東京にて荷揚げした。

東京から帰帆の節は、御上様荷物の洋米三〇〇石、富岡・吉田屋荷物の稗大麦五〇〇石余、合計八〇〇石ほどを積んで、八戸まで運送してきた。前年五月より江戸・大坂をはじめ、上り・下りの航海が合計五〇〇日になっているので、御手当金として御給代五両ほどを頂戴したいというものであった。万寿丸一艘がフル稼働して江戸ないし東京—八戸間を上り・下りして産物を輸送している様子をうかがい知ることができる。

廻船が無事八戸湊に帰帆すると、船主より藩の役人へ進物を贈る土産廻《みやげまわし》が行われていた。慶応四年六月江戸より帰帆した万歳丸は、家老はじめ目付、添役、徒目付《かちめつけ》や御用達商人へお茶二袋宛を贈った。この慣行は明治二年一一月に廃止となるが、船の積石数によって浦奉行や船問屋などへの積み出しの請代や土産代などの礼金額は決められていた。

礼金額は、慶応三年二月の問屋書上によれば、七〇〇石積以上、五〇〇石積以上、三〇〇石積以上、一〇〇石積以上の石数で金額が違っていた。ちなみに問屋などへの手数料も、入津船の石数に応じて異なっていた（慶応三年二月条問屋書上）。

藩の職制改革と商船への日の丸の掲示

明治新政府の成立とともに、八戸藩も明治二年三月に家老などの旧来の職制を廃止し、議督、執政などの新役職を発令した。同年三月、藩の国産物の買い上げと販売を業務とした御調役所は生産所と改称され、さらに同年五月生産局に再度改称された。同三年二月生産方ならびに商法方役人の任免が行われたが、同年一一月生産商法方が廃止された。

明治三年八月太政官が商船規則を制定し、日本製造の船や西洋型商船は民部省の管轄とし、西洋型商船に

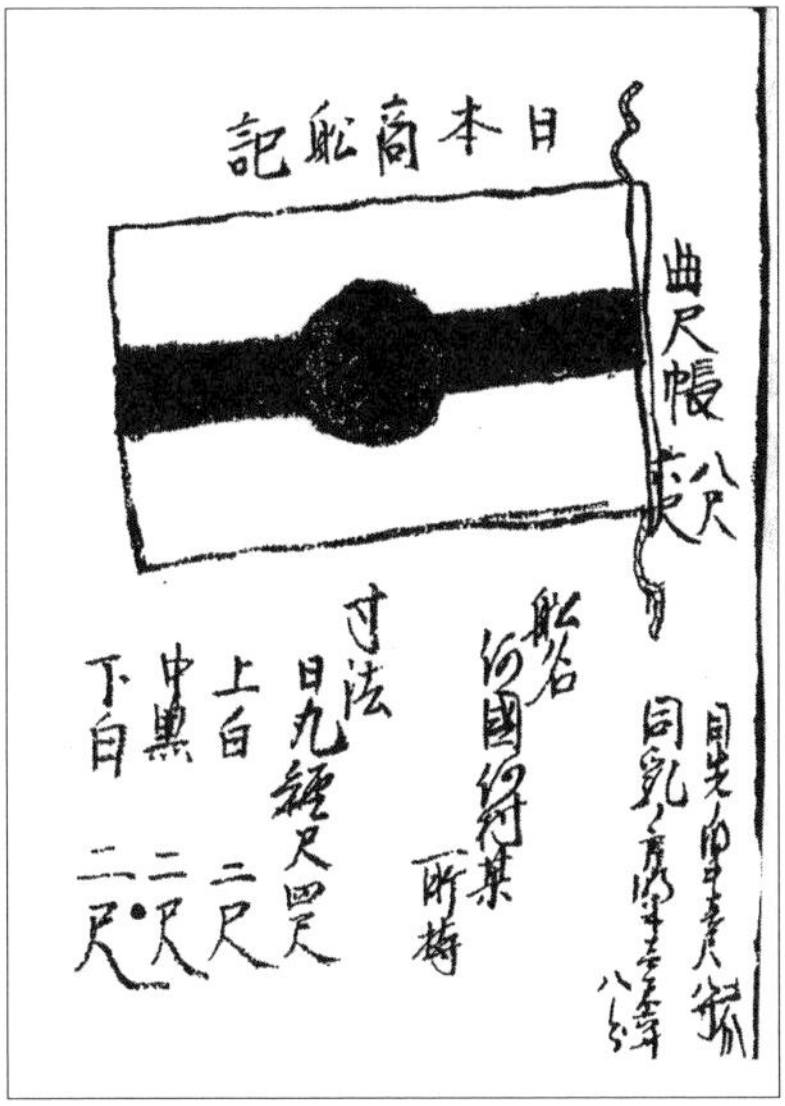

西洋型商船の日の丸（慶応２年船手御用留の明治３年８月条、八戸海運資料／東北大学附属図書館所蔵）

は民部省と外務省が免許状を交付することとなった。船舶に掲げる日の丸の国旗の寸法が定められている。

小型船数の書上

長距離海運に使用された八戸藩の御手船は、明治三年三月の時点では、万歳丸、万寿丸、幾久丸の三艘であったが（艦数書上）、地域内海運を支えた小型船は、同年三月二九日付書上覚には、恵三丸一五〇石積（船主湊村三吉）、泉龍丸一五〇石積（同白銀村甚三郎）、寿丸一〇〇石積（同廿八日町多吉）、神力丸八〇石積（同湊村重三郎）、松尾丸八〇石積（同新丁松二郎）、恵比寿丸八〇石積（同湊村三郎）、住吉丸七〇石積（同湊村和吉）、稲荷丸七〇石積（同新丁清七）、長寿丸七〇石積（同新丁市十郎）、開運丸六〇石積（同新丁弥三郎）、安全丸五〇石積（同六日町勘吉）、恵比寿丸五〇石積（同新丁要之助）、海運丸・石数不明（同長横丁泉平）、長栄丸・石数不明（同湊村岩太郎）があった。

商法小吏の年番割発令

藩御用達の年番割は各年の船手御用留の正月に発令された。各掛は慶応三年から明治三年にかけても変わっていない。ただ明治二年一二月に御用達の名称は商法小吏と変更されている。同三年の年番割は、粮米掛が石橋徳十郎、木綿方が橋本八十郎、鉄山掛が大久保徳三郎、北浜掛が山口喜平・泉山吉三郎、湊掛が村井市太郎、白銀鮫掛が村井伊兵衛、南浜掛が大岡長兵衛、碇釘方が室岡新十郎であった。

ちなみに明治一〇年代初頭の鮫・湊の両港については、同一三年『東北諸港報告書』（開拓使、函館市中央図書館所蔵）によると、北海道への移出・移入でにぎわっており、両港が有する北海道向けの船舶は、表の通り日本型商船が合計

明治 13 年鮫・湊両港の定繋船舶数

船の形態	積　石　数	員数	定繋港
日本型商船	５０〜１００	4艘	湊
同	１００〜１５０	3艘	同
同	８２	1艘	鮫
同	１００〜１,０００	4艘	同
西洋型商船	１７２噸《とん》	1艘	同

（明治 13 年『東北諸港報告書』）

一二艘、西洋型商船が一艘であった。日本型商船とは、従来の弁財船《べざいぶね》型の和船であり、西洋型商船よりも圧倒的に多く、これが明治一〇年代初頭までは、八戸港の物資輸送を担う海運の主力となっていたのである。

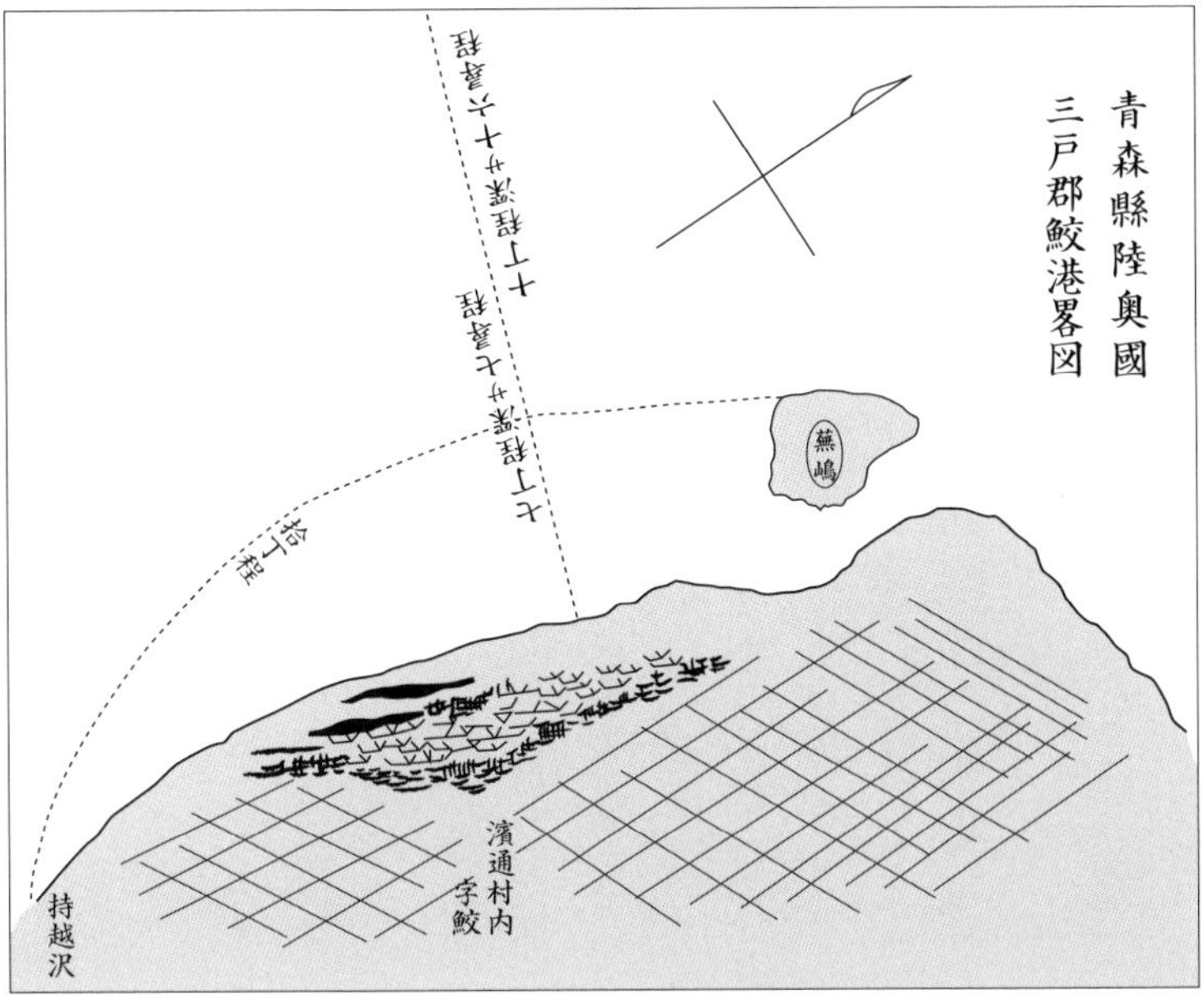

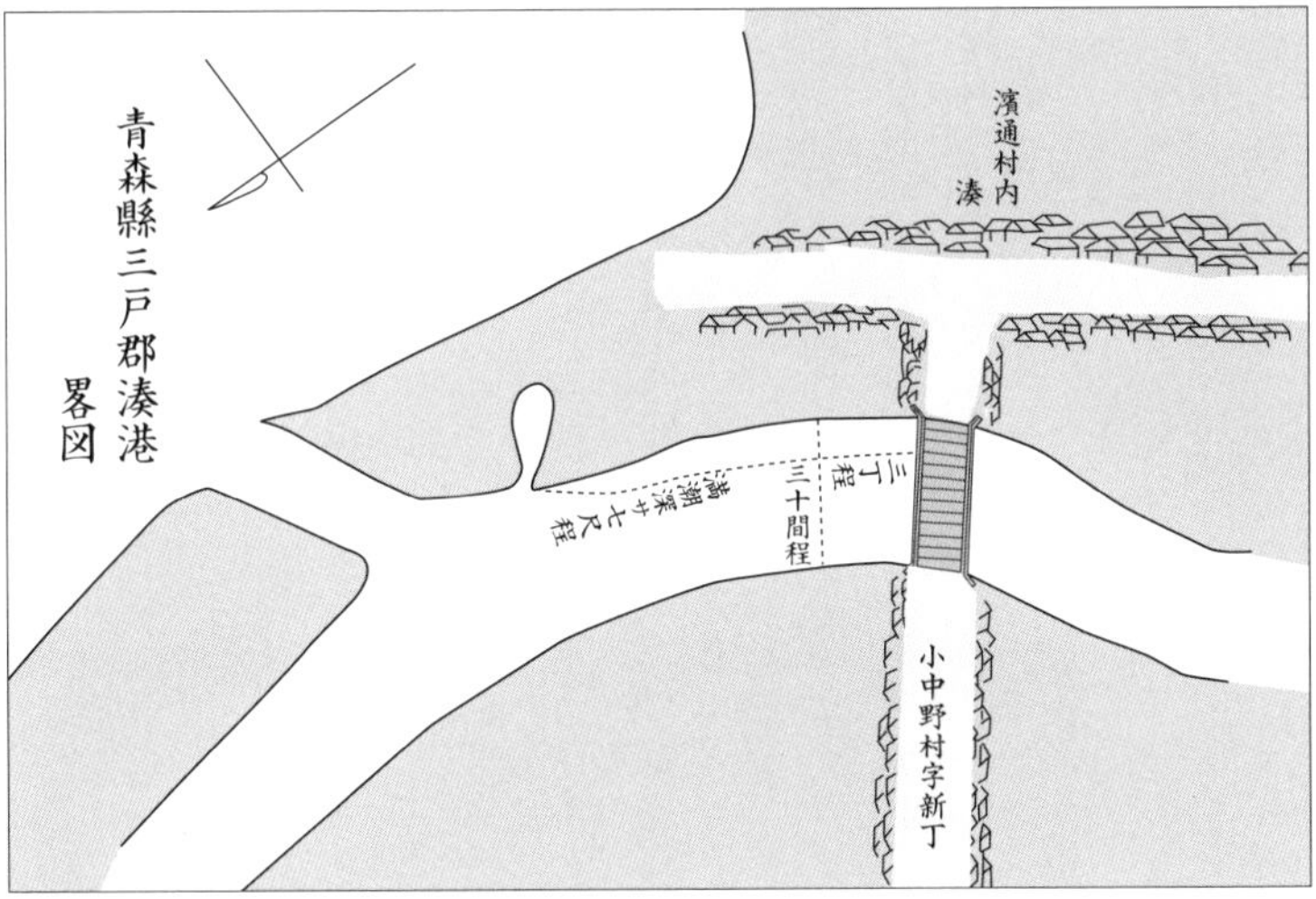

明治 10 年代初頭の鮫・湊両港の図（明治 13 年『東北諸港報告書』掲載の図を模写）

八戸港は『東北諸港報告書』に昨年来築港出願中とあるが、明治 10 年代初頭においては、依然として岸壁や防波堤もなく、江戸時代のままの港であった。

第九節　文化元年から文政三年までの海運の動き［文化元年船宿用書留］

ことができる。

文化元年「船宿用書留」は船手御用留ではない。しかし、船宿は産物の積み立てにかかわる業務を行ったり、移出税たる沖口礼金を徴収したりしていたので、船宿職の記録である船宿用書留も海運にかかわる史料として取り上げることができる。

この船宿用書留は、石橋徳右衛門が文化元年（一八〇四）一一月から文政三年（一八二〇）一二月まで船宿職の御用を書き留めた記録である。石橋は文化元年一一月一〇日に船宿役に就任し、その後、文政二年四月一九日に倅の文蔵がその職を受け継ぐまで、一五年間船宿を務めていた。ここでは記載事項すべてにわたって記すことができないので、船宿の選任方法やその職務について述べることにする。

船宿の選任方法

船宿の選任方法は八戸城下に居住する御礼乙名（御目見得）の町人が選ばれることになっていた。文化一四年（一八一七）一一月、二人の船宿職のうち、相役の目方吉右衛門（大坂屋）が老体のために船宿職を退役することになった。その際、跡役は浦老が候補者名簿を目論見として浦奉行へ提出したが、本来は御礼乙名を候補として書き上げるのが通例であったものの、今回は御礼乙名以外も書き加えよと指示された。結局、この時は、従来通り御礼乙名の廿六日町松館安太郎が船宿に選ばれている。

御礼乙名が船宿に選任されていることは、文政一二年一二月二七日条に、「船宿之義、御町勤功有之御頼《ママ》乙名之内御憐愍ヲ以被仰付候事」（文政一〇年船手御用留、『八戸藩の海運資料』上巻所載）と見えていることからも分かる。船宿の役料は一駄であった。

船宿の候補者名簿を書き連ねた目論見書は浦老から浦奉行へ提出され、浦奉行によって船宿が選ばれた。しかし、町奉行の目論見により町奉行が船宿を選任したことがあり、この時、浦奉行が手違いの趣意を申し立てており、これ以後は、藩では浦奉行の目論見により浦奉行が選任すると定められた（寛政三年八月一八日条鮫御役所日記）。町奉行が船宿職を任命した事例は、町乙名が城下に居住していたからであろう。

船宿の職務

船宿の職務については、関係箇所を船宿用書留より抜き書きするとおおよそ次のようになる。

・文化二年（一八〇五）四月　七崎屋からの蝋《ろう》積み出し願に同役大坂屋目方吉右衛門と加印
・同年　五月　箱館伍大力船からの糨粉積み入れの願書が浦老・船宿加印にて浦奉行へ提出。願の通り許可され、浦老と船問屋へ通知
・同年　六月　大塚屋からの粟積み出し礼金減額の口上書へ加印し、浦奉行へ提出。許可され、御請けに年行司罷り出る
・文化四年（一八〇七）六月　〆粕の在庫量の吟味を仲間代行司美濃屋へ指示
・同年　八月　川口にて難船の見分《みわけ》に詰める
・文化五年（一八〇八）二月　湊源之助から寄鯨の塩釜湊行きの積み入れと沖口三〇分の一金納の願が出され、加印して浦奉行へ提出。三〇分の一の沖口証文を交付
・文化六年（一八〇九）七月　淡路屋源之助からの硫黄積み出し願に加印して浦奉行へ提出
・同年　一〇月　虎徳丸などの船積み願に加印して浦奉行に提出
・文化七年（一八一〇）二月　前年荒町喜兵衛が移出した〆粕魚油の数量の調べを仲間代行司近江屋に書き上げするよう指示

・同年　　　　　　　　　三月　新造三社丸の間尺改めに詰める
・文化八年（一八一一）閏二月　仲間代行司美濃屋から大豆などの沖口礼金減額の願に加印して提出。許可される
・同年　　　　　　　　閏二月　仲間代行司美濃屋よりの鯣《するめ》積み出し三〇分の一礼金の願へ加印して提出。許可される
・同年　　　　　　　　一〇月　引宛大豆一，二〇〇石無役が決裁されたので、年行司が御請けに罷り出る
・同年　　　　　　　　一一月　難破した大坂船より難破の浦状頂戴の願に加印
・文化九年（一八一二）　三月　行司から大豆などの沖口礼金減額の願が出され、浦老・船宿加印して浦奉行へ提出。許可される
・文化一〇年（一八一三）一一月　磯島甚兵衛からの鰤《ぶり》積み入れと従来通りの礼金願に加印
・文化一二年（一八一五）八月　行司美濃屋からの杉寸甫《すんぽ》の積み出し願に加印して提出。二〇分の一の上納で、一両に一五挺の値段での金納を願うが、去年通り一二挺の値段となる
・文化一三年（一八一六）三月　行司淡路屋から剣吉などの大豆五，〇〇〇俵川下げ願に加印して提出
・文化一五年（一八一八）正月　当年の沖口礼金を定めた証文が交付され、行事へ上納の指示
・文政三年（一八二〇）　二月　江戸越後屋船の雇い付け願に問屋・船宿加印して提出

これによれば、要するに地元商人や入津した廻船が八戸湊から産物を積み出すにあたり、船宿は産物の積み立て願に加印して浦奉行へ上申する業務をしていたことになる。

産物の積み立てにあたっては、移出税たる沖口礼金が徴収されたので、この徴税書たる沖口証文の交付やその徴税

事務にあたっていたとみられる。

沖口礼金そのものは荷物の積み出し量に応じて一〇分の一などというように一定割合を荷主から徴収するものであったので、分一《ぶいち》とも呼ばれていた。享和四年（一八〇四）九月二四日条鮫御役所日記に「分一礼金荷主吉五郎より上納、船宿より上納有之」、文政三年五月二〇日条に「御礼金之儀は拾俵に付壱俵之御取立・・・但拾弐分半之御取立之義共船宿江申渡」などと見えているのは、このことを物語るものである。

このほかにも新造船の課税検査である間尺改めに立ち会ったり、入津船を藩の御雇船に雇い付けする業務に関与し、難破船に対する浦状の発行や、藩の重要移出品たる〆粕の在庫数量調べなども関連業務としてかかわっていた。船宿の御用帳には、沖改帳、改控帳、御証文留帳、御家中荷帳、御用荷帳、海上通控帳、御礼金控帳、御礼金通帳、御礼金上納通帳、御祝義金通帳があった（文化八年一二月条船宿用書留）。

産物積み込みなどの願書の手続きは、船頭ないし荷主などの願人から、浦老を経て城下に居住する船宿に届けられ、ここで船宿が加印して城中にいる勘定所の浦奉行へ提出された。浦奉行が決裁すると、船宿を経て湊に住む浦老、廻船問屋、願人へと決裁書が下った。

そうすると、船宿は湊の願人と城中の浦奉行の間に介在しながら、湊から提出される願書を城中の浦奉行へ取り次ぐ仕事をしていたことになる。浦奉行は二人おり、一人は月交代で鮫の浦役所に詰めていたので、船宿からの願書は城中の勘定所勤務の浦奉行が取り扱っていた。

沖口礼金の額

産物の移出に課せられる税金の沖口礼金については、産物ごとに税率が定められており、文化元年一二月の「来丑年沖口定遣事」は、次のようになっていた（文化二年五月条船宿用書留）。

大豆　一〇〇石につき六両、米　一〇〇石につき六両、小豆　一〇〇石につき六両、小麦　一〇〇石につき六両、
蕎麦　一〇〇石につき六両、〆粕　一〇〇俵につき一二俵、干鰯　一〇〇俵につき一二俵、
布苔《ふのり》　一〇〇俵につき一二俵、紫根《しこん》　一駄につき二両一歩二朱、諸材木　一〇〇本につき一二本（盛岡領出しの材木は三〇分の一）、味噌　四斗樽につき大豆四斗積御礼金、地金　一〇〇貫匁につき一二貫匁金納、
硫黄　三〇分の一、和薬類　三〇分の一、漆　三〇分の一、蝋　三〇分の一

大豆や米、小麦・蕎麦などの御礼金は一〇〇石につき六両、分一物《ぶいちもの》の〆粕・干鰯などは一〇分の一、硫黄・和薬類などは三〇分の一などの割合となっていた。

分一物の値段は、文化二年一一月条に「分一物直段御定候事」として〆粕は一両に七俵の値、土干鰯は一両に七俵の値などとあるので、これで価格換算することができた。

文化八年になると、大豆や蕎麦、小麦などの沖口礼金の減額が仲間代行司美濃屋から願い出されるようになり、同年閏二月には、一〇〇石につき大豆は四両、小麦は三両、小豆は三両、蕎麦は二両となり、同九年三月には、大豆は五両、小麦は三両、小豆は三両、蕎麦は二両となった。畑作物の大豆は、海産物の〆粕と並んで藩の重要移出品であったので、ほかの産物に比べてそれほどの減額はされていない。大豆の移出品に占める地位が高かったことによろう。

ちなみに寛政六年（一七九四）・七年（一七九五）の〆粕の分一取り立ての調査では（文化四年八月条）、一，〇〇〇俵につき一二〇俵の割合であったから、分一割合は文化元年と変わらないことになる。

領内産物の移出方法

ところで、当船宿用書留からは、大豆・〆粕などの移出産物は領内の荷主が荷主仲間をつくって産物を買い付け、沖口を支払って江戸などの中央市場へ移出していたことが知られる。産物輸送の廻船については、文化二年の時期には、

領内荷主たちは、自前の船を用意しておらず、大坂廻船御用年行司への報告にあたっては、江戸―大坂間を航海できるような二〇〇石以上の廻船は所持していないと報告していた（文化二年七月条大坂廻船年行司宛の書上覚）。

このような荷主仲間による移出に対して、文政二年から始まる藩政改革は、藩が産物会所たる御調役所を設立し、産物を公定価格で強制買い入れして移出する専売仕法へと転換する。文政二年三月二八日条八戸藩目付所日記に「御主法替御入用ニ付、大豆〆粕魚油之類」は、藩の「御買上」が指示され、専売制の施行が始まった。その後、藩では、産物輸送にあたる藩有船たる御手船を調達し、国産物輸送を強力に進めることになった。

この船宿用書留は文化元年から文政三年までの記録であるので、ちょうどこの転換が始まる前の産物仕法の移出状況を伝えるものとなる。

全国の取引商人名

石橋徳右衛門が文政二年四月に船宿を退任するが、退任の理由は藩政改革に伴って新設された御調役所の産物支配人に同月で登用されたからであった（石橋家系図など）。文政三年二月条に宮古より銚子までの諸湊とその問屋名が書き上げられているのは、全国市場に八戸藩が進出する準備のためであろう。

宮古浦より銚子浦迄湊々并問屋書上

宮古浦
御城米問屋　佐々木屋喜太郎
問屋　大坂屋甚左衛門
和泉屋武右衛門
小松屋市右衛門

両　石　問屋　与兵衛
谷（釜カ）　石　新沼屋加藤次
和泉屋助十郎
安部与助
山田浦　長根三右衛門
川畑源吉
大海治権四郎
田ノ浜　問屋　清之助
船　越　桐々問屋　吉右衛門
御分一役所　佐野与次右衛門
唐　仁　岩城屋市兵衛
すね崎
こふべ崎
里やうり
砂　浜
右四ヶ所大船入津之場所ニ無之候由ニて問屋無之趣、附船共支配仕候由
大平戸
細　浦
気仙沼

金花山
　右は小淵浦より取計仕候由
小淵浦　村中廻問屋
　御始末方御陣屋ニて御取計被成候趣御座候
折　浜
小　竹
石　巻　川湊
平　潟　　　鈴木忠三郎
大　津
川　尻　問屋無之場所之由
　船々入津之砌、間掛日和待仕候
とふるべ
さむ沢
石　浜
中ノ作
　右は石巻外大船入津之場所ニ無之趣
中　湊　　　南部屋庄太夫
　中湊より平潟ニ積
銚　子　　　美濃屋庄右衛門

信田権左衛門（右）

右之通荒増奉申上候以上

辰二月

問屋　源之助
五郎兵衛（ママ）

御支配所

石橋徳右衛門殿

右之通御尋候付書上申候

辰二月廿日

（文化元年船宿用書留、『八戸藩の海運資料』下巻）

船名主の職名

なお浦奉行への願書には時折船名主の職名が記されていることがある（文化二年四月条積立登願書、文化七年三月条川浮願書、文政元年九月条材木積込願書など）。

この船名主の職務についてははっきりしない。廻船問屋と並んで記され、しかも船名主には廻船問屋と同一人が就いている。願書の内容によって廻船問屋の職名を使うか、船名主にするかを使い分けていたものと思われるが、内容からはその違いは判然としない。今後の検討課題である。

凡例

本書で引用した八戸南部家文書をはじめ、遠山家文書などの文書類、および八戸浦之図などの絵図類は、特に断わらない限り、八戸市立図書館所蔵になるものである。

写真に付した＊は『世紀を超えて』、＊＊は『大野村誌』第二巻、＊＊＊は同三巻より転載した。

参考文献

『八戸港史』八戸港開港三五周年記念式典協賛会、昭和五一年
『概説八戸の歴史』中巻一・二　北方春秋社、昭和三六年
『天明四年鮫御役所日記』・『寛政三年・享和四年鮫御役所日記』・『文化三年・文政三年鮫御役所日記』・『天保四年・嘉永五年・慶応三年鮫御役所日記』　種市町教育委員会、平成五〜七年
『八戸藩の海運資料』上・中・下巻　青森県文化財保護協会、平成一七〜一九年
『八戸藩史料』八戸郷友会、昭和四年
『八戸市史』史料編　近世一〜一〇　八戸市、昭和四四〜五七年
『新編八戸市史』近世資料編Ⅱ　八戸市、平成二〇年
『青森県史』資料編近世五　青森県、平成二三年
『大野村誌』第二巻史料編一・第三巻史料編二　洋野町、平成一八年・二一年
『山形村誌』第二巻史料編・第三巻通史編　久慈市、平成一五年・一七年
『久慈市史』第六巻史料編Ⅲ　久慈市、昭和六二年
『大槌町史』上巻　大槌町役場、昭和四一年
『塩釜市史』Ⅴ資料篇　塩釜市役所、昭和四〇年
『宮古市史』漁業・交易編　宮古市、昭和五六年
『青森市史』第八巻資料編二　青森市、昭和四三年
『銚子市史』銚子市、昭和三一年
『江東区史』中巻　江東区、平成九年
『文久二年八戸廻御代官御用留手控』種市町教育委員会、平成九年
『慶応二年久慈通御代官御用申継帳』種市町教育委員会、平成一〇年
『八戸藩遠山家日記』第五巻　八戸市、平成二八年
『多志南美草』第一〜四巻　青森県文化財保護協会、昭和

四五～四七年
『多志南美草（全）』 大岡達夫、平成一八年
『南部叢書』第五冊　南部叢書刊行会、昭和四年
『江戸明治　所処湊港・舟船絵図集』（日本地図選集）　人文社、昭和四七年
『日本庶民生活史料集成』一三巻　三一書房、昭和四五年
『日本常民生活資料叢書』第九巻　三一書房、昭和四七年
『アチックミューゼアム彙報』第二一　アチックミューゼアム、昭和一三年
『交通史』体系日本史叢書第二四巻　山川出版社、昭和四五年
『古事類苑』政治部・産業部　吉川弘文館、昭和五三年・五五年
『北の鉄文化』岩手県立博物館図録　岩手県文化振興事業団、平成二年
『近世の廻漕史料・東北編』（マイクロフィルム）　雄松堂書店、昭和五三年
『東北諸港報告書』開拓使、明治一三年
赤松宗旦『利根川図志』岩波文庫　岩波書店、昭和六二年
渡辺馬渕「柏崎記」奥南新報

＊

三浦忠司『八戸湊と八戸藩の海運』八戸港湾運送株式会社、平成二年
森嘉兵衛『九戸地方史』下巻　九戸地方史刊行会、昭和四五年
渡辺信夫『幕藩制確立期の商品流通』柏書房、昭和四一年
川名登『河岸に生きる人々―利根川水運の社会史』平凡社、昭和五七年
川名登『近世日本水運史の研究』雄山閣、昭和五九年
柚木学『近世海運史の研究』法政大学出版局、昭和五四年
上村雅洋『近世日本海運史の研究』吉川弘文館、平成六年
上野利三・高倉一紀『伊勢商人竹口家の研究』和泉書院、平成一一年
荒居英次『近世日本漁村史の研究』新生社、昭和三八年
荒居英次『近世海産物経済史の研究』名著出版、昭和六三年
榎森進『北海道近世史の研究』北海道出版企画センター、昭和五七年
須藤利一編『船』法政大学出版局、昭和五四年
渡辺ともみ『たたら製鉄の近代史』吉川弘文館、平成

一八年
斎藤潔『北奥羽八戸藩の産業活動』 斎藤潔、平成二八年

＊

三浦忠司「東廻り海運と八戸藩の産物輸送」（『江戸・上方間の水上交通史』日本水上交通史論集第四巻） 文献出版、平成三年
柚木学「近世日本海海運の発展と北前船」（日本水上交通史論集第一巻） 文献出版、昭和六一年
吉原健一郎「水の都・深川成立史」（『深川文化史の研究』） 江東区、昭和六二年
岩本由輝「近世後期東北地方における鉄取引についての一考察」（『社会経済史の諸問題—森嘉兵衛教授退官記念論文集Ⅰ』） 法政大学出版局、昭和四四年
三浦忠司「八戸藩における藩政改革以後の海運と産物流通」 地方史研究第二二一号、平成元年
三浦忠司「八戸藩と江戸航路」 歴史手帖第一七六号、昭和六三年
三浦忠司「八戸湊の入津船と八戸藩の海運」 八戸地域史第一四号、平成元年
三浦忠司「八戸藩の海運資料とその特色」 東奥文化第七六号、平成一七年
三浦忠司「八戸藩の藩政改革時の海運と御調役所の開設」 東奥文化第七八号、平成一九年
斎藤潔「八戸の鉄の歴史」 八戸地域史第二号、昭和五八年
渡辺信夫「東廻海運の構造」 交通史研究第八号、昭和五七年
渡辺信夫「近世後期における海運と大坂交易」 放送大学研究年報第一八号、平成一二年
平川新「南部鉄の流通構造」 東北大学・日本文化研究所研究報告別巻第一九集、昭和五七年
渡辺英夫「利根川舟運の輸送機構」 東北大学・日本文化研究所研究報告別巻第二二集、昭和六〇年
丹治健蔵「利根川水運と商品流通の動向」 地方史研究第一三九号、昭和五一年

＊

『世紀を超えて』写真が語る八戸の歴史・近世編 八戸ガス興業株式会社、平成一一年

あとがき

江戸時代の八戸藩は米が穫れなかった。そのため畑作物の大豆や海産物の干鰯・〆粕・魚油などを商品化するとともに、九戸山地の砂鉄を利用した製鉄事業に活路を見いだした。そして、これらの産物を江戸の中央市場に売り込むために、海運機構を整備し、地元廻船団を組織して全国販売を展開するという販売戦略を練り上げたのである。その商圏は江戸や大坂、さらには箱館を経て秋田・新潟方面までに及んだ。

二万石の小藩にすぎなかった八戸藩が、米が穫れないハンディを乗り越えて新たな商品を武器に全国にいかにして食い込んでいこうとしていたのか。これが本書で明らかにしようとした主題である。

さらに見逃せないのは、八戸湊を中心に地域内の湊を往来する地域内海運である。主に食料品を中心としながら小規模船で運航していたが、この活発な地域内交易が基盤となって、八戸湊を起点とした海運が江戸・大坂の全国市場へ乗り出す原動力を生み出した。

こうした江戸時代における八戸藩の海運の歩みが、明治以降、港湾の近代化を進める端緒となり、やがて八戸港の隣接地に一大臨海工業地帯を立地させる大きな呼び水となった。それがさらに新産業都市の指定につながることになり、八戸市が産業都市として発展する源泉となったのである。

本書の成り立ちについて触れると、本書は平成二年（一九九〇）に発刊した『八戸湊と八戸藩の海運』（八戸港湾運送株式会社発行）がもとになっている。

それ以来、日本水上交通史論集『江戸・上方間の水上交通史』やみちのく双書『八戸藩の海運資料』上・中・下巻などに執筆する機会が与えられ、八戸藩の海運について論考をまとめることができた。また『大野村誌』や『山形村誌』の編纂に携わり、地域で産出される鉄や大豆、材木・木工品などが、どのように湊に運ばれて全国へ輸送されるか、その物流動向を知ることができた。

この間、種市町教育委員会では『鮫御役所日記』を発刊し、青森県文化財保護協会では「船手御用留」、さらには同保護協会と八戸市史編纂室では江戸勤番日記を含めた『遠山家日記』を刊行するに至った。ほかにも八戸市史では「廻船出入帳」を復刻し、青森県史では県外の海運資料までも広く収集して、海運にかかわる資料が格段に増加した。

そのような中で、海をつなぐ海運という視点で、もう一度、八戸藩の歴史を読み直してみたらどうなるか、これが今回本書を出版しようとした意図である。

幸い、この度、デーリー東北新聞社のご厚意をいただいたので、ここに一書にものすることができた。まずはデーリー東北新聞社の皆様にお礼申し上げたい。とりわけ出版部長佐藤実生子氏には格別お世話になった。

また研究を進めるにあたり、多数の先輩や知人、八戸市立図書館の方々から有益なご助言やご協力をいただいた。関係者の皆様方に厚くお礼申し上げる。

三浦忠司

平成三〇年　大寒

【著者紹介】

三浦　忠司（みうら・ただし）

昭和23年（1948）生まれ。青森県立高等学校教諭を経て八戸市史編纂室長となり、平成20年（2008）八戸市立小中学校校長を退職。現在、八戸歴史研究会会長、安藤昌益資料館館長。八戸市在住。

【主な著書】

『よみがえる八戸城下』（デーリー東北新聞社）、『八戸藩の歴史をたずねて』（デーリー東北新聞社）、『八戸藩「遠山家日記」の時代』（岩田書院）、『八戸三社大祭の歴史』（伊吉書院）、『南部八戸の城下町』（伊吉書院）、「安藤昌益の人と思想」（『現代に生きる日本の農業思想』ミネルヴァ書房）

海をつなぐ道
――八戸藩の海運の歴史

定価　本体二、二〇〇円＋税

発　行　平成三十年三月二十六日
著　者　三　浦　忠　司
発行者　荒　瀬　　潔
発行所　デーリー東北新聞社
〒〇三一―八六〇一
八戸市城下一―三―一二
電話　〇一七八―四四―五一一一
http://www.daily-tohoku.co.jp/
印刷所　川口印刷工業株式会社

表紙デザイン　野田圭佑
イラスト　西村静夏